통합적 접근에 기초한

유아수학교육

진명희

창지사

머리말

수학교육은 모든 학교 교육과정에서 매우 중요시되고 있으며, 4차 산업혁명의 시기를 맞이하여 기술과 과학의 발달과 함께 그 기초를 이루는 수학은 중요성이 더욱 부각되고 있다. 무엇보다 우리나라는 수학에 대한 사회적 관심이 많으며, 학부모들의 관심 또한 매우 높다.

따라서 유아기부터 교육기관은 물론 가정에서도 유아의 수학적 소양을 길러줌으로써 향후 유아들의 수학적 유능성을 기르도록 교육을 하는 성인의 역할이 매우 중요하다. 그러나 수학교육에 대한 사회적, 학문적 중요성에도 불구하고 유아기의 수학교육에 대한 인식은 상대적으로 낮으며, 교사들 역시 유아수학교육방법에 대한 지식이 부족하여 체계적인 지도가 이루어지지 않고 있다.

유아는 성인이 아는 것과 달리 매우 다양하고 높은 수준의 비형식적 수학지식을 가지고 있다. Clements를 비롯한 학자들은 유아기의 초기 수학적 지식의 중요성을 강조하고 의도적이고 목적적인 유아수학교육의 필요성을 강조하고 있다.

유아수학을 적절하게 가르치기 위해서는 유아들의 발달에 맞는 수학교육방법을 통해 이루어질 때 효과적이다. 따라서 효과적인 수학교육이 이루어지기 위해서는 의도적인 계획이 필요하며 유아의 수학능력은 물론 유아의 흥미와 발달 수준에 맞는 효과적인 접근법이 필요하다.

이 책의 목적은 유아에게 적절한 수학교육이 이루어지기 위한 방향을 제시하고 부모나 교사가 수학교육을 지원하는 방법을 제시하고자 구성되었다.

유아에게 적절한 수학교육이 이루어지기 위해서는 무엇보다 유아의 초기 수학적 지식에 대한 이해가 필요하며 유아들의 사고 특성에 맞는 방식으로 제공되어야 한다. 현대 사회의 유아들은 과거 피아제가 수 보존 개념을 실험하던 시기의 아이들과 발달적 차이를 보이며, 수학적인 지식이 성인이 생각하는 것보다 훨씬 풍부하다. 이를 위해 1장에서는 유아수학교육의 중요성을 강조하고 2장에서는 유아의 발달적 사고 특성을 이해하도록 제시되었다.

또한 유아수학교육의 내용은 단순히 산술 위주의 교육에서 벗어나 기하나 측정, 대수의 이해와 같은 보다 논리적 사고를 강조하고 있다. 이를 위해 3장에서는 유아기에 제공되어야 할 수학교육 개념과 지도원리를 제시하고 4장에서는 수학내용을 효과적으로 가르치기 위한 수학적 과정기술이 제시되었다.

무엇보다 유아수학교육은 유아들의 발달과 흥미에 맞게 제공되는 것이 중요하다. 이를 위해 유아가 수학에 흥미를 갖도록 수학적 태도를 길러 주는 것이 강조되고 있으며, 이를 위해 통합적 접근법에 기초한 수학교육방법을 5장에 제시하였다.

유아수학교육협회(NCTM, 2000)에서 강조하는 수학 교수방법은 수학의 개념이나 기술을 분리하여 가르치는 것이 아니라 자연스러운 상황의 맥락을 제공함으로써 실생활 속에서 수학을 연결시키도록 강조하고 있다. 따라서 이 책은 유아수학교육이 일상생활이나 놀이 상황은 물론 여러 가지 학문 영역에도 통합적으로 제공하는 데 기초를 두고 있다, 이는 유아가 다양한 구체적인 상황을 통해 수학적 탐구능력을 기름으로써 문제해결 능력과 추상적인 사고를 기를 수 있도록 통합적 접근을 통해 수학교육을 계획하여야 한다.

유아수학교육을 위한 통합적 접근이 이루어지기 위해서는 유아의 일상생활 환경이 모두 수학적 탐색의 대상이 될 수 있다. 따라서 6장에서는 일상생활 속 수학적 자료와 수학적 환경을 제시하여 유아에게 일상에서 보다 다양한 수학적 사고를 자극하는 데 중점을 두었다.

이상에서 제시된 바와 같이 유아기 수학교육을 효과적으로 수행하기 위한 유아 주변성인의 수학교육 계획과 지도가 중요하나, 무엇보다 중요한 점은 유아가 능동적으로 활동에 참여하고 스스로 수학적 지식을 구성할 수 있도록 유아가 관찰하고 사고할 기회를 제공하는 것이 중요하다. 그러므로 유아의 잠재적 능력이 충분히 발휘될 수 있도록 지켜보고 격려하는 주변 성인의 역할이 매우 중요하다.

이 책이 미미하나마 유아수학교육에 관심이 있는 분들을 위해 출판이 되도록 기획하고 도움을 주신 창지사 관계자 여러분께 감사를 드리며, 이 책이 나오기까지 현장의 수학을 소개하고 제공해 준 백선영 원장님, 채은주 선생님, 이은지 선생님께 고마움을 전합니다.

2019년 12월

저자 드림

차례

제2부 유아수학교육 활동

제1부
유아수학교육 이론

제1장

유아수학교육의 중요성과 목적

1. 유아기 수학의 중요성

유아의 일상생활은 수학으로 이루어져 있다. 유아들은 점토로 모양을 만들거나, 게임을 하는 동안 수 세기와 나누기, 모양 개념 등 여러 가지 수학적 경험을 하게 된다. 이와 같이 유아는 일상 속에서 직·간접적으로 수학적 지식과 환경에 노출되어 있다.

수학은 인간의 생활과 밀접한 관련이 있으며, 여러 가지 상황에 대한 논리적 사고와 문제해결 등을 위해 사용되는 의사소통의 도구이기도 하다. 예를 들면, 유아는 삼각형이 필요할 때 사각형을 나누어 쓰거나 의자를 만들기 위해서는 네 개의 블록이 일정한 길이로 서로 균형이 맞도록 같은 길이의 블록을 찾는 등 수학적 사고가 곳곳에서 요구된다. 이와 같이 유아는 일상의 경험을 통해 수학이 자신의 생활에 유용한 도구임을 경험하게 되며, 수학은 유아가 주변의 물리적, 사회적 세계를 의미 있게 만들도록 돕는다(NAEYC & NCTM, 2010).

현대사회는 4차 산업혁명시대를 맞이하여 기술공학과 정보에 더욱 의존하게 됨에 따라 수학의 의미와 필요성이 증가되고 있다. 또한, 수학은 단독 학문으로서뿐만 아니라 과학이나 사회 혹은 도덕과 같은 다른 학문영역과도 긴밀하게 연관되어 일상에서 활용되고 있다. 예를 들면, 재화의 균등한 분배는 물론 경제적 재화의 재분배를 위한 부자의 기부 혹은 가난한 자의 복지 등의 개념을 적용할 때도 수학은 매우 중요한 도구가 된다.

이와 같이 수학은 인간의 생활 속 문제를 해결하고 도움을 주는 유용한 도구이므로 일상생활 속에서 수학에 대한 수학적 소양을 길러 주는 것이 매우 중요하다.

인간은 태어날 때부터 수학적 능력을 가지고 태어난다(Baroody, 2000; Ginsburg, Inoue, & Seo, 1999). 신생아를 비롯한 영아들은 외부사물과 자극에 대해 감각을 통해 정보를 수집하고 대상에 대한 지식을 습득한다. 영아는 엄마의 냄새와 특징을 통해 엄마와 아빠를 구별할 수 있으며, 먹을 수 있는 것과 먹을 수 없는 것을 구별하는 능력이 있는데, 이는 영아가 아주 어려서부터 분류능력이 있음을 나타낸다(진명희, 2017).

유아들은 학교에 들어오기 전부터 자발적으로 수학을 탐색하고 사용하며, 이때 수학적 지식이 상당히 복잡하고 정교하다(NAEYC & NCTM, 2010). 또한 유아들은 자신의 가정이나 지역사회, 문화적·언어적 배경에 따라 경험과 지식이 매우 다르다. 따라서 수학교육을 계획할 때 이러한 개별적 특성들이 반영되도록 계획하는 것이 중요하다. 실제로 Piaget는 스위스 호숫가 근처에서 놀면서 해양동물의 특성에 대한 논문을 쓰게 되었으며, Piaget의 친구 역시 조개껍질과 자갈 등의 자연물들을 가지고 노는 동안 수 보존 원리를 발견하게 되었다고 한다.

이와 같이 유아의 수학적 경험이나 지식은 교실에서 교사에 의해 이루어지는 것이 아니라 아주 어려서부터 유아 주변의 환경이나 지역사회의 특성이 작용하게 되므로, 유아 주변의 물리적 자료나 환경뿐만 아니라 사회적 특성 등이 유아 개개인의 수학적 환경요인으로 작용하여 각기 다른 수학적 경험을 형성하게 된다. 따라서 유아와 가정환경은 물론 지역사회 자원이 유아의 수학개념 형성에 중요한 역할을 하게 된다.

2. 유아수학교육의 목적과 방향

유아기는 태어나면서부터 수학적 능력이 형성되는 중요한 시기로, 유아는 학교에 들어가기 전부터 주로 일상생활의 경험을 통해 비형식적 수학지식을 형성하며, 이는 향후 학교교육을 통해 습득하게 될 형식적인 수학개념의 기초를 제공하며, 수학적 성취도와 밀접한 관련이 있다(Copley, 2000; Seo & Ginsburg, 2004).

유아들은 놀이와 일상생활 속에서 수학적 아이디어와 과정을 탐색하며, 수학에 대해 자연스러운 흥미와 즐거움을 느낀다. 학교에 들어가기 전부터 유아들은 주변 환경을 탐색하고 수학의 사용을 직관적인 수준에서 시작하며, 이 과정에서 유아들은 사물을 분류하고, 양을 비교하며, 모양과 패턴을 인식한다(NAEYC & NCTM, 2010).

이와 같이 유아는 일상생활 속에서 수학적 사고를 통해 문제를 해결하고, 자신의 수학적 경험에 의해 수학적 학습이 일어나게 되므로 유아수학교육에 대한 체계적인 계획과 지도가 필요하다.

미국수학교사협회(National Council of Teachers of Mathematics, 2000)는 유아수학교육의 목적을 수학적 개념은 물론 수학적 문제해결 능력이나 사고력을 기르는 데 중점을 두고 있으며, 이러한 수학교육의 목적을 위해 수학교육의 내용과 수학 과정에 필요한 기술의 습득을 강조한다.

1) 유아수학교육의 목적

유아수학교육의 목적을 자세히 살펴보면 다음과 같다.

첫째, 유아수학교육의 목적은 일상생활 속에서 수학적 소양(mathematical literacy)을 길러 주는 것이다. 수학적 소양이란 유아가 자신이 살고 있는 일상생활 속 수학의 의미를 깨닫고 이를 적절히 사용할 수 있는 능력을 말한다. 이는 일상생활 속에서 유아의 수학적 이해력(mathematical understanding)을 기름으로써 유아가 성인이 되어서 직업이나 전문성에 요구되는 수학적 유능성을 기르는 기초를 형성하게 된다(NAEYC & NCTM, 2010).

둘째, 유아수학교육의 목적은 일상생활 속에서 수학적 지식과 기능을 습득하는 것은 물론 유아의 수학에 대한 흥미와 긍정적 태도와 자신감을 기르는 데 있다. 따라서 질 높은 수학교육을 수행하기 위해서는 유아의 수학적 사고에 대한 이해를 바탕으로 유아의 발달에 적합한 수학교육 내용이 제공되어야 하며, 수학에 대한 흥미와 호기심을 어려서부터 형성해 주는 것이 중요하다.

셋째, 수학교육의 목적은 수학적 지식의 습득을 넘어 유아의 수학적 탐구 능력과 문제해결력을 기르는 데 있다. 수학은 산술 위주의 활동보다 스스로 적극적인 수학적 탐색을 통해 논리적 사고를 기르고 이를 통해 유아가 일상생활에서 접하는 문제를 해결하는 능력을 길러 주는 것이 중요하다.

이와 같은 수학교육의 목적이 달성될 수 있도록 교사는 유아의 사고 발달과정에 대한 이해를 바탕으로 유아들이 스스로 지식을 구성하도록 수학교육 환경을 제공해 주는 것이 필요하다(Charlesworth & Lind, 2003; Empson & Levi, 2000).

2) 유아수학교육의 방향

유아수학교육의 방향을 정하기 위해서는 ① 유아들이 무엇을 배우고 ② 수학을 어떻게 가르칠 것인지 ③ 유아들이 학습한 것을 어떻게 측정할 것인지가 서로 상호 관련되어 유아수학교육의 내용과 방법을 결정하게 된다.

미국수학교사협회(NCTM, 2000)는 유치원 이전 시기부터 12학년까지의 수학적 연계성을 가지고 K-12 학습자를 위한 수학교육과정 기준의 원리를 제시하였으며, 이 중 3~8세 유아를 위한 유아수학교육의 중요성을 강조하고 초기 수학교육의 내용과 방향을 제시하고 있다. 3~6세 유아에게 제공할 핵심적인 수학 내용은 수와 연산, 기하, 측정을 들고 있다.

우리나라 유아교육과정(개정 누리과정, 2019)에 나타난 유아수학교육은 3~5세 유아를 대상으로 하며 유아가 생활 속에서 탐구하기 능력을 기르는 것을 목적으로 하고 있다. 이를 위해 유아가 주변 환경에 대해 탐구하는 태도와 일상생활 속의 여러 상황과 문제를 논리 수학적으로 이해하는 능력을 기르도록 제시하고 있다(교육과학기술부, 2019).

무엇보다 유아수학교육의 내용을 가르치기 위해서는 수학적 사고를 위한 교수 방법이 중요하며, 이를 위해 수학적 과정기술이 강조되고 있다(교육과학기술부 · 보건복지부, 2013; NCTM, 2000). 수학적 과정기술은 유아가 놀이와 일상경험을 바탕으로 생활 속 구체적인 문제를 해결하고 추론하기와 연계하기, 자신의 수학적 생각을 다양한 방법으로 나타내는 표상하기와 다른 사람들과 의사소통하기 등을 포함하며, 이러한 수학적 과정 기술은 수학교육의 효과를 증진시키는 데 기여하기 때문이다.

이와 같이 유아는 수학적 과정기술을 통해 수학적 지식은 물론 수학적 개념을 적용하는 과정과 결과를 경험하는 동안 긍정적인 수학적 태도와 성향을 기르게 되므로, 수학적 과정기술과 수학적 태도는 수학교육의 목표로 매우 중요하다(Epstein, 2007).

유아수학교육의 내용과 방법은 모든 연령에 걸쳐 계획되어야 하며, 향후 초등학교에서의 성공과도 관련이 깊으므로, 유아수학교육에 대한 체계적인 계획과 지도가 필요하다. 교사는 학습경험의 순간을 강조하고 수학적 아이디어를 가진 다양한 경험을 주의 깊게 계획함으로써 유아의 수학적 감각과 흥미를 기르고 확장시킬 수 있다(NAEYC & NCTM, 2010).

유아의 발달에 적합한 수학교육의 원리와 방향을 제시하면 다음과 같다(NAEYC & NCTM, 2010).

첫째, 유아수학교육의 내용은 수와 연산, 공간과 도형, 기초적인 측정, 규칙성 이해하기, 자료수집과 결과 나타내기 등을 핵심적인 내용으로 포함하고 있다(NCTM, 2000). 유아를 위한 수학내용은 과거 수 세기나 더하기, 빼기와 같은 산술 위주의 학습에서 논리적 사고나 추론, 문제해결 등에 보다 중점을 두도록 내용을 제시하고 있다.

둘째, 유아수학교육과정은 수학적 과정 기술을 함께 제공해야 한다. 이를 위해 수학적 의사소통과 문제해결하기, 추론하기 등이 강조되고 있는데 예를 들면, 정보를 수집하고 예측과 추론을 통해 유아가 논리적 사고력을 기르고 이러한 수학적 사고를 다른 사람과 공유하도록 의사소통 능력이 강조된다(NCTM, 2000). 정보를 조직하고 패턴화하고 그 결과를 표나 기록으로 나타내 보는 수학적 과정들을 통해 유아의 호기심과 상상력, 실험을 하기 좋아하는 성향들이 길러짐으로써 현대사회에 필요한 수학적 능력이 더욱 강화될 수 있다.

셋째, 유아의 수학활동은 통합적으로 계획되고 제공되어야 한다. 유아수학교육이 효과적으로 이루어지기 위해서는 여러 가지 수학개념이 연계되어 제공될 수 있도록 수학경험이 계획되어야 하며, 수학과 다른 학문 간 연계는 물론 수학과 일상생활의 연계를 통해 통합적으로 제공되어야 한다.

넷째, 유아의 연령과 개별적 요구에 따라 발달적으로 적합한 유아수학교육을 계획하는 것이 중요하며, 이는 유아들의 발달은 물론 학교에서의 성공과도 관련된다. 유아들은 개별적으로 각기 다른 속도로 발전하고 학습하므로 연령과 관련된 내용을 모든 어린이에게 적용해서는 안 되며, 수학적 성취를 위해 유아의 개별적·문화적·언어적 다양성을 반영하여 수학활동을 계획해야 한다.

다섯째, 유아에게 발달적으로 적합한 수학교육이 이루어지기 위해서는 유아의 수학적 흥미와 동기를 통해 수학에 대한 긍정적 태도를 길러 주어야 한다.

여섯째, 일상생활 속 비형식적 경험을 통해 유아의 수학적 지식을 기르는 것이 중요하다. 유아들은 학교나 유아교육기관에 오기 전부터 상당한 수준의 수학적 개념을 가지고 있으며, 유아들은 서로 다른 사회문화적 배경에 따라 기초적 경험이 다르므로 수학적 개념에서도 차이를 가져올 수 있다. 교육자들은 이러한 유아의 사회문화적 차이와 개인적 차이를 인식하고 유아들이 학습 상황 이전부터 가지고 있는 사전 지식(prior knowledge)을 고려하여 교육내용을 계획하고 가르쳐야 한다.

다음은 미국유아교육협회와 미국수학교사협회에서 제시한 3~6세를 위한 유아수학교육에 대한 기준과 원칙에 대한 지침이다. 미국수학교사협회와 미국유아교육협회(NAEYC & NCTM, 2010)는 발달에 적합한 수학교육과정의 대상을 3~8세를 기준으로 삼고 있으나, 가정이나 기관에 다니는 영아의 경우 많은 수학적 경험과 환경에 노출되어 있어 영아기의 수학적 개념과 환경에도 관심을 기울이도록 제안한다. 유아수학교육은 3세 이상의 어린이를 대상으로 하며, 3세 이하의 어린이는 다양한 수학적 탐색과 경험을 즐기도록 권장하고 있다.

3~6세 유아를 위한 수학교육 지침(NAEYC & NCTM, 2010 개정)

1. 유아들이 자신이 살고 있는 물리적 사회적 세상을 의미 있게 만들기 위해 사용할 수 있도록 수학에 대한 자연스러운 흥미와 성향을 향상시킨다.
2. 가족, 언어적·문화적 공동체 배경, 학습에 대한 개별적 접근과 비형식적 지식을 포함한 유아의 경험과 지식을 형성시킨다.
3. 수학교육과정과 교수 실제는 유아의 인지적 발달, 언어적 발달, 신체적 발달과 사회·정서 발달에 대한 지식에 기초한다.
4. 유아의 문제해결력과 추론과정, 표상하기, 의사소통하기, 수학적 아이디어 연계하기를 강화시키는 교육과정과 교수 실제를 사용한다.
5. 교육과정은 중요한 수학적 아이디어의 관계와 순서에 부합하고 일관성이 있어야 한다.
6. 중요한 수학적 아이디어를 위해 유아들에게 깊이 있고 지속적인 상호작용을 제공한다.
7. 수학을 다른 활동이나 다른 수학활동과 통합하여 제공한다.
8. 유아들이 놀이에 참여하도록 충분한 시간과 자료, 교사 지원을 제공함으로써 유아들이 많은 관심을 갖고 수학적 아이디어를 탐색하고 조작할 수 있게 한다.
9. 적절한 경험과 교수전략을 통해 수학적 개념과 방법, 수학적 언어를 적극적으로 소개한다.
10. 모든 유아의 수학적 지식과 기술, 전략을 지속적이고 철저하게 측정함으로써 유아의 학습을 지원한다.

3. 유아수학교육과정의 구성과 구조

1) 유아수학교육과정의 구성

수학교육을 효과적으로 가르치기 위해서는 유아가 현재 무엇을 알고 있는지와 무엇을 배우고 싶어 하는지에 대한 이해를 바탕으로 유아들이 잘 배울 수 있도록 도전하게 하고 지원해 주는 것이 필요하다. 이를 위해 학습자가 적절하게 잘 구성된 수학활동을 통해 수학을 이해하고 자신의 경험과 사전 지식을 통해 새로운 지식을 적극적으로 구성하도록 도와주어야 한다(NAEYC & NCTM, 2010).

미국수학교사협회(NCTM, 2000)는 유치원부터 고등학교까지의 학교 수학에 대한 지침을 통해 학교 수학교육에서 다루어야 할 대표적인 내용으로 수와 연산, 공간과 기하, 측정, 규칙성 이해, 자료분석과 확률을 제시하고 있다.

우리나라 개정 누리과정(2019)은 신체운동·건강, 의사소통, 사회관계, 예술경험, 자연탐구의 5개 영역으로 구성되어 있으며, 이 중 유아수학교육의 내용은 자연탐구영역에 함께 제시되어 있다.

자연탐구영역의 목표와 내용범주는 유아가 호기심을 가지고 궁금한 것을 적극적으로 탐구하는 과정을 즐기고, 생활 속의 문제를 수학적, 과학적으로 탐구하며, 생명과 자연환경을 존중하는 내용으로 구성하였다. 이는 유아가 지적 호기심을 갖고 수학적·과학적 탐구에 흥미를 갖도록 하며, 탐구과정을 즐겁게 경험하는 동안 주변의 사물과 자연세계에 대해 탐구하는 성향을 키우는 것을 그 내용으로 하고 있다.

(1) 자연탐구영역의 목표

탐구하는 과정을 즐기고, 자연과 더불어 살아가는 태도를 가진다.

① 일상에서 호기심을 가지고 탐구하는 과정을 즐긴다.
② 생활 속의 문제를 수학적, 과학적으로 탐구한다.
③ 생명과 자연을 존중한다.

(2) 자연탐구영역의 내용

개정 누리과정(2019)의 자연탐구영역의 내용은 다음과 같다.

내용범주	내용
탐구과정 즐기기	주변 세계와 자연에 대해 지속적으로 호기심을 가진다.
	궁금한 것을 탐구하는 과정에 즐겁게 참여한다.
	탐구과정에서 서로 다른 생각에 관심을 가진다.
생활 속에서 탐구하기	물체의 특성과 변화를 여러 가지 방법으로 탐색한다.
	물체를 세어 수량을 알아본다.
	물체의 위치와 방향, 모양을 알고 구별한다.
	일상에서 길이, 무게 등의 속성을 비교한다.
	주변에서 반복되는 규칙을 찾는다.
	일상에서 모은 자료를 기준에 따라 분류한다.
	도구와 기계에 대해 관심을 가진다.
자연과 더불어 살기	주변의 동식물에 관심을 가진다.
	생명과 자연환경을 소중히 여긴다.
	날씨와 계절의 변화를 생활과 관련짓는다.

개정 누리과정(2019)는 5개 영역으로 나누어 제시되고 있으나 실제 교육과정 실행과정에서는 5개 영역의 통합적 이해를 강조한다.

자연탐구영역 내용범주 중 '생활 속에서 탐구하기' 내용의 이해는 다음과 같다.

▶ 물체의 특성과 변화를 여러 가지 방법으로 탐색한다.

유아가 주변에서 쉽게 발견할 수 있는 친숙한 물체나 물질의 크기, 모양, 색, 냄새, 소리, 질감과 같은 기본적 특성에 관심을 갖는 내용이다. 나아가 물체나 물질을 자르고 섞는 등 다양한 방법으로 변화시켜 보며, 변화되는 특성과 변화되지 않는 특성이 무엇인지 탐색해 보는 내용이다.

▶ 물체를 세어 수량을 알아본다.

유아가 일상에서 수에 관심을 가지고, 수량을 세어 많고 적음 및 수량의 변화를 알아보는 내용이다.

▶ 물체의 위치와 방향, 모양을 알고 구별한다.

유아가 자신과 물체를 기준으로 앞, 뒤, 옆, 위, 아래 등 공간 안에서 위치와 방향을 알아가는 내용이다. 유아가 주변 환경에서 네모나 세모, 둥근 기둥, 상자 모양 등을 찾고 다양한 모양에서 공통점과 차이점을 알아가는 내용이다.

▶ 일상에서 길이, 무게 등의 속성을 비교한다.

유아가 일상에서 길이나 무게 등 측정 가능한 속성을 알고, 이 속성을 기준으로 물체를 비교하여 순서지어 보는 내용이다. 이 과정에서 유아는 자신의 신체를 비롯하여 다양한 물체를 활용하고, 다양한 비교 어휘를 사용하면서 순서를 지어 본다.

▶ 주변에서 반복되는 규칙을 찾는다.

유아가 생활 주변에서 사물이나 사건의 양상이 일정한 순서로 반복 배열되는 것에 관심을 갖고 즐기며, 반복되는 배열에 숨어 있는 질서와 규칙을 발견하여 다음에 올 것이 무엇인지를 예측하는 내용이다.

▶ 일상에서 모은 자료를 기준에 따라 분류한다.

유아가 일상생활에서 흥미와 관심에 따라 필요한 자료를 다양한 방법으로 모으고, 수집한 자료의 공통점과 차이점을 탐색하며, 이를 하나 또는 그 이상의 다양한 기준(예: 모양, 크기, 색깔 등)에 따라 정리하고 조직해 보는 내용이다.

▶ 도구와 기계에 대해 관심을 가진다.

유아가 일상생활에서 사용하는 다양한 도구와 기계에 관심을 가지고 직접 사용해 보면서, 도구와 기계가 우리의 생활에 어떠한 도움을 주는지에 대해 관심을 가지는 내용이다.

이상의 내용을 정리해 보면, 자연탐구영역에 제시된 유아를 위한 수학 내용은 사물의 특성 탐색, 수 세기, 사물의 모양과 위치, 길이와 무게 측정, 규칙성 이해, 자료 수집과 분류를 포함하고 있다.

2) 유아수학교육의 구조와 내용

유아수학교육의 내용은 주로 수 교육으로 인식하고 주로 수 세기나 숫자에 초점을 두고 가르치는 경향이 있었으나, 수(number)는 수학(mathematics)영역의 일부이며, 점차 수 개념을 넘어, 공간이나 대수, 측정 등과 같은 논리적 활동들이 유아수학교육에서 더욱 강조되고 있다.

유아를 위한 수학교육의 구조는 수와 양, 형으로 구성되어 있다.

① 수(arithmetic): 셀 수 있는 것으로 수를 사용한 활동을 말하며, 비연속량에 해당된다. 수 세기, 분류, 서열화, 1:1 대응 등이 포함된다.

② 양(quantity): 연속량을 의미하며 물량적 성질을 나타낸다. 부피, 시간 등의 측정이 포함된다.

③ 형(geometry): 공간과 모양에 관련된 활동으로 연속성과 비연속성을 모두 포함한다.

유아에게 적합한 수학교육의 내용은 유아의 발달적 수준과 수학적 사고능력을 고려하여 선정하고 제공되어야 한다. 과거 수학교육의 순서는 Piaget의 이론에 따라 수가 포함되지 않은 활동을 먼저 제시하고 수의 상징을 이해한 후 수가 포함된 활동으로 전개하도록 제시하였다. 이는 피아제가 유아는 수 개념이 아직 형성되어 있지 않으므로 수가 포함되지 않은 분류나 서열화와 같은 논리적 활동을 먼저 제공해야 한다고 강조한 점에 근거한 것이다.

그러나 Gelman과 Gallistel(1986)은 유아기에도 수 보존 개념이 있으며, 유아의 수 세기 능력이 연구에서 밝혀진 것보다 더 높은 수준을 나타냈다고 하였다. 특히 이들은 유아가 수 보존 개념이 없어도 수 세기 능력이 있음을 밝힘으로써 수 보존 개념 형성 이전에 수 세기 활동을 제시해야 한다고 주장하였다.

따라서 최근 수학의 구조가 독립되기보다 서로 연관성을 갖고 제시되어야 한다고 강조됨에 따라 유아에게 제시되는 수학내용의 순서가 변화하고 있다(Papic, Mulligan, & Mitchelmore, 2011).

교사는 유아의 발달에 적합한 수학교육 지침을 따르거나 기관이나 유아가 속한 지역사회 환경과 각 교사들이 운영하는 자신의 교실 상황의 특성, 자신이 가르치는 유아들의 특성들을 고려하여 수학교육내용을 선정할 수 있다. 무엇보다 유아에게 적합한 수학교육내용을 선정할 때 중요한 기준은 유아의 흥미와 발달에 적합한 것인가 하는 것이다. 아무리 중요한 개념이나 지식이라도 유아가 이해할 수 없거나 유아들의 흥미에 맞지 않는 경우 적절한 수학교육으로 볼 수 없기 때문이다.

유아 수준에 적합한 수학교육의 내용은 다음과 같다.

(1) 수와 연산

수학교육의 내용 중 수와 연산은 교사들이 교실에서 가장 많이 다루는 영역이며, 유아가 추상적 기호인 수의 의미를 알게 하기 위해 구체물의 조작을 통해 이해를 돕고 수를 통해 논리적 사고를 표현하는 것을 가르치는 것을 목적으로 한다. 수 세기와 숫자 모양 인식, 연산, 10 이상의 큰 수 세기, 더하기와 빼기, 분수 등을 다룬다.

(2) 공간과 기하

유아기는 열리고 닫힘, 혹은 멀고 가까움 등에 대한 공간 특성을 다루는 위상기하와 물체의 위치에 따라 모양이 변하는 사영기하, 각과 선을 포함하는 유클리드 기하를 포함한다. 특히 유클리드 기하는 평면도형과 입체도형을 동시에 다룬다. 유아는 자신과 사물, 주변 환경 내 공간관계를 인식하고 이를 통해 문제해결은 물론 여러 가지 논리적 사고를 발달시킬 수 있다.

(3) 측정

측정의 내용은 길이, 무게, 면적, 부피, 시간 등이 포함되며, 각각의 측정 내용에 따라 줄이나, 손 뼘 등과 같은 비형식적 측정도구의 사용과 자, 저울 등의 형식적 측정도구의 제시를 포함한다. 측정은 수, 기하, 함수, 통계 등 여러 가지 수학영역과 연관되어 배울 수 있으므로 다양한 수학 개념을 통합하는 데 기여한다(NCTM, 2000).

(4) 규칙성 이해

일상생활 속 규칙성을 이해하는 것은 논리적 사고를 기르는 것은 물론 현상과 경향성에 대한 예측력과 문제해결력을 기를 수 있다.

(5) 자료제시와 분석

현대 수학교육은 논리적인 사고를 위해 자료 제시와 분석이 강조되고 있는데 이는 자료를 수집하고 조직적으로 분류하여 이를 그래프를 통해 표상하는 통계의 과정과 관련된다. 이와 같이 데이터를 기초로 추론하고 예측하는 활동은 유아의 수학적 과정기술을 함께 발달시킬 수 있다.

3) 수학적 과정기술과 수학적 태도

유아수학교육을 적절하게 가르치기 위해서는 수학교육의 내용 선정뿐만 아니라 수학적 과정 기술을 통해 유아들의 발달에 맞는 수학교육이 효과적으로 이루어지도록 강조되고 있다. 미국수학교사협회(NCTM, 2000)는 유아들이 배워야 할 수학교육의 내용뿐만 아니라 수학적 개념을 습득하기 위한 수학적 과정을 함께 강조하고 있다. 이 점은 수학 내용 지식뿐만 아니라 수학적 지식을 사용하는 과정에 필요한 기술들을 동시에 고려하도록 함으로써 유아수학교육의 효과를 높이고자 하는 것이다.

수학적 과정이란 수학 내용을 이해하고 활용하는 방법을 의미하며 유아기에 길러져야 할 수학적 과정 기술은 문제해결하기, 추론 및 증명하기, 연계하기, 표상하기, 의사소통하기 등이 제시되고 있다. 이와 같은 수학적 과정기술을 통해 유아는 수학적 지식은 물론 수학적 태도나 성향을 기르게 된다.

미국수학교사협회(NCTM, 2000)의 수학교육 지침에 따르면 유아의 수학적 지식과 수학적 과정 기술과 함께 강조하는 중요한 요소의 하나는 학습자의 수학적 태도의 형성이다. 수학적 태도란 학습자의 수학에 대한 흥미, 호기심, 자신감과 같은 긍정적 성향을 의미한다. 유아가 문제를 해결하기 위해 수학을 사용하는 긍정적인 경험은 유아의 호기심과 상상력, 융통성, 창조력, 지속력 등과 같은 성향을 발달시키는 것을 도우며 이는 미래 학교 안과 밖에서의 성공에 기여하게 된다. 유아자신의 수학에 대한 흥미와 자신감이 높으면 유아는 긍정적 수학태도를 기르게 된다.

따라서 유아의 수학적 태도를 기르기 위해서는 유아가 수학을 이해하고 이를 사용하는 능력에 대한 자신감을 갖게 하는 것이 중요하며, 유아가 수학을 자신의 능력범위 안에 있음을 알게 하는 것이 중요하다(NAEYC & NCTM, 2010).

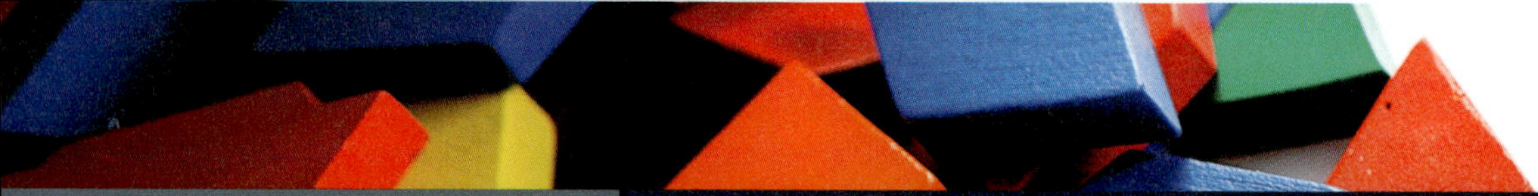

제2장

유아의 수학적 사고 특성

1. 유아기 수학적 지식의 중요성

유아는 학교에 가기 전부터 이미 상당한 수준의 수학개념을 구성하고 있다. 흔히 5세 정도의 유아들은 수학 개념에 대해 백지상태이며, 양, 패턴, 모양에 대한 경험이 없다는 잘못된 인식을 하는 경향이 있으나, 교사들은 때로 유아들의 직관적이고 비형식적 지식에 놀라게 된다. 실제 연구결과들은 유아들이 비형식적 수학지식에 대한 직관적인 이해력을 가지고 있다고 한다(Clements, 2004; NAEYC & NCTM, 2010; NCTM, 2000).

과거 연구들이 유아들이 수학적 능력이 없는 것으로 인식해 온 것에 비해 최근의 연구들에 의해 유아들의 수학적 능력은 거의 선천적으로 타고나며, 생후 첫해에 매우 발달하는 것으로 밝혀졌다(Baroody, Lai, & Mix, 2006; Sarama & Clements, 2009).

영유아는 이미 수학적 민감성을 가지고 태어나며, 수학적 개념 획득에 능동적으로 참여하고 일상생활이나 놀이상황을 통해 수학적 관계를 탐색하는 등 나름대로 상당한 수학적 지식을 가지고 있음이 밝혀졌다(Mix, Huttenlocher, & Levine, 2002). 예를 들면, 유아들은 놀이를 할 때 자연스럽게 사물을 세거나 친구와 놀잇감을 교환하면서 "내가 하나 줄게 네 거 하나 줘."라고 말하는 동안 자연스럽게 더하기와 빼기 상황을 접하게 된다.

무엇보다 어렸을 적 수 지식이 이후의 수학적 성공에 영향을 준다는 점이 강조되고 있으며, 특히 초등학교 1학년 이전의 양적 수학적 지식이 지능 검사나 기억 능력보다 이후의 수학적 성취의 강력한 예측요인이 될 수 있는 것으로 밝혀졌다(Sarama & Clements, 2009).

이와 같이 유아기 수학능력이 추후 초등학교 취학 후의 학업성취를 예측하는 중요한 요인으로 인식되고 있으며, 유아기의 수학교육은 향후 초등학교를 비롯한 학교에서의 성공과 관련이 있다고 보고되고 있다(Duncan et al., 2007). 그러므로 어린 시기에 수학적으로 결핍된 환경(미국의 경우 저소득층이나 소수 민족)에서 자란 유아들은 대체로 초등학교 3학년이 시작될 시기가 되면 수학적으로 어려움을 겪는다고 한다(Clements & Sarama, 2000). 이는 단순히 계층이나 민족에 따른 유아의 능력의 차이가 아니라 문화적, 언어적 차이에 따른 제한에서 오는 환경적 요인으로 인식되기도 한다.

따라서 학자들은 어릴 적 수학 개념의 중요성을 인식하고 초기의 비형식적 지식 외에 보다 체계적인 유아수학교육의 수립이 필요하다고 강조한다.

2. 유아의 인지적 사고 특성

유아에게 수학을 가르치기 위해서는 유아의 발달 수준에 대한 이해를 기초로 교육이 수행되어야 하므로, 먼저 유아의 사고 특성에 대해 아는 것이 중요하다. 유아의 사고는 성인의 사고 방식과 다르다. 유아들은 성인과는 다른 방식으로 자신의 생각을 나타내고 의사소통을 하며, 초등학교 2학년이 되어야 관습적인 방식으로 표상을 할 수 있다고 한다(Steffe, 2004).

Piaget는 유아기의 사고 특성을 전조작적 사고단계로 명명하고 성인의 형식적 사고 단계와 다른 특성을 지니고 있다고 제시하였다.

1) 전조작기 사고 특성

전조작기(pre-operational stage)는 조작 이전 단계를 말하며, 정신적 조작능력이 형성되기 이전 시기를 의미하고 주로 2~7세에 해당이 된다. 전조작기 유아는 직관적 사고에 의존하며, 자기중심적 사고와 비가역적 사고를 하는 것이 특징이다.

(1) 직관적 사고

Piaget는 유아의 부분-전체 개념의 발달을 알아보기 위해 유목포함(class inclusion) 과제를 사용하였다. 5~10세 유아들에게 노란 달맞이꽃 4송이와 각각 색깔이 다른 달맞이꽃 4송이를 보여 주며 꽃이 많은지 노란 달맞이꽃이 많은지 물었다. 과제 수행결과 5~7세 유아의 50%가 오답을 말했으며, 8세 이후의 유아들은 60% 정도가 성공했다고 한다. Piaget의 연구에 따르면 유아들이 7~8세경이 되어야 직관적 사고에서 벗어나므로 유목 포함관계를 이해하게 된다고 한다.

이와 같은 연구결과는 유아들의 직관적 사고를 나타내는 것으로, 어린 유아들은 노란 달맞이꽃이 달맞이꽃이나 전체 꽃보다 많다고 생각하고, 노란 달맞이꽃⊂달맞이꽃⊂꽃의 포함관계를 생각하지 못한다고 한다.

이에 대해 학자들은 Piaget의 유목 포함 과제에 사용된 언어들이 유아에게 친숙하지 않고 유아들이 혼동하게 하여 유아의 부분-전체 개념을 낮게 평가했다고 본다. 이에 반해 '가족'이나 '군대'와 같은 용어를 사용하여 유목 포함 개념을 평가했을 때 4세 유아들이 모두 성공했다고 한다(Fuson et al., 1988). 유아의 지각에 영향을 주는 요소가 잘못 제시될 경우 유아들의 학습에 영향을 주므로 학습 제시 조건이 유아의 사고나 과제 수행에 영향을 줄 수 있다. 그러므로 Piaget가 부분-전체 과제를 수행할 때의 오류를 하지 않도록 교사는 유아에게 과제를 제시할 때 주의해야 한다.

(2) 자기중심적 사고

Piaget는 유아들의 보존 개념연구에서 자신의 딸이 우유 컵이 깨져서 큰 그릇으로 옮겨 주었을 때 우유가 줄어들었다고 우는 것을 보고 이는 유아들의 자기중심적 사고(self-concentrated thought) 특성에 기인한 것으로 해석하였다. 즉, 유아들은 컵의 높이만큼 그릇의 넓이가 다른 점을 동시에 고려하는 논리적 사고가 부족한 것으로 나타났다. 이는 Piaget의 '세 산 모형 실험'에서도 나타나는 특성으로 가운데 산 모형을 두고 반대편에 앉아 있는 인형이 바라보는 산의 모양을 예측하게 했을 때 유아는 인형도 자신이 보는 것과 같은 모양의 산을 볼 것이라고 대답하였다.

이와 같이 전조작기 유아가 컵의 높이나 자신의 관점과 같이 한 가지 관점에 초점을 두는 자기중심적 사고를 나타내는 것은, 두 가지 요소를 동시에 고려하거나 상대방의 입장을 고려하는 조망능력이 부족한 데서 비롯되는 것으로 본다. 이와 같은 자기중심적 사고는 수, 질량, 부피, 면적 등 Piaget가 실험한 모든 보존개념 실험에서 나타나는 특징으로, 유아들은 조작적 사고가 가능할 때 자기중심성에서 벗어나 여러 가지 요소를 동시에 고려할 수 있게 된다.

(3) 비가역적 사고

어린 유아들은 같은 길이의 막대를 나란히 배치하고 하나를 밀 경우 앞쪽이 나와 있는 막대가 더 길다고 대답한다. 조작적 사고가 가능한 유아들은 앞쪽으로 나와 있는 막대를 뒤로 밀면 길이가 같아진다고 설명한다. 이는 원래의 상태로 되돌려 사고할 수 있는 가역적 사고가 가능하기 때문이며, 양쪽 면 모두를 고려하지 못하는 것은 유아가 한 가지 관점에만 집중하는 자기중심적 사고를 하기 때문이다.

유아는 구체물과 상호작용하는 동안 가역적 사고를 통해 논리적 사고를 하게 된다. 유아기의 물체를 통한 가역적 조작은 물체를 덜어내고 다시 합하는 조작

활동을 통해 더하기와 빼기 개념을 자연스럽게 익히게 되며, 이는 더해진 수만큼 빼면 동일한 양이 되는 함수 관계 이해의 기초가 된다.

2) 구체적 조작기 사고 특성

조작적 사고(operational thought)란 정신적으로 융통성 있는 사고를 통해 상황을 변형시키는 기능을 말하며, 조작의 세 가지 요소로 가역성과 동일성, 보상성을 들 수 있다. 가역성(reversibility)이란 두 조작을 연속적으로 사용하여 처음의 상태로 되돌려 놓는 특성을 말한다. 우유를 큰 그릇으로 옮겼을 때 우유의 높이가 낮아진 것을 보고 이를 다시 컵에 담거나, 길게 늘인 점토를 다시 둥글게 뭉치면 원래의 상태로 되돌릴 수 있다고 생각하는 것은 가역적 사고를 나타낸다. 또한 동일성은 점토가 더해지거나 줄지 않았으므로 양이 같다고 생각하는 특성을 말하며, 보상성은 컵의 높이와 그릇의 넓이를 동시에 고려하는 특성을 말한다.

구체적 조작기(concrete operational stage)란 구체적인 상황이나 사물과의 상호작용을 통해 조작이 가능한 시기를 말하며, 주로 7~11세에 해당이 된다. 조작이란 정신적 변형이 가능한 것을 의미하며, 구체적 조작기의 특성은 유아가 사물이나 현상에 대해 관찰함으로써 자신이 스스로 논리를 구성해 갈 수 있게 되는데, 이러한 구체적 조작이 가능한 이유는 가역적 사고가 가능하기 때문이다.

예를 들면, 전조작기 유아들은 같은 질량의 솜사탕이라도 솜사탕을 펼쳤을 때가 솜사탕을 뭉쳤을 때보다 양이 더 많다고 생각한다. 그러나 구체적 조작 사고를 하는 유아는 뭉쳤던 솜사탕을 펼치면 이전과 같은 모양이 되므로 양이 달라지지 않았다고 생각하는 가역적 사고가 가능하다. 어린 유아라도 찰흙이나 구슬과 같이 구체적인 자료를 가지고 다양한 상황을 통해 조작을 해 보면서 스스로 수학적 구조를 탐색함으로써 구체적 사고가 발달하게 된다.

유아기는 주로 전조작적 사고를 하는 시기로, 논리적 사고를 하지 못하고 지각적 사고에 의존하는 시기이므로 유아들에게 추상적인 내용을 제공하기보다는 감각과 구체물을 활용한 활동을 통해 정신적 발달을 돕는 것이 필요하다. 즉, 유아의 조작적 사고를 돕기 위해 유아들이 다양한 조작을 통해 논리를 형성할 수 있도록 구체적인 사물을 다루어 보는 경험을 하게 함으로써 유아의 인지적 발달을 돕는 것이 중요하다.

따라서 구체적 조작기의 사고를 돕기 위해서는 성인이 여러 가지 사물을 제공하고 유아들이 이를 관찰하고 모아 보고 분류해 봄으로써 물체의 속성에 대한 지식은 물론, 물체의 비교를 통해 공통점과 차이점과 같은 논리적 사고를 발달시킬 수 있도록 지도하는 것이 중요하다.

3. 수학능력의 개인차

미국유아교육협회(NAEYC, 2009)의 지침에 제시된 발달적 적합성 원리란 성인이 유아의 발달시기에 맞는 교육을 시도할 때 발달과 학습이 가장 효과적인 점을 의미한다. Piaget의 인지발달단계는 정신적 구조(mental structure)를 의미하는 것이며, 정신적 구조의 특징은 지식이 유아의 성숙과 함께 얻어지는 것이 아니라, 연령의 증가와 함께 인지적 발달단계의 구조가 변화하고 발전되어 가는 것을 의미한다(Kamii & DeVries, 1993).

따라서 발달적 단계란 유아의 발달과정 중에 존재하는 각각의 조작적 구조에 대한 제시이며, 성인은 유아의 정신적 구조와 단계를 이해하고 유아의 발달에 맞게 적합한 지도를 하는 것이 필요하다. 유아는 연령 간 발달적 차이가 크며, 동일 연령이라도 개인차가 많이 있으므로 수학교육을 수행할 때 연령적 적합성과 개인적 적합성을 모두 고려하는 것이 좋다.

1) 연령적 적합성

과거에는 3세부터 6세의 유치원 연령에 해당되는 유아들의 수학적 성취에 크게 관심을 두지 않았으나 유아기의 수학적 학습과 태도형성이 학습 성취에 영향을 준다는 연구결과에 기초하여 미국수학교사협회(NCTM)는 수학교육 지침에서 유아기 연령의 수학교육에 대한 원리를 포함시키고 유아부터 초등학교 2학년 연령의 어린이를 위한 수학교육 원리와 기준을 제시하였으며(NAEYC & NCTM, 2010), 수학을 효율적으로 가르치기 위한 원리를 적용하는 대상을 3세 이상의 유아로 규정하고 3세 이하의 유아라도 다양한 수학적 탐색과 경험을 즐기고 이를 통해 배울 수 있다고 제시하였다.

이와 같이 수학교육을 시행하는 연령을 제시하는 것은 유아의 연령에 따라 수학개념들을 습득하는 능력과 방법이 다르기 때문이다. 예를 들면, 세모와 네모 모양을 구별할 수 있는지 혹은 세모를 그릴 수 있는지 등 유아의 사전 능력에 대한 관찰을 기초로 수학교육이 이루어져야 한다. 따라서 수학개념을 적용하는 데 있어서 유아의 발달적 능력을 고려하여 어린 연령의 유아와 높은 연령의 유아의 수학적 능력에 따라 수학활동을 제공하는 것이 유아의 발달에 적합한 지도 방법이다.

이와 같이 교사가 수학교육을 수행하기 위해서는 유아의 발달적 능력과 수준을 파악하고 유아가 수행이 가능한지 관찰하고 연령에 따른 수학활동을 제시하는 것이 중요하다.

2) 개별적 적합성

전조작기 유아들은 조작적 사고를 하지 못하며 주로 2~7세에 해당한다고 제시되고 있다. 이는 Piaget의 인지발달단계를 따른 것이나 연령적 구분은 아이들의 실제 지적 수준과 차이가 있다. 만 5세 유아라도 구부러진 철사를 다시 펴서 같은 길이임을 인식하는 조작적 사고가 가능하며, 이는 유아가 구체적 사고를 하는 것을 알 수 있다.

따라서 동일 연령이라도 정신적 사고 수준이 다를 수 있으므로 연령별 수학교육을 시행함과 동시에 개별 유아의 수학적 능력과 수준을 파악하고 그에 따라 수준별 수학활동을 제공하는 것이 중요하다. 예를 들면, 만 5세 유아의 경우 100까지 세는 유아도 있고 더하기가 가능한 유아가 있는 반면, 10까지만 세는 유아도 있으며, 삼각형을 오릴 수 없는 유아도 있다. 따라서 동일 연령의 유아라도 수학적 능력 수준은 매우 다르므로 발달 수준이 다른 유아들이 모두 성공할 수 있도록 다양한 수준의 자료를 제공하는 것이 중요하다.

4. 유아수학학습의 영향 요인

1) 인지적 요소

유아가 수학적 성취를 이루는 데 있어 교사가 수학활동을 제시하는 데 주의해야 할 점은 유아의 발달에 적절하지 않은 과제가 제시될 경우 유아가 수학적 개념을 성취에 영향을 줄 수 있다. 따라서 유아의 발달 수준을 고려하여 과제나 활동을 제시하고 유아의 주의력을 분산시키는 요소가 포함되지 않도록 주의 깊은 계획이 필요하다.

(1) 학습 제시 조건

유아의 발달수준에 맞지 않는 과제가 제시되었을 경우 유아는 수학적 성취를 이루기가 어려우며, 유아가 과제에 실패하기 쉽다. 이 때 교사는 자신이 제시한 활동이나 과제가 유아의 능력에 적합한지를 주의하여 활동을 제시하지 않으면 활동의 적합성보다 자칫 유아의 수학적 능력이 결여된 것으로 판단하기 쉽다.

예를 들면, 서열화 활동이나 복합 분류활동을 제시하기 전에 유아가 순서 짓기 개념이나 논리적 분류 개념이 있는지 먼저 사전 지식을 파악한 후 활동을 제시하는 것이 좋다.

또한 유아들과 수학적 자료를 사용할 때 유아들을 이해시키기 위해 여러 가지 수학적 어휘를 정확하게 사용하는 것이 필수적이다. 왜냐하면 유아들이 단어의 의미를 몰라서 수학적 과제나 활동을 수행하는 데 실패할 수도 있기 때문이다. 예를 들면, "다른 것을 골라 보자"라고 했을 때 유아들은 '다르다(differente)' 와 '다른 것(another)'을 구별할 수 없을지도 모른다(Johnson, 2017).

따라서 유아가 이해하기 쉬운 단어를 사용하는 것이 중요하다. 흔히 교사들은 '패턴', '집합' 등의 단어를 자주 사용하는데 유아가 이러한 수학적 용어를 이해하기 어려울 수도 있다. 그러므로 블록의 집합을 만들어 보라고 하기보다 "같은 것끼리 모아 보자"라고 하거나 "같은 가족이 되도록 만들어 보자" 등과 같이 말하는 것이 좋다.

또한 유아가 수학활동을 한 후 왜 그렇게 했는지 이유를 물어보기보다는 "어떻게 그렇게 했니?"라고 물어볼 경우 유아가 자신이 수행한 수학적 활동에 대해 구체적이고 논리적으로 설명할 수 있다. 혹은 "다른 방법이 있니?"라고 물을 경우, 보다 다양한 수학적 사고를 적용할 수 있다.

그러므로 유아의 발달 수준에 대한 지식과 이해를 기초로 유아에게 적합한 과제를 제시하는 것이 유아의 수학적 능력발달에 중요한 요소이다.

(2) 학습 주의력

교사는 수학활동을 제시할 때 유아의 주의를 분산시키는 요소가 유아의 수학활동 수행을 방해하지 않도록 주의할 필요가 있다. 예를 들면, 유아에게 초코 샌드와 땅콩 샌드를 제시할 경우 같은 모양의 과자인데도 유아는 초코 샌드가 더 작다고 생각한다. 이와 같이 제시되는 사물의 크기나 색깔은 지각적 영향을 줄 수 있으므로 자료를 제시할 때 주의해야 한다. 따라서 실제 수학적 활동 수행과 관계없는 자극에 영향을 받지 않도록 자료의 배열, 색깔, 모양의 정확성 등을 고려하여 수학 교수자료를 제시할 때 유아가 수학활동이나 과제에 성공하도록 도울 수 있다.

2) 정의적 요소

유아들은 수학에 대해 긍정적인 태도와 흥미를 가질 때 수학적 성취가 높아진다고 한다. 그러므로 유아의 흥미, 자신감, 주변의 성인의 태도는 유아의 수학적 태도와 성취와 관련이 깊다(NAEYC & NCTM, 2010).

유아의 수학에 대한 긍정적 태도를 기르기 위해 교사는 유아에게 매력적인 자료를 제공하여 유아의 수학에 대한 흥미를 끌고 수학적 상황을 성공적으로 수행하도록 돕는 것이 중요하다. 또한 유아가 이해하기 쉬운 방법으로 수학활동을 제공하고, 자연스럽고 흥미 있는 수학을 경험하도록 계획해야 한다. 예를 들면, 유아의 수학에 대한 흥미와 이해를 돕기 위한 방법으로 문학적 접근법이 있다. 그림책은 유아의 흥미를 자극하는 것은 물론 이야기 속 수학적 개념을 쉽게 이해하도록 돕는다.

3) 사회적 요인

유아의 수학적 성취에 영향을 주는 요인으로 유아 주변의 사회적 환경의 중요성을 들 수 있다. Vygotsky는 유아의 논리적 사고발달을 위해 사회적 상호작용을 강조하고, 유아 주변의 능력 있는 성인이나 또래의 도움을 받을 경우 유아가 보다 의미 있는 학습에 참여하게 된다고 한다(Berk & Winsler, 1995). 따라서 Vygotsky는 유아가 할 수 있는 것뿐만 아니라 또래나 성인이 도와주면 할 수 있는 것도 유아의 성취에 포함시킨다.

이와 같은 Vygotsky의 근접발달영역 이론의 영향으로 또래 간 협동 활동의 효과에 대한 관심이 높아짐에 따라 수학교육에서 또래 간 상호작용을 높임으로써 또래 교수 효과를 강조하는 경향이 증가되고 있다. 무엇보다 또래와의 상호작용은 자기중심성을 감소시키고 자율성 형성을 통해 인지적 변화를 가져온다고 한다. 유능한 유아의 경우 다른 유아가 이해하지 못한 것을 교사가 설명할 때보다 그들의 언어로 더 쉽게 이해를 시킬 수 있기 때문이다. 이 점은 서로 발달 수준이 다른 또래의 협동학습의 효과에 대한 연구들이 이를 뒷받침하고 있다(이정화·이경선, 2007; 진명희, 2006; Yager, Johnson, & Johnson, 1985). 이와 같이 사회적 환경 속에서의 수학은 인지적 발달에 국한되지 않고 사회와 도덕적 발달 등 통합적 발달을 가져온다.

또한, 수학에 대한 사회적 관심은 유아의 수학적 능력이나 태도에 영향을 미친다. 특히 우리나라를 비롯한 아시아권 부모들은 자녀의 수학적 성취에 대한 관심이 높다. 이러한 학부모의 수학에 대한 관심과 사회적 지지 역시 유아수학 능력의 성취에 영향을 준다.

5. 지식의 유형

Piaget는 인간이 습득해야 할 지식의 종류를 물리적 지식, 논리 수학적 지식, 사회적 지식의 세 가지 유형으로 구분하고 지식의 유형이 어떻게 습득되는지 제시하였다(Kamii & DeVries, 1993). 이를 자세히 살펴보면 다음과 같다.

1) 물리적 지식

물리적 지식(physical knowledge)이란 사물에 대한 지식을 말하며, 공은 구르고 얼음은 차갑다와 같은 물체의 속성에 대한 지식을 말한다. 물리적 지식은 물체와의 직접적 경험을 통해 형성되는 지식이므로 Piaget는 이를 경험적 추상(empirical abstraction)이라고 부르며, 지식의 근원은 사물에 있다고 본다. 따라서 물리적 지식은 유아가 사물과 상호작용하는 과정에서 성인의 개입 없이 유아가 스스로 구성하게 된다.

물리적 지식은 사물에 대한 유아의 행동을 통해 형성이 되므로 교사는 유아가 경험을 통해 물리적 지식을 습득할 수 있도록 유아가 구체물과 상호작용할 수 있는 기회를 많이 제공하는 것이 중요하다.

2) 논리 수학적 지식

논리 수학적 지식(logico-mathematical knowledge)이란 사물과 사물의 관계에 대한 지식으로, 유아가 사물을 관찰하고 비교함으로써 사물간의 관계에 대해 유추해 내는 사고를 말한다. 즉, 막대의 길이가 긴지 짧은지를 알아보려면 두 막대간의 관계를 지어봄으로써 알 수 있다.

논리 수학적 지식은 사물 안에 존재하는 특성이 아니라 사물간의 관계를 통해 유추해 내는 반성적 추상(reflective abstraction)을 통해 이루어지며, 지식의 근원은 유아 자신에게 있다. 예를 들어 물체가 '둘'인 것은 사물 자체가 나타내는 것은 아니며, 물체가 '세 개'인 것 혹은 '하나'인 것과 구별하여 인식하는 유아의 사고에 달려 있다.

따라서 교사나 성인은 유아의 논리 수학적 지식의 형성을 위해 여러 가지 다양한 사물을 제공하여 유아가 사물들의 관계를 지어 보게 함으로써 유아가 스스로 논리 수학적 지식을 형성하도록 돕는 것이 중요하다.

3) 사회적 지식

사회적 지식(social knowledge)이란 사회적 관습에 의해 형성된 지식으로 개인이 속한 사회가 사회적 합의에 의해 규정한 임의적 지식과 도덕적 법칙들이 해당이 된다. 사회적 도덕적 지식은 예절이나 사물의 이름과 같이 사회적 구성원들이 임의로 만든 지식이므로 문화권마다 다르며 변화 가능하다.

수학활동에서는 세모나 네모와 같은 모양의 이름이나 하나, 둘, 셋과 같은 수 단어가 사회적 지식에 속한다. 이와 같이 모양의 이름이나 수 단어는 문화권마다 서로 다른 이름으로 불리므로 임의적인 것을 알 수 있다.

따라서 수학활동을 할 때 모양의 이름이나 숫자의 이름만을 강조하는 것은 수학의 본질이나 개념에 대해 탐색하고 논리적 지식을 가르친다고 보기 어렵다. 행동주의 교실에서는 교사가 수학적 지식의 발달을 위해 언어적인 자극을 강조한다. 유아들은 공간개념을 위해 '위', '아래', '넘어', '밑에'와 같은 단어들을 배우거나 바깥놀이에서 놀이기구를 탄 후 교사가 "너희들은 미끄럼틀 아래를 지나갔어"라고 반복적으로 말함으로써 유아들에게 공간과 관련된 단어를 상기시킨다. 이때 유아는 공간에 대한 논리적 개념을 형성한다기보다는 공간과 관련된 어휘를 습득하는 것이다.

물리적 지식이나 논리 수학적 지식과 달리 사회적 지식은 사물이나 현상을 관찰함으로써 얻어지는 지식이 아니라 기존 성인세대가 어린 세대에게 가르쳐서 형성된다.

교사들이 가장 많이 하는 수학활동은 수 세기와 숫자 쓰기 활동으로 나타났는데, 이는 주로 수의 이름과 숫자의 모양을 가르치는 것으로, 논리 수학적 사고를 기르기보다 사회적 지식을 강조하는 것이다.

이상에서 Piaget가 제시한 유아의 경험의 유형에 따른 지식의 유형을 살펴보았으나, 실제로 물리적 지식과 논리 수학적 지식은 분리되어 습득되지 않고 밀접한 관련을 가지고 형성된다. 예를 들면 블록의 색깔이나 수량의 차이에 대한 인식은 다른 블록과의 관련성을 통해 유사점과 차이점을 비교하여 색깔을 분류하고, 수량의 관계를 지어 봄으로써 파란 블록이 노란 블록보다 하나가 더 많다는 논리적 결과를 인식하게 되며, 색종이를 대각선으로 잘랐을 때 삼각형 두 개가 사각형을 이룬다는 것을 알게 된다. 그러므로 물리적 지식과 논리 수학적 지식의 형성은 불가분의 관계에 있다.

Piaget의 지식의 유형이 시사하는 바는 교사가 유아들의 수학적 사고를 위해 수학적 자료를 제공하면 유아들은 구체물을 가지고 노는 동안 수학적 구조나 개념들을 스스로 습득해 갈 수 있음을 알 수 있다. 이 과정에서 교사는 모양의 이름이나 숫자의 이름 등을 가르쳐 주어 유아들의 다양한 수학적 지식이 습득될 수 있도록 도울 수 있다.

6. 유아의 수학적 사고에 대한 이해

유아들은 성인과 다른 방식으로 사고를 한다. 따라서 유아의 독특한 사고 특성을 이해하고 유아의 발달에 적합한 수학교육을 수행할 때 수학교육이 효과적이다. 그러므로 교사는 유아의 발달에 적합한 수학교육을 수행하기 위해 다음과 같은 요소들을 함께 고려해야 한다.

1) 유아의 능동적 사고

유아의 발달에 적합한 교육을 수행하기 위해 교사가 목표로 삼아야 할 중요한 점은 유아의 자율적 사고를 형성하는 것이다. Piaget는 유아가 경험과 활동을 통해 지식을 구성할 때 유아의 자발적인 활동을 강조한다. Piaget는 유아는 스스로 지식을 구성한다고 강조하고, 유아가 스스로 지식을 구성할 수 있도록 성인이 환경을 조성하고 유아의 학습을 돕는 비계설정(scaffolding)의 개념을 강조한다.

이와 같이 Piaget가 유아의 자율성과 흥미에 기초하여 교육을 수행해야 하는 점을 강조한 점에서 인지발달이론은 구성주의로 불리기도 한다. 이 점은 성인이 직접 유아를 가르쳐서 지식을 전수하는 전통적인 행동주의 교육원리와 대조되는 것으로, 행동주의에 기초한 교육은 교사에 의해 학습이 조직되고 주도되므로 이는 유아의 자율성을 강조하는 Piaget 이론과 반대된다.

유아들이 자기 주도적으로 학습하기 위해서는 유아가 사물을 관찰하고 스스로 탐색해 봄으로써 사물의 차이를 구별하고, 자신이 발견한 것을 또래와의 상호작용을 통해 수학적 의사소통과 함께 논리적 사고를 발달시켜 나가도록 하는 것이 바람직하다.

Dewey(1963)에 의하면 학습자의 흥미와 요구에 부합될 때 학습이 가장 잘 일어난다고 보았다. 이는 수학교육에서도 동일하게 적용되어 미리 정해진 수학내용을 가르치기보다 일상생활 속에서 활동을 통해 수학적 개념이나 기술이 요구될 때 수학적 개념이 자연스럽게 학습된다. 예를 들면, 학습자의 요구와 관계없이 구구단을 외우게 하거나 학습지를 의무적으로 하게 하는 경우 유아들은 오히려 수학에 대한 흥미를 잃어버릴 수 있다.

의미 있는 지식이란 학습자가 자신의 내적 동기에 의해 학습에 대한 흥미와 호기심을 가지고 접근할 때, 보다 의미 있는 지식이 형성될 수 있다. 그러므로 이러한 지식습득의 과정은 수학교육을 수행하는 과정에서 교사가 간과해서는 안 된다.

2) 비형식적 수학지식

비형식적 수학지식이란, 학교에서 배우는 형식적 지식과 달리, 유아가 일상생활 속에서 수학적 경험을 통해 습득하는 지식을 말한다. 유아들은 유아교육기관에서 수학개념을 배우기 전 가정에서부터 다양한 수학적 경험을 통해 상당한 수준의 수학적 지식을 가지고 있다. 유아들은 일상생활 속에서 수학 개념을 사용하고 있으며, 유치원에 오기 전부터 수를 셀 수 있고, 친구와 간식을 나누어 먹거나 자신의 양말을 짝짓는 등 비형식적 수학경험들을 통해 수학적 지식을 습득한다. Ginsburg와 Inoue, Seo(1999)는 유아가 일상의 경험을 통해 다양한 수학 개념을 경험하고 직관적인 수준에서 이해하는 것을 강조한다(김정은, 2012).

비형식적 수학지식들은 초등학교 입학 후 이루어지는 형식적 수학지식의 형성에 영향을 주며, 학교에서의 수학적 성취와도 관련되는 중요한 요인으로 인식되고 있다.

따라서 유아가 형식적 수학교육을 받기 이전부터 가정에서 다양한 수학적 경험을 하도록 교육하는 것이 좋다. 예를 들면, 블록놀이를 하거나 수학개념이 포함된 동화를 읽어 주는 것은 물론 엄마와 함께 마트를 가거나 은행을 가는 경험들은 유아가 일상적 경험을 통해 수학적 개념을 습득하게 하는 데 도움이 된다.

유아의 비형식적 수학경험은 유아 간 수학의 사전 지식(prior knowledge)에 차이를 가져올 수 있다. 즉, 가정에서 사전에 수학적 경험을 많이 한 유아가 그렇지 않은 유아보다 교육기관에 오기 전부터 수학적 지식이나 개념의 수준이 높을 수 있으므로 수학적 경험의 배경에서 차이를 가져올 수 있다. 그러므로 교사들은 유아의 사전 지식에 기초하여 유아의 개별수준에 맞는 교육을 하는 것이 중요하며, 또한 어려서 가정환경에서부터 여러 가지 수학적 상황을 제공하고 유아가 다양한 수학적 경험을 하도록 지도하는 성인의 역할이 매우 중요하다.

3) 시행착오의 의미

유아에게 과자 다섯 개에서 두 개를 먹으면 얼마가 남는지 물어보자 유아는 5에서 2를 빼면 5라고 대답한다. 이는 형식적 수학지식 면에서는 틀린 대답이나 유아가 나름 자신의 논리를 적용하여 생각을 말한 것이므로 유아의 능동적 사고를 반영한 것이다. Piaget는 유아의 잘못된 생각이 성인에 의해 가르쳐지는 정확한 대답보다 유아의 능동적 사고를 반영한다고 본다. 유아들은 수학활동을 할 때 여러 가지 실수를 한다. 이미 센 물건을 한 번 더 세거나, 물건은 세 개인데 5라고 말하기도 하고, 친구와 귤 다섯 개를 똑같이 나누어 먹으라고 하면 귤을 두 개씩 갖고 하나를 선생님에게 준다.

교사들은 유아들의 잘못된 생각을 기피하고 정확한 대답만을 원하는 경향이 있으며, 유아들 또한 교사의 의도에 맞춰 대답하는 경향이 있다고 한다. 유아들이 성인이 가르쳐 주는 방식대로 따라 할 경우, 실수 없이 활동을 수행할 수는 있으나 수동적 사고를 하게 된다.

따라서 유아들의 실수는 단순히 수학적 능력의 부족으로 평가하기보다 유아의 독특한 사고 특성을 이해하고, 수학활동을 제공할 때 유아가 이해할 수 있는 수준의 내용인지를 점검해 봐야 한다. 예를 들면, 탐색하려는 사물에 대한 친숙성이 부족할 경우 유아들이 수학적 상황이나 문제를 해결하는 과정에서 성취를 이루는 데 어려움을 겪을 수 있다. 이 점은 피아제의 수 보존 개념과제가 대표적인 예로, 유아에게 적합한 자료와 의미 있는 과제 상황을 사용할 때 유아의 초기 인지적 능력이 잘 발현될 수 있다고 한다(DeLoache, Sugarman, & Brown, 1985; Dias & Harris, 1988; Fabricius, Sophian, & Wellman, 1987; English, 2004).

따라서 수학적 개념을 기르기 위한 구체물을 제시할 때 유아들이 자주 접하는 친숙한 사물을 사용하는 것이 좋으며, 서로 다른 길이나 색깔의 블록이나 유아가 좋아하는 미니어처들(공룡이나 인형, 자동차 등)을 세어 보고 나누거나 합해 보게 하는 것이 수학적 개념형성에 도움이 된다(Clements, 2004).

교사는 유아들이 실수를 통해 배우게 되는 점을 인식하고, 유아가 여러 가지 시도를 해 봄으로써 다양한 가능성에 대해 학습하는 기회를 갖도록 지도하는 것이 중요하다.

제3장

유아수학교육 내용

1. 공간과 기하

1) 공간과 기하의 중요성

공간과 기하(space and geometry)의 개념은 유아수학교육과정에서도 수 개념만큼 관심이 높지 않으나 유아기에 다루어야 할 중요한 개념으로 인식되고 있다. 유아들은 공간에 둘러싸여 생활하므로 공간과 기하교육은 유아의 흥미를 유발할 수 있으며, 문제해결의 도구로서뿐만 아니라 실제 생활에 쉽게 적용할 수 있는 분야이다.

현대사회에서 공학이나 디자인 등이 발달하면서 공감각적 능력이 요구됨에 따라 공간과 기하는 더욱 중요한 개념으로 강조되고 있으며, 예술, 건축, 물리학 등 여러 분야에 응용이 되고 있고, 분수나 측정과 같은 다른 수학개념과 연계하여 가르칠 수 있으며, 다른 수학분야에도 접목이 되고 있다.

공간 감각능력과 기하학 능력은 다양한 분야에서 필요로 하는 능력이며(이경우 외, 1997), 유아기에 경험하게 되는 기하와 관련된 다양한 활동은 사회에서 요구하는 첨단 기술이나 정보화 능력과 관련이 깊다.

기하는 우리가 사는 물리적 세계와 매우 밀접한 관련이 있으며, 모양, 크기, 위치, 방향, 동작으로 묘사하고 분류하는 수학 분야로서(Copley, 2000), 위상기하, 유클리드 기하, 좌표기하, 이동기하라는 네 가지 기하학 체계의 기본 측면들을 다룬다(남미경, 2011).

기하(geometry)의 사전적 의미는 모양, 크기, 물체의 상대적 위치, 공간의 특성과 관련된 수학 분야를 말한다. 기하는 길이, 면적, 부피를 다루는 실제적 방법으로서 일찍이 독립적으로 발생하였는데, 기원전 3세기에 Euclid에 의해 적용이 되었으며, 이는 인도의 기하학적 건축물에서도 적용되었다.

기하의 내용은 점, 선, 길이를 다루는 1차원 공간과 평면, 면적, 다각형을 다루는 2차원 공간, 이때 삼각형의 경우 기울기와 빗변, 평행사변형은 정사각형,

직사각형, 마름모, 원 등을 다룬다. 3차원 공간은 정육면체, 원기둥(실린더), 삼각뿔, 구 등을 포함한다. 기하의 일반적인 개념들은 점, 선, 평면, 빗변, 곡면, 각, 곡선 외에 보다 발전된 다면체와 위상, 매트릭스 등을 포함한다.

아주 어린 유아라도 사물이나 사람이 멀리 있거나 뚱뚱하고 마른 것을 구별할 수 있다. 이는 단순히 넓이만이 아니라 넓이와 높이를 함께 고려할 수 있음을 나타낸다(Sophian, 2004). 무엇보다 유아의 주변 환경은 3차원으로 구성되어 있어 유아들은 다양한 공간과 기하 세계에서 살고 있으므로 공간과 기하에 대한 상당한 지식을 가지고 있다.

Clements(2004)에 의하면 유아들은 초등학교에 들어가기 전부터 모양에 대해 많이 알고 있으며, 4세 유아들은 평면의 모양을 인식하고 이름을 말할 수 있고, 초등학교에 들어가면서 모양에 대한 지식이 확장된다. Seo와 Ginsburg(2004)는 유아들이 자유놀이를 하는 동안 나타난 수학적 활동은 88%이고, 패턴과 모양 활동이 44%로 가장 많이 발생하였으며, 이 중 모양 인식, 모양 분류 모양의 이름 말하기가 47%를 차지한다고 보고하였다. 연구결과, 유아들이 모양의 이름을 말하고 분류하는 것 외에 여러 가지 개념이 있음에도 불구하고 성인들이 풍부한 수학적 주제가 될 수 있는 기하에 대해 소홀히 하고 기본적인 모양의 이름만 얘기하는 데 그치고 있다고 지적하였다.

기하와 도형 개념은 일상생활에서 다양하게 사용되는데 블록놀이, 물·모래놀이, 미술 등 유아기 대부분의 구성놀이는 자료를 이용하여 구성해 가는 동안 모양의 변화나 위치와 관련된 여러 가지 수학적 탐색을 하게 한다.

2) 놀이 속 공간과 기하

(1) 블록놀이

블록놀이의 수학적 가치는 매우 높다. 유아들은 놀이를 하는 동안 블록을 모아 보고(grouping), 분류(sorting)하고, 특징들에 따라 범주화(categorizing)한다.

또한 유아들은 블록을 가지고 논 후 블록을 정리하는 동안 다시 모양이나 분류 개념들을 적용할 기회를 갖게 된다.

블록으로 구성놀이를 하는 동안 유아들은 복잡한 기하개념을 사용하며, 이는 초등학생들이 경험하는 기하개념보다 더 많이 사용한다고 한다. 또한 유아들은 구성물을 만들 때 대칭구조를 많이 사용하는데 이는 중학교에서 사용하는 병렬과 수직 개념을 나타낸다(Clements, 2004). 유아는 긴 블록 두 개를 짧은 블록으로 연결하려고 할 때 거리를 조정하거나, 두 개의 원기둥을 연결하려면 정사각형 블록이 모두 여덟 개가 필요하다고 어림셈을 하는 등 여러 가지 수학적 개념을 적용한다.

블록을 쌓을 때 유아들이 패턴을 적용하는 것을 볼 수 있는데, 3~4세경 유아들은 구성물 안에서 수직으로 혹은 수평으로 블록을 규칙적으로 사용한다. 4세경이 되면 유아들은 구조물의 부분들을 조합하고 통합하는 융통성을 보이며 복합적 공간개념을 나타낸다. 또한 여러 방향과 여러 지점에서 구성물을 만드는 동안 사영기하 개념을 습득하게 된다.

(2) 퍼즐놀이

퍼즐 역시 블록놀이와 같이 유아에게 공간 개념을 길러 주기에 적당하며 블록놀이가 3차원 도형을 제공하는 반면, 퍼즐은 2차원 평면도형 개념을 길러 준다(Clements, Sarama, & Wilson, 2001). 유아들은 처음에는 퍼즐을 맞추기 어려워하며, 가장자리 몇 조각만 맞추는 등 단순하게 놀이한다. 그러나 점차 유아들은 부분 조각이 모여 전체를 이룬다는 것을 배우며, 4세경이 되면 시행착오를 거쳐 서로 가까이 모양을 배치하여 그림을 만든다. 유아들은 점차 경험이 쌓여 가면서 보다 큰 퍼즐 그림을 맞추며 퍼즐 수가 늘어난다. 유아들은 옆길이나 각도 등의 특징이나 모양의 정신적 이미지(심상)를 구성하여 퍼즐을 맞춰 나간다.

(3) 점토놀이

점토나 밀가루 반죽 놀이 역시 다양한 수학적 사고와 추리를 증진시키는 기회를 제공한다. 점토를 밀어 모양을 펼치거나 여러 가지 모양을 만드는 동안 모양이나 측정 개념은 물론 점토의 모양이 변해도 점토의 양은 일정하다는 질량 보존개념을 함께 습득하게 된다. 또한 점토를 커터기로 자르면 여러 조각으로 나뉘고 모양도 달라진다.

교사는 유아들이 점토로 놀고 있을 때 커터기를 사용하도록 제안하거나 함께 병행놀이를 하며 모양의 변화나 점토의 양에 대해 질문이나 힌트를 주며 수학적 개념이 확장되도록 도울 수 있다(Clements, 2004).

3) 공간과 기하개념발달

(1) 유아의 공간 능력발달

공간감각 능력(spatial sense ability)이란 눈을 통해 물체의 모양, 위치, 패턴, 움직임 등을 인식하는 것을 말하며, 이는 공간 지각능력이나 다른 감각기관과의 협응을 통해 발달된다. 즉, 유아가 물체의 모양이나 움직임 등을 이해하는 능력은 시각적인 능력 외에 손이나 신체 등과의 협응을 통해 발달될 수 있음을 알 수 있다.

유아의 공간표상은 유아의 운동이나 내적 행동에 의해 점진적 조직을 통해 구성된다고 한다. 즉, 유아의 공간 표상(space representation)은 공간 환경을 지각적으로 인식하는 것이 아니라 환경에 대한 적극적인 조작을 통해 형성된다고 한다(Piaget & Inhelder, 1967). 이 점에서 공간개념은 구체적 물체의 특성이나 현상과 관련된 지식을 포함하므로 하위 논리적 지식으로 구분되기도 한다. 즉, 공간 관계나 도형은 구체적 물체의 준거를 수반하므로 논리 수학적 지식과 물리적 지식의 혼합 형태로 나타난다(이경우 외, 1997).

특히 최근 공간추리(spatial reasoning) 능력이 강조되고 있는데, 공간관계에 대해 이해하는 것은 공간 내에서 물체의 모양을 인식하거나 형태와 물체 간의 공간 내 관계를 인식하는 것을 말한다. 공간추리는 현대사회의 다양한 분야에서 요구되는 것으로, 과학, 기술, 공학, 예술과 수학 분야에서 필수적이다(Newcombe & Frick, 2010; Wai, Lubinksi, & Benbow, 2009). 또한 Farmer 등(2013)에 의하면 공간 추리는 전반적인 수학적 성공을 예측하는 중요한 역할을 한다고 제시한다(Bruce & Hawes, 2015 재인용).

유아를 위한 공간능력의 내용은 다음과 같다(이경우 외, 1997; Del Grande, 1990).

① 눈-운동 협응(eye motor coordination)

눈-운동 협응이란 신체의 움직임과 시각의 협응 능력을 말하며, 형태를 따라 그리기, 형태 안에 색칠하기, 미로 찾기, 점과 점을 이어 형태 만들기 등이 포함된다.

길 찾아가기

② 형태-배경지각(figure-ground perception)

어떤 형태가 가려져 있거나 중복된 것에서 특수한 요소를 가려내어 형태를 지각하는 것을 말하며, 숨은그림찾기, 부분 조각을 이어 형태 만들기(탱그램, 패턴블록), 부분 그림 완성하기 등이 해당된다.

③ 지각 지속성(perceptual consistency)

지각 지속성이란 공간 내에서 위치나 크기의 변화에도 불구하고 원래 도형의 유사성과 동일성을 인식하는 것을 말한다. 지각 지속성은 크기가 다른 모양 찾기, 같은 형태지만 크기가 다른 것 찾기, 도형을 회전하거나 위치가 다를 때 같은 모양 찾기 등이 포함된다.

④ 공간 내에서의 위치 지각(position in space perception)

공간 내에서의 위치 지각은 공간 내 사물과 사물의 관계를 인식하는 능력으로, 예를 들면, 앞, 뒤, 위, 아래 등의 관계 인식, 문자나 숫자의 형태 구별(ㄱ과 ㄴ, 6과 9), 위치에 대한 패턴 활동 등이 포함된다.

채소로 얼굴 꾸미기(만 3세)

⑤ 시각적 변별(visual discrimination)

사물 간의 차이를 인식하는 능력으로 위치와 무관하게 같은 물체를 찾거나 분류, 짝짓기가 해당이 된다.

분류하기

모양카드

⑥ 시각적 기억(visual memory)

물체를 본 후 물체가 시야에서 사라져도 물체를 정확하게 기억하고 회상하는 능력을 말한다. 활동의 예로 그림에 있는 물체를 기억하거나, 제시한 도형을 기억하여 지오보드 판에 구성해 보기, 사진을 보고 블록 쌓기 등이 포함된다.

유아의 공간개념 발달과정을 살펴보면 다음과 같다(Read & Patterson, 1980; 황의명 · 서동미 · 조형숙, 2010).

① 1단계(8~24개월)

8개월 이전의 유아는 물체를 인식하나 사물과 공간관계에 대해서는 인식하지 못하며, 12~18개월의 유아는 공간 내 자신의 위치는 물론 물체와 물체의 관계를 인식한다. 12개월 이전의 유아는 가지고 놀던 공이 없어졌을 때 찾지 못하나 18~24개월의 유아는 사라진 공의 경로를 정신적으로 추적이 가능하며 사라진 공을 찾아 나선다.

② 2단계(2~4세)

이 시기 유아들은 근접, 개폐, 안과 밖, 순서 등의 위상학적 개념을 습득하기 시작하며, 모양과 크기, 형태, 방향에 대한 개념은 발달하지 않아 사물이 이동했을 때 모양과 크기가 동일하다는 것을 알지 못하며, 사영기하 개념이 없어 사물을 다른 측면에서 보았을 때 어떻게 보일지를 알지 못한다.

③ 3단계(4~7세)

이 시기 유아들은 자신을 중심으로 사물들의 공간적 관계를 이해하고 점차 물체 간 관계를 고려하게 된다. 그러나 사물의 상대적인 크기나 상대적 거리는 고려하지 못한다.

(2) 기하개념 발달

van Hiele(1958)이 제시한 유아의 기하개념 발달 단계는 다음과 같다(Clements & Sarama, 2000; Fuy, 1985).

▶ 0 수준: 시각적 수준(visual level)

이 시기는 모양의 인식, 변별, 도형 변형의 시각화 수준을 나타내며, 모양을 인식하나 모양의 특징적 속성(변, 각 등)은 구별하지 못한다. 예를 들면, 삼각형과 사다리꼴을 구별하고 다각형이 가진 변의 수를 인식하나 다른 사변형 간의 차이를 알지 못한다.

유아들은 자신이 보고 있는 것을 말로 설명하지 않고 겉모습만 보고 모양을 판단한다. 이 단계의 학습자는 직사각형과 직사각형이 아닌 것을 분류하라고 하면 정확히 분류하지 못하고, 모양의 외관으로 판단하여 '문처럼 생겼으니까 직사각형'이라고 생각하거나 정사각형은 '상자'처럼 보이는 모양이라고 생각한다. 5세 유아들은 삼각형과 삼각형 비슷한 오목하거나 볼록한 삼각형 비슷한 모양을 구별할 수 있다(Clements et al., 1999).

▶ 1수준: 기술적 수준(descriptive level)

모양을 속성에 따라 인식하고 특징지을 수 있다. 예를 들면, 직사각형은 두변의 길이가 같고 모두 직각으로 되어 있다거나 네 개의 면과 네 개의 각을 가진 폐쇄형 도형으로 인식한다. 그러나 정사각형과 직사각형의 관계는 알지 못한다.

Clements와 Sarama(2000)는 유아에게 직사각형을 주고 유아들이 모양과 모양 내 요소를 인식하고 이름을 말할 수 있는지에 따라 기하개념 수준을 나누어 제시하였다. 연구결과, 유아기는 1, 2, 3 수준에 해당이 되며, 시각적 추론과 도형의 특징 간 관계를 인식하고 정의할 수 있는 것으로 나타났다. Clements와 Sarama가 제시한 유아 기하 개념 단계는 다음과 같다.

질문: 이것은 무슨 모양이니? (▯) 어떻게 아니?

1수준: 도형의 이름을 말할 수 있고 비슷한 도형을 구별할 수 있다. 시각적 추론단계로 전체 모양만 인식하고 모양내 부분들의 요소는 인식하지 못한다.

유아: 직사각형이요. 왜냐하면 하나처럼 보여요.

2수준: 서로 다른 모양은 서로 다른 특징을 갖고 있다고 생각한다. 그러나 특징 간 관계를 짓지는 못한다.

유아: 직사각형이요. 네 개의 변이 있어요. 두 개의 긴 변과 두 개의 짧은 변이 있고 양쪽은 평행이에요.

3수준: 평행사변형과 직사각형의 관계를 안다. 이는 특징 간 관계를 인식한다. 정의는 의미 있으나 증명은 이해하지 못한다.

유아: 직사각형이요. 직각을 가지고 있고 평행사변형이에요.

4수준: 형식적 귀납의 단계로 공리적 체계 내에서 정리를 세울 수 있다.

유아: 평행사변형이고 직각이 있으면 직사각형이에요.

5수준: 매우 활발한 형식적(절차)시기이다.

4) 기하 교육 내용

Piaget는 유아의 기하개념이 위상학적 관계(topological relations: 근접/폐쇄/연속성)에서 사영적 관계(projective relations), 유클리드 기하(Euclidean relations: 각, 평행, 거리 등) 순서로 발달한다고 제시하였다(Clements et al., 1999). Piaget는 전 조작기 유아의 공간 개념발달을 제한된 것으로 인식하고 유아가 한 가지 변인만을 고려하고 도형의 특성에 대한 정신적 조작이 어려우므로 여러 가지 정보체계를 협응하여 도형을 이해하는 능력이 부족하다고 제시하였다. 이러한 Piaget의 영향으로 유아기의 도형 개념은 주로 모양인식과 변별에 한정되어 왔다.

그러나 Clements를 비롯한 학자들은 어린나이의 유아라도 유클리드 기하의 특징을 인식하고 묘사할 수 있으며, 기억에 의해 모양을 재구성하거나 정신적으로 모양을 회전시킬 수 있다고 한다(Clements, 2004).

따라서 기하교육을 위해 2차원 기하도형은 물론 3차원 기하도형을 동시에 제공하고 모양의 일치, 대칭, 변형, 합성(composition)과 분할(decomposition) 등을 경험하게 하고 또한 유아의 공간사고를 위해 공간 감각은 물론 공간적 시각과 이미지, 지도와 내비게이션 등의 개념을 기하교육내용에 포함시키는 것이 좋다(Clements, 2004).

(1) 도형 인식과 변별

유아들은 교육을 받기 전부터 같은 모양을 짝짓는 등 도형에 대해 잘 알고 있다. 모양 개념은 유아에 따라 개인차가 매우 다양하다. 3세의 유아 60%가 원, 정사각형, 삼각형의 이름을 알고(Fuson & Murray, 1978), 5세 유아가 모양의 이름을 말하는 것은 원(85%), 삼각형(80%), 정사각형(78%), 직사각형(44%) 순으로 나타났다(Klein, Starkey, & Wakeley, 1999).

Clements와 Sarama(2000)는 3~6세 유아를 대상으로 도형에 대한 연구에서 대부분의 유아는 모두 '원'에 대해 알고 있었으며, 4% 정도의 유아만 가끔 정확하지 않게 대답하였으며, 정사각형은 80%, 삼각형은 60%, 직사각형은 54%의 유아가 알고 있다고 조사되었다. 실제 교육현장에서 기하교육의 제한점은 유아에게 도형의 이름을 알게 하는 정도에 그치는 것으로 나타나 교사들의 기하교육의 문제점을 나타냈다(이정욱, 2004). Clements(2004)는 유아가 각, 방향, 회전 등에 대해 이미 경험하고 인식하는 것으로 보고 기하교육의 내용을 단순히 기하의 모양인식과 명명 외에 보다 체계적인 교육방식이 필요하다고 하였다.

교사는 유아의 도형 개념의 수준을 잘 파악할 때 유아들에게 적합한 학습 기회를 제공할 수 있다. 다음은 유아들이 도형을 변별하고 인식하는 수준을 나타내는 예이다.

6세 남아

교사: 이것은 무슨 모양일까?

유아: 피라미드 모양이요.

교사: 이것은 세모일까 네모일까?
유아: 음… 세모? 네모? … 네모 같아요.

교사: 이것 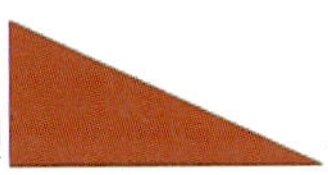 과 이것 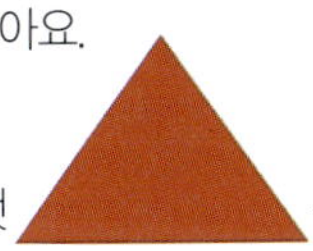 은 무슨 모양이니?

유아: 이것은 긴 세모 모양이고요. 이것은 그냥 세모에요.

모양인식 관찰(2013, 만 5세 남아)

(2) 모양 분할과 조합

유아가 도형의 모양과 이름, 특성을 인식하는 것도 중요하지만, 하나의 도형이 여러 개로 분할되는 것을 경험하는 것은 전체와 부분의 개념은 물론 다양한 모양의 변화를 통해 수 개념은 물론 면적, 분수 개념 등을 형성할 수 있다. 그러므로 모양의 분할과 합성을 경험할 수 있도록 색종이나 패턴 블록 등을 제공하여 다양한 모양과 수의 변화를 학습하게 하는 것이 중요하다.

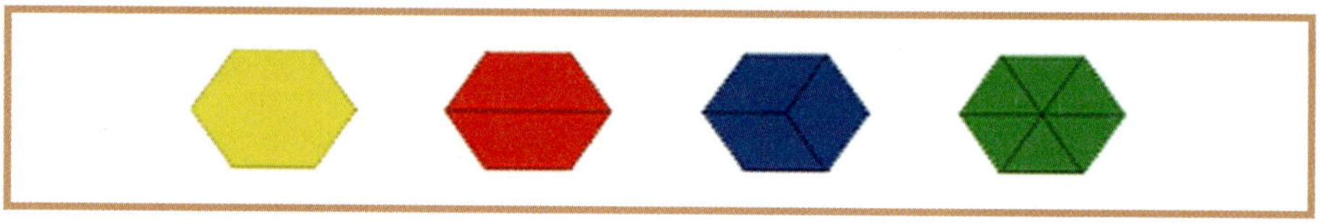

Sophian(2004)은 4~5세 유아에게 두 개의 작은 직사각형에 맞는 큰 도형을 찾아보게 하고 이를 더 길게 늘리거나 정사각형에 가깝게 하려면 어떻게 해야 하는지 실험하였다. 5~7세 10%만 이를 해결하였으며, 유아들은 문제에서 비율 관계를 고려하지 않고 샘플에 있는 색깔이 있는 부분과 같은 크기가 되도록 면적을 만드는데, 이러한 실수는 5세의 25% 7세의 29%에 해당된다.

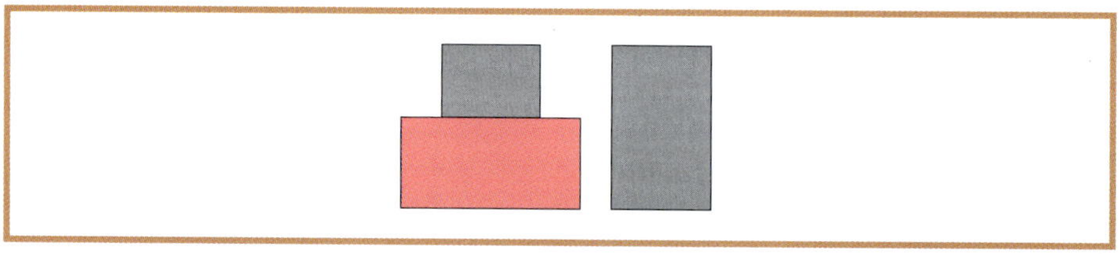

위의 연구에서 유아들은 모양이 분할된 것보다 연속적 모양에서 더 성공하는 것을 알 수 있는데 이는 분할의 부정적 효과로 작용한 것을 알 수 있으며, 이 점은 유아가 수를 사용하는 방식에서 수 단위의 추론에 대한 한계에서도 동일하게 적용된다.

유아에게 연속적 양만을 제공할 경우 장래 수학 학습을 지원하는 데 한계가 있으므로, 유아의 초기 수학교육은 각각의 구체물이 단위가 되거나 절대적인 양을 강조하는 표준화된 수 활동을 넘어서야 한다. 그러므로 도형 학습을 포함하여 수학활동은 유아가 수를 사용하고 이해하는 방식을 확장시키도록 고안되어야 하고 일상적인 절차를 넘어 양적 관계와 수학적 의미가 있는 개념들을 탐색하도록 고안되어야 한다(Clements, 2004).

(3) 각, 방향, 회전

유치원 시기의 유아들은 연구에서 알려진 것과 달리 블록놀이를 할 때 각(angle)의 개념을 본능적으로 사용한다(Ginsburg, Inoue, & Seo, 1999). 유아들이 블록놀이를 할 때 정육면체나 삼각형모양의 블록을 놓으면서 정확히 가장 자리에 맞는 모양을 찾아 맞추면서 블록 구성물 간 한 치의 간격도 허용하지 않는다. 이는 연구에서 알려진 것과 같이 유아들이 일치하는 것을 판단할 때 각을 고려하지 않고 단지 일치하는 각을 짝짓는 과제에서만 성공한다는 연구와 다른 결과이다(Beilin, 1984; Beilin, Klein, & Whitehurst, 1982).

유아들에게 뒤집기, 회전, 기울기, 방향과 같은 다양한 상황을 담은 실제적 경험을 통해 각의 관계를 이해하도록 도울 수 있다. 뒤집기(turn)나 회전(rotation) 개념은 초등학생들도 이해하기 어려우므로 유아기부터 자신의 신체를 이용하여 탐색할 수 있다. 이때 유아들은 돌 때마다 각각의 회전 차수에 자연스럽게 숫자를 부여하여 수의 차례를 함께 익힐 수 있다(Clements, 2004).

탱그램이나 패턴 블록의 사용은 유아들이 도형의 변형, 대칭, 뒤집기, 회전 등의 조작을 통해 다양한 형태의 도형에 대한 지식을 기르는 데 도움이 되며, 색종이 구성이나 패턴을 이용한 미술활동을 통해 도형의 방향이나 회전 등과 같은 도형의 변화를 경험함으로써 수학적 지식을 습득할 수 있다.

유아의 공간시각화 활동을 위해 도형을 회전시키고, 이동, 뒤집기, 대칭을 통해 도형의 변형을 경험하도록 돕는 것이 좋으며, 이를 위해 육각형을 잘라 보게 하거나 삼각형으로 육각형을 만들어 보게 할 수 있다. 대표적인 공간시각화 활동은 퍼즐 맞추기 놀이로 다양한 모양의 조각을 추리를 통해 하나의 그림으로 완성해 갈 수 있으며, 인형을 뒤집거나 세우기, 거울로 모양을 비춰 보기 등은 모양이 다른 것을 인식하고 변형 놀이를 통해 회전, 대칭, 이동, 뒤집기를 경험해 볼 수 있으며 또한 정확한 공간 용어를 익히게 한다.

이와 같이 수학활동에 미술이나 신체활동 등을 통합하여 공간 감각이나 모양 개념을 경험하는 것 외에 최근 컴퓨터 프로그램이나 앱과 같은 테크놀로지를 활용한 수학교육이 강조되고 있다. Clements 등(2001)은 유아들이 물리적 경험을 컴퓨터를 이용하여 수학화하도록 돕기 위해 Logo program을 고안하여 거북이 모양의 중심축을 유아가 원하는 거리나 위치에 놓음으로써 기하학적 구성을 하도록 하였다.

블록이나 퍼즐과 같은 구체물과 함께 컴퓨터를 사용하는 것은 유아의 공간개념을 발달시키는 데 효과적이다. 컴퓨터는 즉각적인 피드백을 주며, 구체물과 달리 모양이 맞지 않을 때 유아가 이를 화면상에서 시뮬레이션을 통해 모양을 붙여 보거나 떼어 보는 등 여러 가지 시도를 통해 모양의 변형, 회전 등을 시도해 봄으로써 공간과 도형 개념을 스스로 구성하도록 돕는다. 따라서 블록이나 퍼즐놀이를 할 때 공간활동을 위해 컴퓨터를 함께 제공하면 보다 높은 수준의 학습을 가져올 수 있다.

(4) 공간면적과 비율

유아는 모양의 분할과 조합을 통해 면적 개념을 습득할 수 있다. 정사각형을 삼각형 두 개로 채워 보거나 육각형을 삼각형과 사각형을 이용하여 덮어 보게 하는 활동은 유아들이 자연스럽게 면적에 대한 개념을 시각화할 수 있으며, 동시에 면적의 비율(ratio/proportion)을 함께 경험할 수 있다.

- 원은 반달 모양 몇 개로 만들어지니?
- 정사각형과 삼각형 중 어떤 것이 더 많은 면적을 덮을 수 있니?

공간 채우기 활동(tessellation)은 여러 가지 모양개념은 물론 공간의 면적 개념까지 기를 수 있다. 패턴 블록이나 색종이 등을 이용하여 패턴 만들기나 유아들이 스스로 디자인을 만들도록 함으로써 다양한 도형의 변화와 분할, 공간, 패턴 개념은 물론 면적에 대한 이해를 기를 수 있다.

기하나무 게임(geome tree)은 공간 채우기 활동으로, 자석이 달린 패턴 블록을 이용하여 유아들이 공간을 채우게 하는 게임이다(Andrews, 2004). 블록 한 개는 삼각형 모양의 칸을 한 개부터 여섯 개까지 덮을 수 있으며, 블록을 빨리 없애는 사람이 이기는 게임이다. 기하나무 게임은 유아들에게 공간적 시각화(spatial visualization)와 시각적 문제해결능력을 기른다. 게임이 끝나면 교사는 질문을 통해 유아들이 수학적 활동에 대해 반성적 사고를 하도록 돕는다.

유아들은 같은 면적을 채우기 위해 서로 다른 패턴 블록의 조합을 시도해 보거나 아름다운 기하나무 채우기를 위해 다양한 디자인을 만들어 볼 수 있으며, 게임판 안의 선을 없애거나 모양을 바꾸거나 게임 규칙을 바꾸어 보다 복잡한 게임으로 변형하여 사용할 수 있다.

(5) 입체도형

유아들은 3차원에 대한 개념이 부족한 것을 알 수 있다. 이는 유아들이 입체도형을 가지고 놀 때도 평면도형의 이름을 사용하는 것을 통해 알 수 있는데, Clements(2004)는 이를 유아들이 입체도형을 사용한 경험이 적은 데서 비롯한 것으로 해석한다. 초등학교에서 교과서 속의 평면도형만 가지고 공부하는 것 역시 구체물을 탐색하는 데 어려움을 가져올 수 있으며 구성활동이나 구체물을 접어 보는 등의 활동은 유아들이 평면이나 입체도형 개념을 이해하는 데 도움이 된다.

3차원 기하는 직접 기하도형을 만져 보는 경험을 통해 여러 가지 개념을 형성해 갈 수 있다. 예를 들면 실린더를 여러 각도에서 관찰하고 책상 위에 세워 보고 집어 보기도 하고 서로 다른 크기를 비교하면서 특징을 탐색한다. 실린더를 직접 경험하는 동안 유아들은 실린더는 동그랗고, 손바닥에서 구를 수도 있고 바닥이 납작한 원형이라고 묘사할 수 있다.

▶ 3차원 도형 개념 발달수준 (Gutiérrez, Jaime, & Fortuny, 1991)

1수준: 입체도형은 전체적으로 인식하고 각각의 요소는 고려하지 않는다.
2수준: 면의 수나 면의 모양과 같은 입체도형의 특징은 구별하나 특징간의 관계에 대해서는 인식하지 못한다.
3수준: 3차원 도형을 특징 간 관계에 기초하여 논리적으로 분류할 수 있다.
4수준: 3차원 기하와 관련한 정리(원리)를 증명할 수 있다.

교사는 유아들이 다양한 구체물을 제공하고 유아들이 감각을 이용하여 입체도형의 특성을 탐색하는 동안 평면도형과 입체도형의 관계를 이해할 수 있도록 적절한 지도를 하는 것이 좋다.

- 3차원 입체도형을 탐색한다.
- 3차원 도형에 평면도형이 어떤 것이 사용됐는지 알아본다.
- 2차원 평면도형을 탐색한다.
- 자유롭게 구성놀이를 하며 놀게 한다.
- 도형 속 다양한 특성을 탐색하고 이를 언어로 표현해 보게 한다.

5) 공간과 기하 지도 방법

Clements(2004)에 의하면 교사들은 유아들이 기하와 공간 개념에 대한 지식이 없다고 생각하고 모양개념에 대해 제한된 교육을 한다고 한다. 모양과 관련한 활동에서 대부분의 교사들은 폐쇄적 질문을 주로 사용하고 유아들이 이미 알고 있는 것을 회상을 통해 반복하게 하는 경향이 많으며, 더 많은 모양 개념을 이끌어 내려 하지 않고 새로운 내용이나 지식으로 확장시키려고 하지도 않는다고 한다.

다음은 대표적인 모양에 대한 교사의 상호작용이다.

교사I: 이게 무슨 모양이지?
유아: 정사각형이요.
교사I: 그래 이건 정사각형이야.

교사들은 기하도형에 대해 가르칠 때 모양의 이름(세모, 네모, 동그라미)이 무엇인지 물어보고 모양의 이름을 가르쳐 주거나 모양이 몇 개인지 세어 보는 데 그친다. 그러나 모양의 이름은 논리적 지식이라기보다 사회에서 정한 사회적 지식에 해당된다(진명희, 2017).

따라서 공간과 도형에 대해 가르치기 위해 교사는 세모, 네모와 같은 제한된 평면도형에 국한하지 않고 다양한 도형을 제공하여 유아들이 모양을 인식하고 공통된 특성끼리 분류해 보거나 여러 가지 구성활동을 해 봄으로써 공간 관계와 모양의 변화 등에 대해 경험하게 하는 것이 좋다.

Clements와 Sarama(2000)가 제시한 도형 교수원리는 다음과 같다.

1. 교실이나 주변 환경의 다양한 모양을 구별하게 한다.
2. 모양을 분류하고 분류한 준거를 말해 보게 한다.
3. 다양한 자료를 사용하여 모양을 복사하고 여러 가지 모양을 구성해 보게 한다.

이상의 이론을 기초로 유아를 위한 공간과 기하 지도 원리를 제시하면 다음과 같다.

(1) 주변 환경 속에서 평면도형과 입체도형을 모두 경험하고 탐색하게 한다

유아들은 공간 속에서 살고 있으며, 환경 속에 여러 가지 모양이 포함되어 있으므로, 교실 안이나 바깥놀이 환경에서 유아들이 다양한 모양을 발견하고 비교하는 경험을 하도록 지도한다. 이때 평면도형과 입체도형을 모두 경험하게 하는 것이 좋다. 예를 들면, 바깥놀이에서 맨홀 모양이나 깃발, 창문, 자전거 바퀴 등의 모양을 탐색하게 할 수 있다.

(2) 유아가 자신의 신체를 이용하여 공간과 도형을 탐색하게 한다

유아들이 공간과 모양 개념을 탐색하도록 교사는 구체적 경험을 제공하는 것이 중요하다. 이를 위해 구체물을 직접 탐색하는 것은 물론 자신의 몸을 이용하여 모양개념을 습득하게 하는 것이 좋다. 예를 들면, 유아들이 서로 두 다리를 마주대고 앉아 마름모 모양을 만들거나 두 손을 잡고 원을 만들어 보거나 왼쪽으로 구부리기 혹은 한 바퀴 돌아 손 마주 잡기 등과 같은 신체활동을 통해 여러 가지 공간 개념을 탐색해 보게 하는 것이 좋다.

(3) 통합적 활동을 통해 공간과 기하 개념을 제공한다

평면도형과 입체도형 개념은 유아들의 일상생활 속에서 놀이나 다른 교육과정과 통합하여 경험하게 하는 것이 좋다. 통합적 접근 방법으로 미술활동과 게임, 문학적 접근 등의 방법이 있다. 또한, 공간과 기하개념은 측정과 수 개념과 연계하여 통합적으로 활동을 전개하는 것이 좋다.

미술활동은 유아가 공간과 기하 개념을 학습하는 기회를 제공하며 동시에 유아의 공간개념을 표상하는 도구이기도 하다. 또한 문학적 접근 방법으로 이야기 속에 공간과 모양개념이 들어 있는 내용을 소개할 수 있다. 예를 들면 팻 허친스의『점점 크게 점점 작게』는 그림책 속의 다람쥐가 생쥐가 숲속으로 갈수록 점점 크기가 작아지는 사영기하의 개념을 담고 있다.

(4) 공간관계와 기하와 관련된 수학적 용어를 지도한다

유아들이 공간이나 기하 활동을 하는 동안 혹은 활동 후 토의하는 과정에서 공간과 기하에 관련된 수학적 용어를 사용하도록 지도한다. 공간과 관련된 용어로 가깝다/멀다, 안/밖, 앞/뒤/옆 혹은 도형과 관련한 각/변 등의 용어를 구체적 활동을 통해 자연스럽게 익히게 한다.『일곱 마리 아기 양과 늑대』이야기는 위상기하 개념을 담고 있다. 유아들이 이야기를 듣고 아기 양이 늑대를 피해 숨은 곳(벽난로 안, 의자 아래 등)을 말해 보게 하거나 교사가 말한 위치에 양을 놓아 보게 할 수 있다.

(5) 공간과 기하활동은 구체물을 통한 탐색 외에 컴퓨터 활동과 연계하여 경험하게 하는 것이 좋다

수학활동은 구체물을 통해 경험하게 하는 것이 원칙이며, 컴퓨터 프로그램이나 앱을 함께 사용할 경우 모양의 이동이나 분할, 크기 변화과정이 나타나므로 도형의 인식과 변형을 다양하게 경험할 수 있다.

미국유아교육협회와 미국수학교사협회(2010)에서 제시한 기하와 공간활동 지도 전략은 다음과 같다.

기하와 공간 활동 지도(NAEYC& NCTM, 2010)

1수준

〈3세〉

- 2D와 3D 모양과 이름을 연결해 보게 한다. 처음에는 크기가 같은 것으로 시작하고 이후 크기가 다른 것을 주고 이름을 말해 보게 한다.

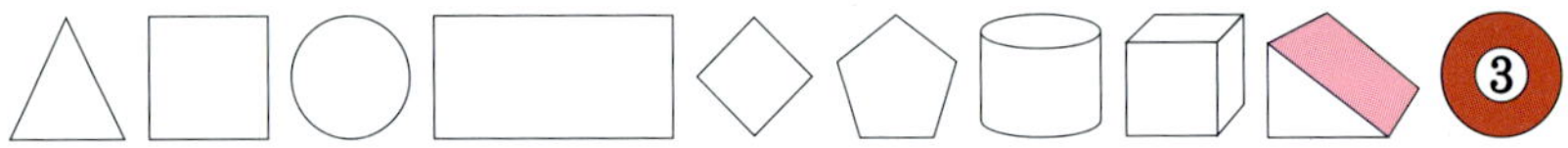

〈6세〉

- 다양한 2D와 3D 모양을 인식하고 이름을 말해 보게 한다(사다리꼴, 육각형, 구, 큐브 등)
- 기본 모양의 특징을 말해 보게 한다(변과 각의 수 등)

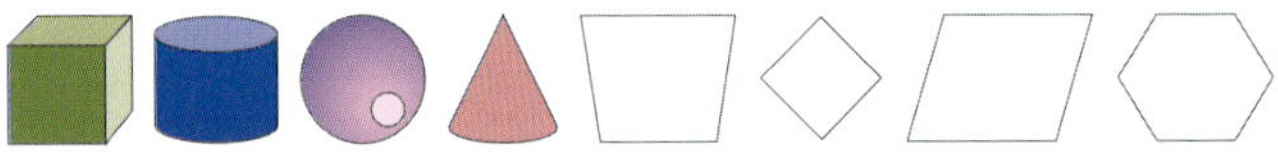

교수전략

- 다양한 모양을 소개하고 이름을 붙여 본다.(마른 삼각형, 뚱뚱한 정사각형, 프리즘 등)
- 다양한 위치에 있는 모양을 말해 보게 한다.(구석에 서 있는 사각형, 서 있거나 수평인 원기둥).
- 유아들이 모양을 만들어 보고 그 특징을 말해 보게 한다.

2수준

〈3세〉

- 모양을 각각 사용하여 그림을 만들어 본다.

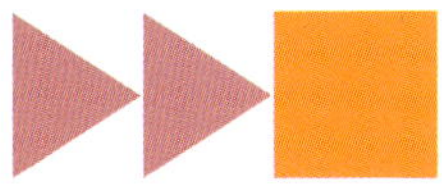

- '뒤', '아래' 같은 공간 단어를 사용하여 물체의 위치를 묘사하게 하고, 집, 차, 나무 등의 놀잇감을 이용하여 간단하지만 의미 있는 지도를 만들어 보게 한다.

〈6세〉

- 여러 가지 모양을 조합하여 그림을 만들어 본다.

- 교실이나 놀이터와 같은 친숙한 장소의 간단한 지도를 만들어 따라 해 보게 한다.

교수전략

- 블록이나 종이 모양 혹은 다른 자료들로 친숙한 물체를 만들거나 그려 보게 한다.
- 블록이나 교구로 모델을 만들어 말해 보도록 격려한다.
- 테이블에서 휴지통까지 마스킹 테이프로 길을 만들고 탁자나 이젤 등의 사진을 길을 따라 놓아두고 지도를 그려 보게 한다.

6) 공간과 기하활동

(1) 교실 안에서 모양 탐색하기

- 모양이 각기 다른 삼각형들을 찾아보게 한다.
- 모양과 크기를 비교하게 한다.
  - 문과 창문은 어느 것이 더 크니?
- 같은 방식으로 사각형 모양을 찾아보게 한다. (문, 창문, 책, 컴퓨터)
- 모양이 각기 다른 삼각형, 원형 등으로 활동을 확장한다.

예 모양 알아맞히기 게임: 한 아이가 모양을 뒤에 숨기고 다른 아이가 질문을 해서 알아맞힌다.

(2) 공간감각 활동

유아들이 게임이나 물체를 다룰 때 물체의 상대적 위치를 묘사하는 공간 감각어휘를 사용하여 공간개념을 습득하게 한다.

① 시몬가라사대 게임

- 위치관련 단어를 사용하여 시몬 가라사대 게임을 한다.
  - 시몬 가라사대, 손을 머리 위에 놓으시오.

② 사진이나 그림을 보고 위치에 대해 말해 보게 한다

- 공은 어디에 있니?
- 나무 아래는 무엇이 있니?

(3) 미술 통합활동

유아들의 그림 작품을 보면 유아들의 공간관계 개념을 알 수 있다. 유아들은 눈과 코, 입, 귀 등을 일정한 위치에 배치한다. 따라서 다양한 구성놀이를 통해 유아들이 모양과 공간개념을 형성할 수 있도록 돕는 것이 좋다. 이때 평면 구성은 물론 상자를 이용하여 동네를 구성하는 등 입체도형 활동을 모두 경험하게 하는 것이 좋다.

만 3세 작품

2. 측정

1) 측정의 의미

유아기는 도구를 사용하여 정확히 재거나 그 양을 측정하기는 어려우나 아주 어린시기부터 양이나 길이, 무게 등과 같은 특징에 대해 알고 있다. 유아들은 어려서부터 집에서 자신의 키를 벽에 대고 재어 보거나 할머니가 커튼을 만들기 위해 줄을 이용해서 창문의 길이를 재는 것을 경험하는 동안 측정에 대한 개념을 형성하게 된다.

유아들은 놀이를 하는 동안 여러 가지 크기나 길이, 양 등을 경험함으로써 측정에 대해 접할 수 있게 된다. 이와 같이 유아들은 여러 가지 사물을 가지고 노는 동안 사물을 서로 비교함으로써 양이 같거나 다른 것을 알게 된다.

유아 1: (점토를 보여 주며) 이것 봐 내 것이 더 크지?
유아 2: 아니야, 내 게 더 커

측정이란 사물이나 사건의 특징에 수가 부여되는 과정으로 정의된다(NCTM, 2000). 따라서 측정의 기본 개념은 특성, 비교, 단위로 이루어진다(Stephan & Clements, 2003). 예를 들면, 유아가 사물의 길이를 측정할 때는 손 뼘으로 재고 면적을 측정할 때는 블록을 사용하기도 한다.

측정은 물체의 연속적인 양에 수를 부여하는 수학적 과정으로 유아들에게 수학적 문제해결은 물론 수 개념을 형성시킬 수 있는 통합적 수학경험을 제공한다. 측정의 내용으로는 길이, 무게, 부피, 면적, 시간, 온도 등이 포함된다.

측정은 그 실용성은 물론 공학이나 디자인 등 여러 분야에 확대 적용하는 측면에서 학교 수학교육의 내용에서 매우 중요하다. 측정은 수, 기하, 함수, 통계적 개념 등 여러 영역에 대해 배울 수 있으므로 다양한 수학 경향을 통합하는 데 기여하나(NCTM, 2000), 다른 수학개념 중 가장 교육이 잘 되지 않고 있는 내용이기도 하다.

측정은 유아들이 단위(unit)를 이해하도록 하는 데 필수적인 교육과정이다. 단위는 측정의 기본 도구이며, 측정활동을 통해 유아는 단위와 양에 대한 이해를 길러 주며 직접적 탐색활동은 추상적 수학 개념 발달과 연관된다(MacDonald, 2013). 따라서 측정을 하기 위해 사물의 특성(길이, 무게, 면적 등)과 측정 도구를 찾아보게 하는 것이 중요하다.

2) 유아의 측정능력발달

대부분의 아이들이 초등학교에 들어올 때 측정에 대한 상당한 개념을 가지고 있는데 이는 유아기에 이미 학교 밖에서 측정이 무엇인지 개념을 어느 정도 형성하고 오는 것을 의미한다.

MacDonald(2013)는 유아기에 이미 측정에 대한 이해를 하고 있으며 유아들은 측정이 무엇인지 어떻게 이루어지는지 알고 있다고 한다.

Clements와 Stephan(2004) 역시 유아들은 정확하게 측정을 할 수는 없으나 질량이나 길이, 무게와 같은 지속적인 특성이 존재하는 것을 안다고 한다. 예를 들면, 3세의 경우 자신이 가지고 있는 점토에 점토가 더해지면 점토의 양이 많아진다는 것을 안다. 유아들은 어느 점토가 더 많은지는 판단할 수 없지만 어느 것이 더 긴지와 같은 지각적 단서를 사용하기도 한다. 4~5세 경이면 지각적 단서를 사용하는 것에서 벗어나 양에 대해 추론하고 측정하는 진전을 보이기 시작하며, 특성의 양을 나타내는 수학적 단어를 사용하게 된다.

Treacy와 Willis(2003)는 유아들이 양을 비교하기 위해 '크다', '많다'와 같은 단어를 사용하는 능력을 가지고 있으며, 이를 양 비교의 초기 형태로 정의하고 유아들이 초등학교에 올 때 이미 측정에 대한 이해를 하고 오는 것을 나타낸다고 한다.

MacDonald(2013)에 의하면 유아들이 측정을 하기 위해 고려하는 것이 무엇인지 알아보기 위해 유아들에게 측정하는 것을 그리게 했을 때 대부분의 유아들은 사물의 특성에 대해 발견하는 것을 측정으로 묘사하였다. 즉, 유아들에게 측정이란 사물이 얼마나 긴지 얼마나 큰지와 같은 사물의 특별한 속성에 대해 알아가는 것을 의미한다.

> 윌리엄: 나는 우리 가족들이 얼마나 큰지 알아보려고 측정을 했어요. 내가 그들을 바라볼 때 가족들이 얼마나 큰지 알아보려고요.
>
> 케이틀린: 나는 벽과 엄마를 그렸어요. 엄마는 벽이 얼마나 큰지 알아보려고 줄자로 재고 있어요.

유아들은 측정에 대해 설명할 때 측정하려는 물체의 특성을 구별하는 것을 알 수 있으며, 측정하는 특성에 적합한 언어를 사용할 수 있음을 알 수 있다. 다음은 엘라가 길이 측정에 대해 설명할 때 '크다(tall)'라는 단어가 길이 측정에 적합한 용어라는 것을 이해했음을 알 수 있으며, 애비는 비교급을 사용하는 것을 알 수 있다.

> 엘라: 나는 집에 키를 재는 종이가 있어요. 그것으로 나를 잴 수 있어요. 내가 얼마나 큰지 알 수 있어요.
>
> 애비: 나는 연필 두 개를 재고 있어요. 두 개를 서로 나란히 놓고 어느 것이 가장 긴지 알아보려고요.

따라서 측정활동을 통해 수 개념을 형성하기 위해서는 측정할 대상의 특징에 따라 크기가 각기 다른 비표준화된 도구를 사용하여 측정 개념과 함께 수 개념을 연관 지어 기를 수 있다. 예를 들면, 빈 그릇은 종이컵으로 몇 컵의 물이 들어가는지 알아보거나, 책의 길이는 클립으로 쟀을 때 몇 개의 클립이 필요한지 등을 알아보는 조사활동은 측정활동을 통해 수 개념을 구성할 수 있다.

또한, 유아들이 직접 경험하게 하고 여러 가지 물체를 사용하여 길이나 부피, 면적 등의 차이를 비교해 보게 함으로써 측정을 통해 다양한 수 개념을 형성할 수 있다. 크고 작은 컵(부피측정), 길고 짧은 손바닥 찍기(길이측정) 활동들을 통해 직접적인 측정을 경험하는 과정에서 유아들은 부피와 길이 등을 비교하고 수 가치(numeric value)를 형성하는 데 도움을 줄 수 있다. 또한 두 개의 정삼각형으로 다른 삼각형 모양이나 직사각형을 만들어 보는 동안 서로 다른 모양의 면적을 비교해 보는 경험을 제공할 수 있다(Sophian, 2004).

3) 측정도구의 사용

유아들은 자나 줄자와 같은 형식적인 측정도구보다 손이나 발, 혹은 연필과 같은 비형식적 측정을 학습하기 시작한다. 그러나 유아들은 일상생활 속에서 주변 성인들이 자나 저울과 같은 표준화된 측정 도구를 사용하는 것을 경험하므로 형식적 측정에 더 익숙하다고 한다.

(1) 비형식적 도구(informal measuring tools)

유아들은 측정을 비형식적 측정과정과 단위로 시작한다. 유아들은 자나 저울과 같은 표준화된 측정 도구를 사용하기 전에 사물을 사용하여 물체의 특성을 비교한다. 유아들은 비형식적 도구를 사용하여 비형식적 측정을 하게 되는데, 측정될 물체에 따라 비형식적 도구가 선택된다. 예를 들면, 나무의 둘레를 재기 위해 줄을 사용하거나 책상의 길이를 재기 위해 연필이나 막대를 사용한다. 이러한 비형식적 측정 과정은 두 물체 간 길이나 부피의 차이를 알아보는 '비교'에 초점을 둔다.

> 윌리: 나무가 얼마나 큰지 줄로 재려고 해요. 나무가 줄보다 긴지 알아보려고요.

다음 그림에서 유아는 측정을 하기 위해 연필이나 막대와 같은 비형식적 측정을 사용하는 것을 알 수 있다.

출처: MacDonald(2013).

(2) 형식적 측정도구(formal measuring tools)

유아기라도 형식적 도구를 인식하고 있음을 알 수 있는데, 이는 집이나 교육기관에서 자나, 줄자, 저울, 체중계 등 형식적 도구를 사용하는 것을 경험을 통해 알고 있기 때문이다.

다음 사진에서 만 5세들이 키 재기 활동에서 줄자를 사용하고 있다. 유아들은 정확히 줄자의 수치를 사용하지는 못하며, 줄자의 길이를 비교하여 친구들의 키를 비교한다. 이는 유아들이 측정을 위해 형식적 도구를 사용하고 있으나 표준화된 도구인 줄자를 비형식적 도구처럼 사용하고 있는 것을 알 수 있다.

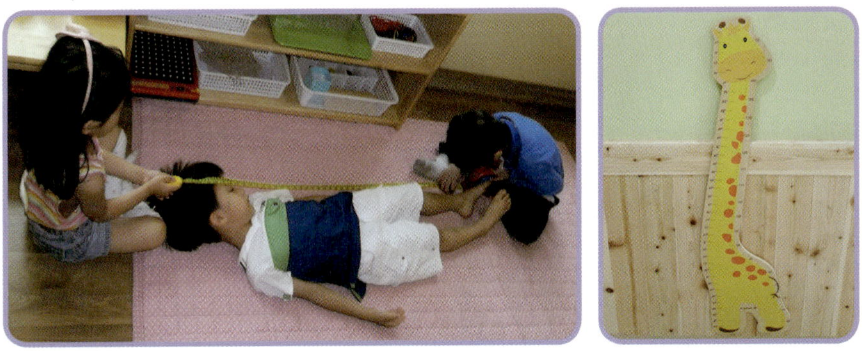

키재기 (만 5세)

또한 유아들은 형식적 측정도구인 자나 줄자에 대해 묘사할 수 있음을 알 수 있다. 유아들은 길이를 잴 때는 자를 사용하고 무게를 잴 때는 저울을 사용하는 것을 알고 측정 대상의 특성에 따라 형식적 도구를 다르게 사용하는 것을 알고 있다.

모건: 나는 종이를 재려고 해요. 나는 자를 가지고 있어요. 종이가 얼마나 긴지 알아보려고요.
타냐: 나는 줄자로 나무가 얼마나 큰지 재려고 해요.

이와 같이 유아들은 형식적 측정도구를 인식하고 있으며, 이 외에도 양을 결정하고 양과 단위를 연결하기 위해 측정도구를 사용해야 하는 것을 이해하고 있음을 알 수 있다. 또한 유아들의 측정 그림에서 측정 도구가 단위로 분할되어 나타나는 것을 볼 수 있다. 다음 그림에서 유아는 개가 얼마나 큰지 줄자로 재어 본 후 숫자 5로 표기한 것을 알 수 있다.

출처: MacDonald(2013).

이와 같이 유아들은 측정을 하기 위해 측정된 양과 형식적 단위(미터/킬로그램 등)를 연결하는 것을 알 수 있으며, 이는 가끔 부정확한 방식으로 나타나기도 한다.

키라: 나는 선생님 키를 집에 있는 기린모양 키 재기 종이로 재려고 해요. 선생님은 6미터나 커요.
브로디: 나는 고래의 나이를 잴 거예요. 아기 고래는 5살이고요. 아빠 고래는 78살이에요.

따라서 유아가 비표준화된 도구의 측정 결과가 일관적이지 못함을 인식하고 이를 보완할 표준화된 측정도구의 필요성을 알게 하는 것이 필요하다.

4) 측정내용

측정 내용별로 길이, 무게, 면적, 부피, 시간에 대한 유아의 측정 능력과 지도 방법에 대해 살펴보면 다음과 같다.

(1) 길이 측정

유아기는 여러 가지 측정 내용(길이, 무게, 면적, 부피, 시간 등) 중 길이개념이 가장 먼저 발달한다. 유아들은 "내가 더 커", "이게 더 길어"와 같이 길이에 대한 어림셈이 가능하며 비교급을 사용하여 신체나 사물의 길이를 비교할 수 있다.

6세 이전의 유아는 아직 길이 보존 개념이 형성되지 않아 같은 길이의 철사가 구부러져 있거나 나란히 배치하지 않으면 길이가 다르다고 인식하는 경향이 있다. 또한, 길이가 다른 연필을 비교할 때 양쪽 끝이 서로 얼마나 다른지 알아보아야 하는데도, 시작점을 맞추지 않고 튀어나와 있는 연필이 가장 길다고 인식하는 직관적 사고를 한다.

유아기 길이 측정 발달 수준은 다음과 같다(Dutton & Dutton, 1991; 이경우 외, 1997 재인용).

▶ 수준 1(3~4세)

길이를 지각적으로 인식하고 길이 보존개념이 없다. 길이의 시작점과 끝점을 동시에 고려하지 못하고 끝점을 기준으로 인식한다. 예를 들면, 같은 직선의 철사 하나를 구부리면 구부러진 철사가 짧아졌다고 생각한다.

▶ 수준 2(5~6세)

길이를 측정할 수 있으며, 손을 사용하여 길이를 직접적으로 측정하고 판단한다.

▶ 수준 3(6~7세)

길이에 대한 용어를 사용하고 길이 보존 개념이 나타나며, 길이의 양끝을 고려하여 길이를 비교할 수 있다.

길이 측정 활동은 유아의 발달적 수준을 고려하여 초기에는 유아가 자신의 신체를 사용하여 탐색하게 하고 점차 블록이나 연필과 같이 교실의 비표준화된 단위를 사용하도록 지도하고, 표준화된 단위를 소개하는 순으로 지도하는 것이 좋다.

길이 측정 활동과정에서 교사는 유아가 여러 가지 사물의 길이를 비교하고 길이 측정에 적절한 도구를 다양하게 적용하도록 격려한다. 또한 측정활동 과정에서 '길이가 같다', '더 긴', '가장 긴' 등의 측정 용어를 습득하도록 돕는다. 또한 길이 외에 높이, 거리를 측정해 보도록 확장해 간다.

길이 측정 도구의 사용과정은 신체 사용, 비표준화된 도구의 사용, 표준화된 도구의 사용 순서로 전개하는 것이 좋다.

① 신체 사용

자나 저울이 발명되기 전에는 사람들은 길이를 잴 때 손이나 팔의 길이를 이용하였다. 이는 유아의 길이 측정 발달과정과도 유사하다. 유아기는 직관적인 사고를 하는 시기이므로, 표준화된 측정도구를 사용하기보다는 손이나 발과 같은 자신의 신체를 이용하여 길이를 측정하게 하는 것이 좋다.

유아는 자신의 키를 친구나 선생님과 비교한다. 이때 손 뼘이나 발, 팔 등 다양한 방법으로 길이를 재어 보게 한다. 이 과정에서 유아는 재는 방법에 따라 길이가 다르게 나타나는 것을 인식한다.

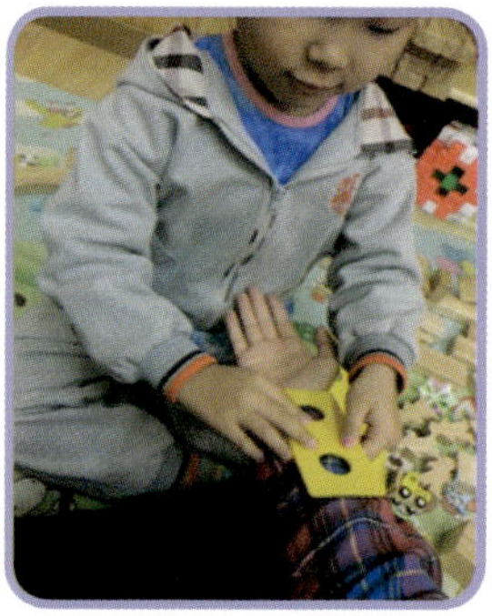

교사: 선생님 팔이랑, 수지 팔이랑 어떤 것이 더 기니?
유아: 선생님 팔이 길어요!
교사: 누구 팔이 더 긴지 어떻게 알 수 있을까?
유아: 대 봐요. (대 보며) 선생님 팔이 더 길어요.
교사: 선생님 팔이 수지 팔보다 얼마큼 더 기니?
유아: (다시 한번 대 보고, 엄지와 검지를 벌려) 이 만큼 더 길어요.
교사: (블록을 들고) 선생님 팔이랑, 수지 팔이랑 블록으로 재면 몇 개가 나올까?
유아: (블록을 여러 번 대 보고) 수지는 다섯 개, 선생님은 열 개 나왔어요.

② 비표준화된 도구 사용

길이나 높이를 측정할 때 여러 가지 사물을 길이에 따라 분류해 보는 것이 좋으며, 사물을 작은 단위의 사물로 분류하여 나누어 보게 함으로써 길이의 분할(partitioning)을 경험하도록 활동을 제시하는 것이 좋다.

교사는 유아들이 길이 측정을 위해 비표준화된 단위를 사용하도록 "의자의 길이를 무엇으로 잴 수 있을까?"라고 질문을 제기하여 유아가 블록, 연필, 끈, 리본 등 다양한 측정 도구를 사용하여 측정하고 그 측정 결과를 비교하도록 돕는다.

다음 사진에서 유아들이 주변 사물의 길이를 재기 위해 여러 가지 작은 단위의 사물을 사용하는 것을 알 수 있으며, 유아들은 길이 측정에서 직선을 잴 때와 원형을 잴 때 다른 도구를 사용하는 것을 알 수 있다.

비표준화 도구 사용

③ 표준화된 단위 사용

길이 측정 과정에서 유아들이 비표준화된 단위가 일관성이 없음을 인식하고 표준화된 도구의 필요성을 인식하게 하는 것이 좋다. 이 과정에서 교사는 유아들이 측정할 사물의 특성(길이, 무게, 온도, 부피)에 따라 표준화된 측정도구(자, 저울, 온도계, 비커 등)를 연결할 수 있도록 지도하는 것이 적절하다.

자나 저울, 온도계 등의 표준화된 도구는 미터법이 적용되므로 유아들이 직접 사용하는 것은 적절하지 않으며, 비표준화된 단위처럼 사용하여 나무의 그림자 길이는 자로 몇 개가 되는지, 혹은 사과와 배 중 저울은 어느 쪽이 더 많이 기울어지는지 등을 조사해 보게 하는 것이 좋다.

유아들은 측정과정에서 연속적인 길이가 단위로 분할되는 것을 이해하기 어렵다. 다음 예시에서 유아들은 길이를 재기 위해 자가 여러 개 필요하다고 한다. 유아는 길이가 단위를 기준으로 나누어지는 것을 이해하지 못하나 단위 분할을 이해할 경우 자를 계속 이어가며 수 세기를 적용할 수 있게 된다.

유아들이 교실 지도를 만들고 있다. 아이들이 교실을 잴 것이 필요하다고 말하자 교사가 자를 전달해 주고 아이들은 바닥에 놓고 곧 멈춘다.

유아: 자가 더 필요해요.

교사: 자가 더 필요해?

유아: 네 충분하지 않아요.

교사: 너희들이 함께 해결해 봐.

유아: 자가 끝까지 닿지 않아요.

교사: 나는 너희들이 가지고 있는 자로 재는 방법이 있을 것 같은데

(유아들 잠시 조용하다.)

교사: 너희들이 자를 놓고 잰 다음에 그 끝은 손가락으로 표시하고 다시 움직이면 안 될까?

유아들: 와우 좋은 생각이에요.

출처: Clements & Stephan(2004).

표준화 도구 사용

(2) 무게 측정

무게 측정의 개념은 유아에게 길이보다 늦게 발달하며, 유아들이 지각에 의존하기 때문에 부피가 큰 물건과 작고 무거운 물건의 무게를 예측하기가 어렵다. 학습지나 인터넷 사이트 등에서 사과와 배의 무게를 비교하게 하는데 이는 유아의 무게 측정 개념 발달에 적합하지 않다. 무게 측정을 위해 그림자료를 제시했을 때 실제 사물을 측정할 수 없으므로 무게 측정의 의미가 없다. 크기가 작은 배가 큰 사과보다 무거울 수 있으며, 뚱뚱한 사람과 키가 큰 사람의 무게에 대한 예측은 실제 측정과 다를 수 있다.

무게 측정의 방법은 길이 측정 발달과 같은 순서로 수행된다. 어린 시기는 무게를 잴 때 신체를 사용하여 직접 비교하게 하는 것이 효과적이며, 이후 천칭과 같은 비표준화된 단위를 사용하게 하고, 비표준화된 단위의 사용이 정확하지 않음을 인식하고 저울과 같은 표준화된 단위의 사용을 알게 한다.

텃밭활동은 유아들이 신체를 사용하여 자신들이 기른 과일이나 채소의 무게를 비교해 보는 무게 측정에 적합하다.

교사: (큰 수박과 작은 수박을 들고) 어떤 것이 더 무거울까?
희수: (큰 수박을 가리키며) 이게 더 무거워요.
교사: 어떻게 알 수 있니?
희수: 들어 봐요.
교사: 들 수 있겠니?
교사: (한 손엔 작은 수박, 한 손엔 큰 수박을 들고) 봐요. 들 수 있죠?
교사: 우와. 희수 힘 세구나. 어떤 것이 더 무겁니?
희수: (눈으로 오른쪽을 가리키며) 확실히 이 수박이 무거워요.
교사: 수박 무게를 재려면 손 대신 무엇으로 잴 수 있을까?

(3) 면적 측정

면적 개념 역시 유아들이 지각적 사고에 의존하는 시기이므로 이해하기 어려운 개념이다. Piaget의 실험에 의하면, 유아들은 같은 면적의 땅에 다섯 마리의 소가 모여 있을 때와 흩어져 있는 그림을 제시하고 어느 쪽이 더 넓은지 물어보면 소가 모여 있는 곳의 땅이 더 넓다고 대답한다. 이는 소가 모여 있는 곳의 땅이 시각적으로 더 넓어 보이는 영향을 받아 면적 보존개념을 인지할 수 없기 때문이다.

유아기는 면적과 물체의 크기의 관계성에 대해 이해하지는 못하지만 사물의 크기에 따른 면적의 변화를 관찰할 기회를 제공함으로써 유아들의 이해력이 증가되도록 도울 수 있다.

Sophian(2004)은 단위 크기에 따른 추리 활동을 통해 유아가 측정을 이해할 수 있는지 알아보았다. 작은 곰과 큰 곰을 보여 주면서 '각각 벤치에 몇 마리가 앉을 수 있을까?'라고 질문하여 같은 크기의 벤치라도 곰의 크기에 따라 곰의 수가 달라지는 것을 이해하는지 알아보았다.

> 단위 크기와 수 관계에 대한 초기의 이해를 평가하기 위해 서로 다른 크기의 물체를 각각 같은 공간에 넣으면 어떻게 될지 유아에게 물어본다. 검사자가 두 개의 벤치 중 하나는 큰 곰을 앉히고 다른 벤치에는 작은 곰을 차례로 앉힌 후 "이쪽 벤치는 다 차서 이제 공간이 없지? 근데 이쪽 벤치는 아직 공간이 남았구나"라고 제시하여 특정한 물체와 용기 간의 관계에 대한 유아의 이해를 도울 수 있다.

출처: Sophian(2004).

면적 개념은 공간과 기하개념과 연계되어 있으므로 유아가 신체를 사용하여 탐색해 보게 하는 것이 효과적이다. 게임을 통해 일정한 수의 유아가 정해진 공간을 채워 보게 하거나 '신문지' 놀이와 같이 신문지를 접어 가며 유아들이 줄어드는 신문지 위에 모두 서 보게 하는 활동을 통해 공간과 단위의 수를 이해할 수 있다. 또한 미술활동을 통해 물감으로 공간을 채워 나가거나 색종이를 잘라 집 모양을 만들게 하는 등의 활동은 유아가 공간의 면적이 달라지는 경험을 하는 데 적합하다.

유아는 요리활동이나 텃밭활동을 통해 재료의 크기에 따라 면적을 채우는 수량이 달라지는 것을 경험할 수 있으며, 정리정돈을 할 때도 면적 개념을 경험할 수 있는데, 일정한 공간의 정리장에 놀잇감을 정리하는 동안 공간의 변화와 함께 면적 개념을 발달시킬 수 있다.

다음은 유아들이 텃밭활동을 통해 과일이나 채소를 기르는 과정에서 면적 개념을 나타내는 것을 알 수 있다.

> 교사: 고운 햇살반 밭이랑, 푸른 잎새반 밭이랑 어느 밭이 더 넓을까?
> 유아: 푸른 잎새반 밭이 더 넓어요.
> 교사: 왜 그렇게 생각했니?
> 유아: 푸른 잎새반 밭에 상추가 더 많아요.
> 유아2: 푸른 잎새반 밭이 더 넓어서 상추를 더 많이 심었어요.

다음은 유아들이 요리활동을 한 후 그릇에 담으며 나누는 대화로, 유아들의 면적개념을 짐작해 볼 수 있다. 유아들은 선생님의 그릇을 자신들의 것보다 큰 것을 사용하여 그릇의 크기에 따라 면적이 다름을 인식하고 있음을 알 수 있다.

유아 1: 이거 작은 그릇은 내 것, 큰 거는 선생님 것.
유아 2: 작은 건 네 것, 큰 건 선생님 거야?
유아 1: 응 작은 건 밥 조금 들어가고 큰 건 밥 많이 들어가.
선생님은 많이 먹으니까 큰 것.

(4) 부피 측정

부피 개념 역시 유아기 초기에는 이해하기 어려우므로, 요리활동이나 물·모래 놀이 등을 통해 부피의 변화를 경험하게 하는 것이 좋다. 유아들은 같은 양의 물이라도 담기는 그릇의 크기에 따라 모양이 변화하는 것을 이해하기 어려우므로 물의 양이 다른 것으로 잘못 이해한다. Piaget는 자신의 딸이 우유를 긴 컵에서 큰 그릇으로 따랐을 때 우유가 줄어들었다고 우는 것을 보고 유아들이 부피 보존개념이 없는 것을 발견하였다.

유아들의 부피 개념을 위해 같은 양의 물이 그릇의 크기에 따라 달라지는 것을 인식하도록 물놀이나 모래놀이 등을 통해 여러 가지 모양과 크기가 다른 용기로 측정하여 그 결과를 비교하게 하는 것이 부피 개념 발달에 도움이 된다.

모래놀이

부피 측정에 도움이 되는 활동으로 요리 활동을 들 수 있다. 유아는 요리활동을 통해 다섯 컵의 물이 냄비의 면적을 어떻게 채우는지 혹은 다섯 컵의 물이 용기의 크기에 따라 어떻게 달라지는지 등 부피의 변화를 인식하고 비교할 수 있다. 종이컵, 우유갑 등의 여러 가지 비표준화된 단위를 사용하여 측정하게 할 때 유아는 부피의 측정과 함께 부피 보존 개념 형성을 경험할 수 있다.

또한 점토활동은 점토를 공으로 만들거나 피자를 만드는 동안 모양과 관계없이 질량 보존개념을 형성할 수 있다.

교사: 여기 작은 컵, 큰 컵이 있죠. 두 개의 컵 중에 어느 컵에 물이 더 많이 들어갈까?
유아 1: 이거 큰 컵이요.
유아 2: 큰 컵이요!
교사: 왜 그렇게 생각했어?
유아 2: (큰 컵을 가리키며) 이 컵이 (작은 컵을 가리키며) 이 컵보다 커요.
교사: 작은 컵으로 물을 몇 번 담으면 큰 컵에 물이 가득 채워질까?
유아 2: 음…. 2번이요!
유아 1: 3번!
유아 3: 아니야. 4번(교사는 그래프에 유아들이 말한 컵의 수를 적는다.)
교사: 그럼 한번 컵으로 재어 볼까? 작은 컵에 물을 담아 큰 컵에 담아 보고 몇 컵이 들어가는지 알아보자.
유아 3: (작은 컵으로 물을 담는다) 하나, 둘, 셋, 넷, 다섯. 다섯 컵이요!
유아 2: 저도 해 볼래요.

(5) 시간 측정

시간은 추상적인 개념이므로 유아들이 이해하기 어려운 내용이다. 특히 시계는 60진법으로, 숫자 10은 열 시를 나타내기도 하고 50분도 되는 이중적 특성을 유아들은 이해하기 어렵다. 따라서 유아에게 시계를 제시하고 직접 시간을 가르치는 것은 좋지 않다. 초등학교 2학년에게 시계 모양을 보고 시간과 분을 채워 넣게 하는 문제를 제공하는 것은 기계적인 산술을 요구하는 것으로 적절한 시간 교육방법이 아니다.

시간은 직접 측정할 수 없고 간접측정이 가능하므로 사건의 순서나 시간의 흐름을 알게 하는 활동을 제공하는 것이 좋다. 일상생활 속에서 시간을 경험하게 하는 방법으로 활동을 끝마치게 할 때 교사가 시간을 알려 준다. "큰 시곗바늘이 10자에 오면 끝마치도록 하자"라고 말해 주는 것이 좋다. 혹은 유아들이 작품을 만들 때 의도적으로 "이걸 다 완성하려면 얼마나 시간이 걸릴까?"라고 질문하여 시간측정을 어림잡아 할 수 있도록 격려한다. 유아교육기관에서 제시하는 하루 일과표나 미술이나 요리활동 순서표도 시간을 이해하는 데 도움을 준다.

동화책 읽기나 노래 부르기와 같은 활동은 일정 시간이 소요되므로 활동의 시작과 끝나는 시간을 측정하여 시간의 간격이나 흐름을 경험하는 데 좋다. 미술활동 역시 물감그림으로 하얀 도화지를 메꾸거나 작품을 완성하는 데 일정 시간이 걸리므로 활동 시작 전에 시계를 보며 언제 시작했는지, 활동이 끝나는 데 얼마나 걸렸는지를 토의해 보는 것이 좋다. 시간의 흐름을 알기 좋은 활동으로 5분 동안 색종이 고리를 만들어 누가 가장 길게 만드는지 비교한다. 이때 유아가 만든 색종이 고리를 벽에 붙여 비교하면 그래프 표상의 효과가 있다.

다음은 교사가 자연스럽게 시간흐름을 시계와 연관 지어 가르치는 예이다.

> 교사: (시계를 가리키며) 여기 긴 바늘이 8에 있어, 앞으로 5분 후에 고리를 완성할 거야.
> 여기 긴 바늘이 9에 갈 때까지 만들어 보자.
> 아연: 네~ 채민아 (시계를 가리키며), 9까지 만들어야 해. 빨리 하자.
> 채민: 선생님 이제 몇 남았어요?
> 교사: 지금 긴 바늘이 거의 다 왔으니 5분이 다 됐네.

유아는 자신의 경험이나 자신이 한 놀이와 같은 주관적 사실들을 통해 시간을 경험할 수 있으므로 시간의 이해를 돕는 활동은 다음과 같다.

① 동화 들려주기

동화를 듣는 동안 시계를 보며 시간의 흐름을 인식하게 하거나 동화의 내용을 순서대로 그림을 놓아 보게 하는 것도 시간과 사건의 순서 이해에 도움이 된다.

② 달력활동

달력은 기수는 물론 서수 개념을 습득하는 데 좋은 활동이다. 유아들에게 오늘이 몇 월 며칠인지 숫자카드를 놓아 보게 하거나 빈 달력에 숫자카드를 채워서 매일 달력을 완성해 나가게 하는 것도 요일의 순서나, 몇 번째 주인지 등 서열화개념을 배우게 된다.

③ 요리활동

요리는 음식이 완성되기까지 일정한 시간을 요하므로, 요리활동은 시간 측정에 적합한 활동이다. 달걀이 삶아지려면 몇 분이 걸릴지, 사과가 잼이 되려면 몇 분이 걸리는지 등을 예측하고 측정해 보게 하는 것이 좋다. 요리활동은 시간과 부피, 면적 측정을 모두 포함하는 통합적 활동을 제공한다.

④ 미술활동

미술활동은 시간개념을 측정하는 데 적합한 활동이다. 유아들이 물감이나 크레파스로 그림을 완성하는 데는 일정 시간이 걸리기 때문이다. 따라서 미술활동을 시작하기 전에 시계를 보며 시작시간과 끝나는 시간을 인식하게 하는 것도 시간개념발달에 도움이 된다. '색종이로 고리만들기' 활동의 경우 유아가 10분간 고리를 연결하도록 한 후 누가 가장 긴 고리를 만들었는지를 측정해 볼 수 있다.

교사는 시간 측정활동과 함께 유아들이 시간과 관련된 어휘를 사용할 수 있도록 지도한다. 사건의 순서인 전과 후, 혹은 순서를 나타내는 서수(첫 번째, 두 번째, 세 번째)를 나타내는 용어를 게임이나 미술활동 중에 사용하면 좋다(이경우 외, 1997).

Piaget에 의하면 유아들은 시간의 순서 개념이 없으므로 "나 어제 소풍 갈 거다"와 같이 과거와 미래와 관련된 용어를 혼용하여 사용하는 것을 알 수 있다. 그러므로 교사는 요일의 순서나 아침, 점심, 저녁 혹은 어제, 오늘, 내일과 같은 시간의 순서와 관련된 용어를 일상 활동 속에서 자연스럽게 사용하여 유아들이 시간의 흐름을 인식하도록 돕는다.

시간과 관련된 용어는 먼저와 나중, 동화와 같이 연속적 사건의 흐름 등이 포함되며, 시간 관계의 이해는 단순히 시각을 인식하는 능력뿐만 아니라 하루 일과, 계절이나 주간, 월간 개념이 포함되며, 또한 과거-현재-미래를 인식하는 것을 포함한다. 시간 관련 활동은 기수는 물론 하루 일과의 순서나 동화의 순서와 같이 서수와 연속성이 동시에 들어 있으므로 유아들이 이해하기 어려운 개념이기도 하다.

5) 측정활동 지도 원리

유아기의 측정 활동을 위해 가장 중요한 것은 직접 사물을 비교해 보고, 측정과 관련된 언어를 사용하는 것이다(ACARA, 2012). 따라서 유아들이 일상 속에서 양이나 길이 등 측정을 경험하고 토의하게 하는 것이 좋다. 유아들은 사물의 특성을 비교해 봄으로써 사물이 서로 같거나 다름을 구별할 수 있을 때 어느 것이 더 긴지 혹은 어느 것이 더 많은지 등 측정에 대한 판단을 할 수 있게 된다. 이 과정에서 유아들은 어느 것이 더 큰지, 가장 큰 것은 어떤 것인지 등 측정과 관련된 언어를 사용한다.

측정과 관련된 교육활동은 측정 단위의 인식과 사용, 측정의 어림셈, 실제적 측정 과정을 포함한다. 무엇보다 교사가 직접 도구를 제시하거나 수 개념을 적용하게 하기보다 유아들이 관심 있어 하는 주제를 찾아 스스로 관찰과 실험을 통해 사물의 특성의 차이를 비교하고 발견하도록 하는 것이 좋다.

측정활동과정에 적용할 수 있는 방법은 조사활동이다. 조사활동을 통해 무엇을 잴지(측정 대상)와 무엇으로 잴지(측정도구)에 대해 유아들이 결정하여 탐색하게 하는 것이 좋다. 이를 통해 측정할 사물의 특성(길이, 무게, 온도, 부피, 면적)에 따른 측정도구(자, 저울, 온도계, 비커 등)를 연결할 수 있게 한다.

유아들은 줄자를 이용하여 친구의 키를 측정하는 동안 발목부터 재는 등 어디를 잴지에 대한 정확한 기준이 없이 매번 재는 방법이 달라지기도 한다. 유아들이 여러 번의 시행착오를 통해 정확한 길이 측정을 위해 시작과 끝부분을 정하는 등 토의를 통해 측정기준에 대한 합의를 거쳐 측정을 하도록 지도할 필요가 있다.

이와 같이 비표준화된 측정 과정은 유아가 표준화된 측정도구의 필요성을 인식하게 한다. 비표준화된 측정도구는 사용되는 도구에 따라 각기 다른 결과를 나타내고 일관된 결과를 나타내지 못하는 것을 인식하고 길이나 무게 등을 측정하는 데 일관된 측정 결과를 얻기 위해 표준화된 단위의 측정도구가 필요함을 인식하게 한다. 이때 사물의 특성에 따라 표준화된 측정도구를 연결할 수 있게 하는 것이 좋다.

측정활동의 수학적 과정은 다음과 같다.

(1) 순서 짓기

유아들은 각각의 길이가 다른 사물을 비표준화된 도구를 이용하여 잰 후 사물의 길이를 비교한 후 길이가 서로 다른 사물들을 순서대로 놓아 볼 수 있다. 유아들이 측정을 통해 어느 것이 가장 긴지 혹은 어느 것이 양이 가장 많은지를 알아보기 위해서는 순서 짓기(서열화)를 한다.

유아들의 순서 짓기 능력을 살펴보면 3~4세는 지각적 사고를 하는 시기이므로 사물을 순서대로 놓을 수 없으며, 논리적 판단이 어렵다. 유아들은 때로 사물의 길이를 순서 지을 때 기저선을 인식하지 못하고 연필의 위쪽을 순서대로 놓기도 한다.

어릴수록 대략 세 개의 사물을 제시하고 순서 짓기를 하도록 지도한다. 이때 유아는 측정된 사물을 비교하는 동안 어느 것이 더 긴지, 어느 것이 가장 긴지 등 비교와 최상급에 관련된 수학적 용어를 익히게 된다.

(2) 어림셈

유아들과 측정활동을 할 때 직접 사물을 측정해 보기 전에 어림셈을 사용하게 하는 것이 좋다. "우유갑은 종이컵으로 몇 컵의 물이 들어갈 수 있을까?"와 같은 어림셈을 통해 유아들이 길이나 부피, 면적 등에 대한 논리적 추리 능력을 기를 수 있으며, 실제 측정한 결과와 비교할 때 예측한 것과 실제 측정 내용을 비교하는 동안 수량과 연산능력을 기를 수 있다.

(3) 조사활동

유아에게 적절한 측정활동을 위해 교사는 유아에게 일상생활에서 접할 수 있는 사건이나 사물을 다루는 경험을 자주 제공하고 이를 통해 유아가 스스로 직접 실험하거나 행동으로 나타내 볼 수 있는 활동을 경험하게 하는 것이 좋다.

측정활동은 여러 가지 조사활동을 통해 실험하거나 비교할 수 있다. 텃밭에 심은 식물의 성장과정이나 교실에서 가장 긴 물건은 무엇인지, 우리 동네에서 가장 큰 건물은 무엇인지, 어떻게 잴 것인지 등을 주제를 정해 탐색할 수 있다.

(4) 측정 결과 기록

측정활동 후 측정 결과를 기록하는 것은 유아의 여러 가지 수학적 개념 형성에 중요한 과정으로, 수학적 과정 기술의 발달에도 효과적이다. 측정 결과를 효과적으로 기록하는 방법은 그래프로 나타내는 것이다. 유아는 그래프 활동을 통해 어느 것이 가장 긴지, 어느 것이 가장 짧은지 등 측정한 사물의 특성을 비교하는 동안 다양한 수학적 개념을 기를 수 있다.

친구들의 키를 비교하거나 텃밭에서 기른 토마토가 얼마나 자랐는지 등을 재어 보고 그래프를 통해 측정 결과를 단위를 이용하여 나타내고 숫자로 기록하는 동안 수량을 비교하고 숫자를 읽고 쓰는 능력을 기를 수 있으며, 측정 용어(길다, 많다, 더 많다, 가장 많다 등)를 사용하는 기회를 제공한다.

이와 같이 측정활동 후에는 활동 결과를 그래프로 나타냄으로써 영상적 표상을 통해 유아가 수학적 비교를 쉽게 할 수 있도록 도움으로써 유아의 수학적 과정기술발달을 돕는다.

(5) 측정 결과 분석

측정 결과를 그래프로 표상한 후 유아들이 자료의 경향성을 알아보게 한다. 이 과정에서 유아들은 자신들이 발견한 내용을 다른 유아들과 공유하는 동안 측정 결과의 차이를 비교하고 측정 결과 어떤 사물이 가장 긴지 등 수학적 의사소통을 한다.

6) 측정활동 지도방법

유아에게 측정에 대한 개념을 길러 주기 위해서는 유아가 측정을 하려는 사물의 특성에 대해 탐색하고 사물의 특성을 비교할 수 있도록 여러 가지 측정도구를 사용하도록 장려하는 것이 좋다. 호주 교육과정(ACARA, 2012)에서는 초등학교에서의 측정 경험을 위해 ① 물체를 비교하고, ② 적당한 측정 도구를 사용하게 하는 것을 목표로 한다.

그러므로 교사는 유아들이 여러 가지 사물을 이용하여 측정을 하도록 격려하고, 유아들이 측정활동을 통해 발견한 것을 설명해 보게 하는 것이 중요하다. 어떤 것이 더 긴지, 얼마나 더 큰지 등을 알아봄으로써 수학적 의사소통은 물론 측정과 관련된 적절한 수학적 용어도 함께 익히도록 한다.

유아들이 스스로 발견학습을 통해 사물의 특성을 측정하도록 하기 위해 교사는 유아의 논리적 사고를 촉진하는 발문을 한다. 측정과 관련한 질문들은 유아들이 측정할 사물의 특성과 그에 맞는 적절한 도구를 발견하도록 하기 위해 어떤 것을 잴지, 무엇으로 잴지 등에 대해 물어봄으로써 유아들이 결정하게 하는 것이 좋다.

유아들의 측정활동 지도과정은 다음과 같다.

(1) 측정할 사물을 선정한다

- 무엇을 잴 거니?

(2) 측정할 사물의 특성(길이, 무게, 부피, 시간, 면적 등)에 따라 측정도구를 발견하도록 돕는다

- 비표준화된 측정도구들을 탐색하도록 장려한다.
  - 연필과 크레용이 어느 것이 더 긴지 어떻게 알 수 있니?
  - 무엇으로 잴 수 있니?

(3) 측정한 결과를 기록하게 한다

- 유아들이 측정한 길이나 양의 차이를 비교하기 위해 측정 결과를 그래프나 차트 등을 사용하여 표상하게 한다.
- 측정한 결과를 그래프 활동으로 확장하여 기호나 숫자로 표기하게 한다.

(4) 그래프를 통해 측정한 결과를 분석한다

- 그래프를 통해 측정한 결과의 차이를 비교하고 토의한다.
  - 주스와 양이 같으려면 물이 몇 컵이 필요하지?
  - 주스는 물보다 몇 컵이 더 많니?
- 측정한 사물의 길이를 숫자로 표시해 보게 한다. (상징적 표상)

(5) 발견한 과정에 대해 언어적 토의를 하게 한다(수학적 의사소통)

- 측정활동을 한 후 유아들이 자신이 발견한 것과 그 과정에 대해 설명하게 한다.
  - 여러 가지 물건들을 측정해 보았는데 무엇을 발견했는지 말해 줄 수 있니?
  - 연필이 더 길다는 것은 어떻게 알게 됐니?
  - 연필의 길이는 무엇으로 쟀니?
  - 클립 말고 다른 방법으로 잴 수 있니?

측정활동과정은 길이, 무게, 면적, 부피, 시간 등의 측정 내용에 따라 다양하게 확장하여 지도한다.

3. 수와 연산

1) 유아의 수 세기 능력

유아의 초기 수 개념을 파악하는 것은 수 교육의 내용과 시작점을 결정하므로 유아들의 사전 수 지식을 파악하는 것이 중요하다. 유아의 초기 수 지식(number knowledge)은 오랫동안 간과되어 왔다(Knowles, 2015). 유아들은 4~5개의 적은 수의 물체는 직접 세지 않고도 한눈에 수량을 파악하기도 하며 직접 세지 않고 눈으로 바로 아는 즉지화(subitizing)가 가능하며, 주사위 게임 등의 사용으로 10 이상의 수는 물론 자동차 번호판이나 화폐 사용 등으로 1000단위도 익숙해져 있다.

3세경이면 유아들은 수를 조직적으로 세고 매우 성숙하고 효과적인 수 세기의 구조를 나타내며(Steffe, 2004), 4~6세경이면 매우 안정적으로 수를 세고 조직적이지 못한 방식으로 셀 때 나타나던 실수도 점차 감소하고 1:1 대응에 의한 세기에서 나타나던 실수도 4세경에 점차 감소한다.

미국수학교사협회(NCTM, 2000)에서는 유아에게 제공하기 적절한 수 개념의 범위로 유치원부터 초등학교 2학년까지는 자연수(whole number)를 다루도록 제시하고 있고 분수나 분수의 더하기 개념은 초등학교 3학년 이상에서 권장하고 있다. 우리나라『3~5세 연령별 누리과정(2019)』은 '자연 탐구'영역 중 수학적 탐구하기 영역에서 수학내용을 제시하고 있으며, 유아의 수학적 탐구를 위해 구체물을 가지고 더하고 빼는 경험을 하도록 제시하고 있으며, 숫자와 기호를 사용한 수식만을 통해 추상적으로 덧셈과 뺄셈을 가르치는 것은 유아의 발달에 적합하지 않다고 하였다.

2) 수의 발달과정

수(number)는 물체의 수량을 나타내는 상징적 기호이다. 숫자는 추상성을 나타내므로 유아에게 숫자를 가르치기 이전에 구체물이나 구체적 경험을 통해 유아의 수 개념을 길러 주는 것이 중요하다. 따라서 유아의 수 개념 습득을 위해 물체의 수량을 이해할 수 있도록 구체물을 다루는 경험을 먼저 제공하는 것이 중요하다.

유아가 수 개념을 습득하는 과정은 인간이 수를 발견한 과정과 유사하게 발달한다. 숫자가 만들어지기 이전 인간은 수량을 표시하기 위해 돌멩이나 조개껍질 등을 사용하였다. 양치기 목동은 자신이 돌보는 양들을 방목할 때 양을 잃어버리지 않기 위해 양을 한 마리씩 내보낼 때마다 돌로 양의 수를 표시하였다. 양들이 풀을 다 먹고 목장으로 돌아올 때는 돌멩이를 하나씩 치워 돌아온 양들의 수를 확인하고 이때 돌멩이가 남으면 목동은 잃어버린 양을 찾으러 집을 나선다. 어느 날 목동은 결혼을 하기 위해 길을 떠나게 되는데 목동은 자신의 재산을 나타내는 수량만큼 돌멩이를 자루에 넣고 길을 떠난다(김용운, 2003).

이와 같이 돌멩이와 같은 구체물이 수량을 세는 데 사용되었으나 불편함을 인식하고 부표(tally mark)와 같은 기호(////)를 사용하여 구체물의 수량을 표시하였다. 우리나라의 경우 5를 나타내는 正(정)을 사용하여 수량을 세기도 한다. 이는 구체물에서 숫자로 넘어가는 과정에서 기호를 사용하여 수량을 시각화한 것을 알 수 있다.

이후 아라비아에서 숫자를 고안하여 사람들은 구체물이 없이 숫자만으로 물체의 수량을 간편하게 표시하게 되었다. 아라비아에서 숫자를 개발한 후 국민들에게 숫자를 가르치기 위해 사용한 방법은 그림 자료를 사용하여 숫자의 의미를 이해하도록 하였다.

이와 같이 인간이 숫자를 사용하기까지의 과정은 구체물 사용에서 시작하여 구체물을 대신하는 기호를 사용하는 영상적 단계를 거쳐 숫자와 같은 상징으로 대체하게 되었다. 이와 같은 과정은 유아들이 수 개념을 익히는 과정과 유사하다.

따라서 유아들에게 수 개념을 가르칠 때 돌멩이나 바둑알과 같은 구체물을 통해 수 개념을 형성하게 하고 점차 구체물 대신 그림이나 숫자를 사용하는 과정이 적용되어야 한다. 유아들이 사물을 나누고 모아 보는 동안 수 세기 개념은 물론 연산개념도 함께 습득할 수 있다.

3) 수 세기(counting)

(1) 기수의 이해

수 개념은 집합과 서열화로 이루어진다. 수 세기는 하나의 집단에 몇 개의 항목이 포함되어 있는가를 나타내는 기수(cardinal number)적 의미를 가지고 있다. 따라서 기수는 물체 수량의 집합을 의미한다. 세기 과정에서 마지막 수가 물체 집합의 총 수량을 나타내고(집합) "몇 개인가"의 답이 되며, 1 다음에는 2가 오고 5 앞에는 4가 오는 순서 짓기를 나타낸다.

또한 수는 얼마나 많은지를 나타내는 측정적 의미와 함께 순서나 위치를 나타내는 서수적 의미를 가지고 있다.

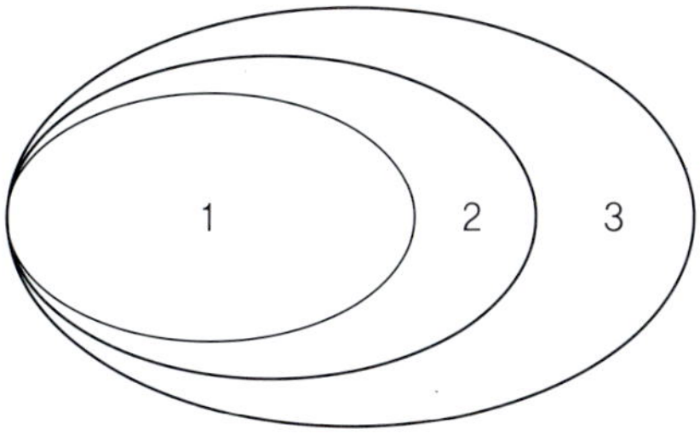

수 세기는 물체의 집합을 수 단어와 연결할 수 있어야 하며, 언어적 수의 순서를 정확하게 말할 수 있어야 하나 만 3세는 이를 어려워한다.

Piaget(1965)는 구체물을 1:1 대응에 의한 세기가 가능해야 수 세기 개념이 습득된 것으로 보고 수 보존 개념이 형성되는 만 7세 이후부터 수 세기가 가능하다고 제시하였다. 그러나 Gelman과 Gellistel(1986)은 어린 유아도 수 세기가 가능하다고 제시하고, 유아는 보존개념과 관계없이 수 추상능력이 있다고 하였다.

Piaget가 제시하는 수 세기의 유형은 다음 세 가지로 나뉜다.

① 기계적 세기: 물체와 수 단어를 1:1 대응시키며 세지 않고 수 단어를 나열한다. 수 단어를 빼 먹고 말하거나 센 걸 또 세는 등 지각적인 단계이다.

② 합리적 세기: 물체와 수 단어를 1:1 대응시켜 셀 수 있으나 물체의 배열이 변하면 수량이 달라졌다고 생각한다.

③ 동등성 이해의 세기: 물체와 수 단어를 1:1 대응시키고 수 보존개념이 함께 습득되어 물체의 외형이 변해도 수량에 변화가 없다고 인식하고 지속적인 세기가 가능하다.

(2) 수 세기 개념 발달

2~4세 유아들은 정신적 이미지에 의해 정확하게 적은 수량을 셀 수 있다고 한다. 즉, 비언어적 즉각적 세기와 언어적 즉각적 세기가 이루어지며 이는 기수

의 기초가 된다. 2~4세 유아들은 1부터 4까지의 물체의 집합을 인식하기 시작하고 이를 수 단어에 의존하여 구별할 수 있다. 이러한 비언어적 즉시 세기는 적은 수량의 집합을 자신의 이전 정신적 표상과 연결하여 셀 수 있다.

언어적 즉지화는 비언어적 물체세기가 내재되어 있으며, 적은 수량의 물체는 세지 않고도 말을 하는 준 언어적 세기(quasi verbal production)를 포함한다("과자 두 개 줘"). 3세 반~4세 유아들은 언어적 세기와 물체 세기가 발달되며, 이는 수를 표상하고 사용하는 데 강력한 도구가 된다.

이와 같이 유아기 수 세기 개념 발달은 언어에 기초한 수량 세기와 정신적 표상, 즉지화 등이 포함된다.

① 언어적 세기

수의 이름을 아는 것은 수 세기(counting)를 가능하게 한다. 수 단어는 물체를 셀 때 필요하며, 세기나 더하기 빼기를 할 때 사용된다. 또한 어느 순간 수 단어 자체가 수학적 목표가 되기도 한다. 물체가 없이도 세고 더하고 빼는 과정에서 수 단어가 목표가 되기도 한다(Baroody, 2004a).

우리나라는 이 중 수 단어 체계로 고유 수 단어(하나, 둘, 셋)와 한자 수 단어(일, 이, 삼)를 동시에 사용한다. 고유 수 단어에 비해 한자 수 단어는 일, 십 일, 백 십 등 규칙성을 가지고 있어 큰 수를 나타내는 데도 쉽게 적용이 가능하므로, one, ten, eleven과 같이 수 이름이 불규칙적으로 나타나는 외국의 유아들에 비해 한국의 유아가 수 세기를 잘한다고 한다(Han & Ginsburg, 2001).

언어적 세기를 위해 유아는 수 단어의 순서를 알아야 하고 수의 이름은 순서대로 빠짐없이 말할 수 있어야 한다. 수를 차례로 세거나 거꾸로 세기는 수 단어 순서의 일관성을 익히는 데 도움이 된다. 예를 들면, 먼저 1의 자리 단어와 10의 자리 단어들의 순서는 물론 10, 20, 30, 40의 순으로 10씩 늘어나는 수 단어도 함께 기억해야 한다. 유아들은 9 다음에 10 혹은 19 다음에 20이 오는 수 패턴을 인식해야 하는데 초기에는 이를 어려워한다.

초기 수 학습에서 수의 이름을 익히기 위해 노래나 라임(rhyme)과 같은 언어적 게임을 통해 수의 이름을 기억하게 하는 것이 좋다(Anghileri, 2000). 대표적인 예로 '숫자 노래'나 '인디언 노래'가 있다.

② 물체 세기

물체 세기(object counting)는 유아가 물체들에 수의 이름을 적용하는 체계적 수단이 되며, 특히 정신적으로 정확한 집합을 나타내는 것을 돕는다.

집합의 세기는 각 물체 하나당 수 단어를 관계 짓는 것을 포함한다. 물체의 집합을 세기 위해서는 수 단어의 순서를 정확하게 알아야 하고 물체의 수량을 수 단어와 연결 지을 수 있어야 물체를 정확히 셀 수 있다.

물체세기에 기초한 기수 개념은 수 보존과 수 항상 원리를 발견하게 된다. 즉, 집합의 기수의 가치는 외형이 변해도 변하지 않으며, 다섯 개의 구슬이 일렬로 서 있거나 셋과 둘로 나뉘어 있어도 사물의 총량은 변하지 않는다고 인식하는 수 보존개념과 관련된다. 유아는 물체와 수를 일대일 대응하며 셀 수 있어야 하고, 물체를 센 것과 세지 않은 것을 구별하며(수 관련변인) 셀 수 있어야 한다. 4~5세 유아는 이를 어려워한다.

③ 정신적 세기

수 세기는 구체물을 세게 함으로써 1:1 대응 원리에 의해 실제 수량과 수를 연결하는 기회를 제공하나 수 세기의 궁극적인 단계는 추상적 세기이다. 물체 집합의 세기 이후 유아는 점차 정신적 수 세기가 가능하며, 물체가 없이도 세기가 가능해지므로, 자신이 했던 경험이나 추상적 사건에 대한 정신적 계산이 가능해진다. 언제 소풍을 갔었는지 혹은 생일이 돌아오려면 몇 밤을 더 자야 하는지 등 구체물이 없이도 정신적 세기가 가능하다.

④ 즉지화(subitizing)

수 개념은 물체의 집합에서 구성된다. 유아들이 수를 셀 때 지각적 복수(perceptual plurality)를 인식하고 구성하는 것을 알 수 있다. 언덕 위의 나무들이나 바다 위의 배들과 같이 유아들이 물체를 분류할 때 한 개 이상의 지각적 항목을 의식하고 분류하는 것을 알 수 있으며, 이는 지각적 복수(perceptual plurality)를 인식하는 것을 나타낸다(Steffe, 2004).

수 세기는 유아가 한 개 이상의 지각적 물체를 인식하는 데서 시작되므로 따라서 수 세기는 지각적 복수에서 비롯된다. 이는 유아가 지각적 집합으로 나타나는 양적 속성을 인식하는 것으로 유아가 수 세기 전략을 세울 때 매우 중요하다.

또한 지각적 단위 항목의 집합을 만드는 능력이 수를 셀 때 매우 중요하다. 지각적 단위 물체가 눈에 보이지 않을 때 손가락으로 세거나 입으로 수 단어를 웅얼거리는 것은 지각적 단위 물체 세기에서 정신적 세기 단계로 나아간 증거다. 지각적 단위 항목의 정신적 이미지를 만드는 것은 유아가 수를 추상하는 매우 역동적인 과정이다.

기수(물체의 집합)의 이해는 물체를 세기 전이라도 적은 수량의 물체를 인식하는 것으로 시작한다. 유아는 수량을 세지 않고 한눈에 수를 인식하고 수의 이름을 말할 수 있다. 즉각적으로 수를 인식하는 즉지화(subitizing)는 네 개 이하의 적은 수량일 때 어린 연령의 유아라도 세기가 가능하다. 즉지화와 함께 수 단어 말하기의 학습은 1부터 4까지의 직관적 수(intuitive number)를 이해하는 데 중요한 역할을 한다(Baroody, 2004a; Baroody & Benson, 2001).

즉지화 활동을 위한 교수전략에 의하면 세 개 이하의 적은 수량의 물체를 제공하고 유아가 빨리 잠깐 보고 그 수량을 말해 보게 하는 것이 좋다(NAEYC & NCTM, 2010). 즉지화에 적합한 수량은 4~5개 정도로 시작하여 10까지 늘려 나가는 것이 좋으며, 10 이상의 큰 수를 셀 수 있을 때 큰 수로 확장시키는 것이 좋다.

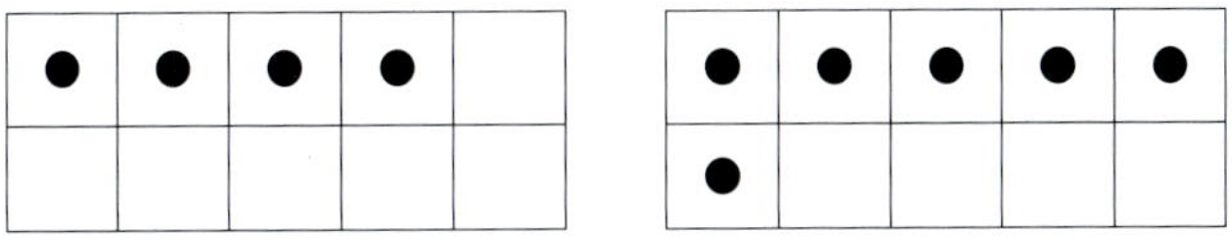

즉지화 카드 예시

(3) 수 세기의 원리

유아가 수를 세기 위해서는 수 단어를 알아야 하고 수의 순서를 알아야 물체의 수를 정확하게 셀 수 있다. 이때 수의 이름은 빼지 않고 순서대로 말해야 하며, 물체 하나당 숫자 하나만 해당이 되고, 같은 물건을 두 번 세지 않고 빠짐없이 세어야 한다. 즉, 물체 하나당 한 개의 숫자만 해당되는 1:1 대응 원리를 알아야 정확한 세기가 가능하다.

Gellman과 Gallistel(2009)이 제시한 수 세기 원리는 다음과 같다.

① 기수의 원리

수 세기는 구체물의 총 수량에 대한 사고로, 구체물 하나는 하나의 수를 의미하며, 각각의 구체물이 모여서 전체 수량이 되는 집합의 개념을 이해해야 가능하다. 수 세기를 할 때 기수 개념이 없을 경우 유아는 "하나, 둘, 셋"이라고 세고 마지막 사물이 3인 것으로 인식한다. 이러한 잘못된 수 세기는 기수와 서수를 구분하지 못하는 데서 기인한다.

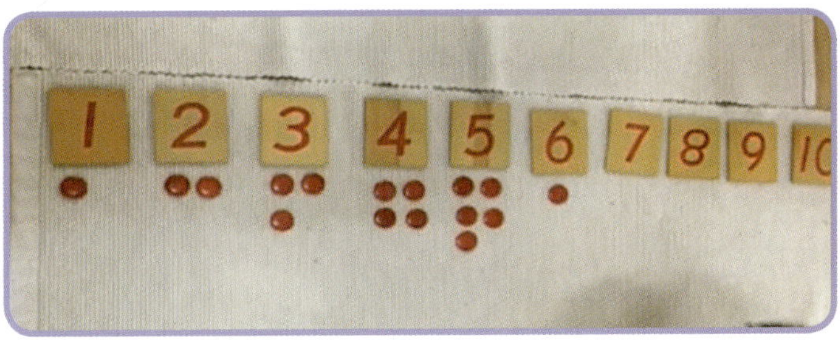

② 1:1 대응의 원리

수 세기는 물체 하나당 수 단어 하나만 부여된다. 1:1 대응에 의해 정확히 물체 하나당 하나의 숫자를 대응하며 셀 수 있어야 정확한 수 세기가 가능하다. 1:1 대응에 의한 수 세트(set)를 만드는 좋은 기회는 아이들 수만큼 컵을 가져오게 하거나 아이들 수만큼 간식을 접시에 담게 하는 것이다.

③ 순서 무관의 원리

수 세기는 수를 세는 순서와 관계없다. 따라서 어떤 순서로 세더라도 수량은 변하지 않으며, 센 것을 다시 세지 않고 빼먹지 않고 셀 때 정확한 수 세기를 할 수 있다. 유아들은 수 세기 순서가 수량에 영향을 주지 않음을 인식하게 되는데, 만 3세 유아들도 이 원리를 설명은 못 하지만 경험적으로 이해를 한다.

④ 안정된 순서의 원리

수는 집합을 의미하는 기수적 의미 외에 서수적 의미가 함께 포함되어 있다. 즉, 수의 순서는 일, 이, 삼, 사 등으로 순서가 정해져 있으므로, 수 단어를 건너뛰지 않고 순서대로 말할 수 있어야 정확한 수 세기가 이루어진다.

⑤ 추상화의 원리

수 세기의 궁극적인 단계는 정신적 세기이다. 유아는 구체물을 세는 것에서 손가락과 같은 대체물을 사용하다가 추상화가 가능하면 물체가 없이도 추상적 세기가 가능하다. 소풍을 가려면 몇 밤이 남았는지, 화분은 물을 몇 번 주었는지 등과 같이 경험이나 사건과 같은 추상적 대상에 대한 세기가 가능해진다.

4) 수 표상

유아기 수 개념 학습은 수 개념의 습득과 함께 수 개념의 표상이 강조되고 있다. 따라서 유아는 수량의 관계를 이해하는 것은 물론 수 개념 표상 능력을 기를 수 있도록 지도하는 것이 바람직하다.

유아들에게 쓰기 표상(written representation)의 의사소통적 기능의 편리함을 알게 하기 위해 수의 쓰기 표상을 지도하는 것이 필요하다. 숫자 읽기와 숫자 쓰기가 없다면 사람들은 일일이 실물이나 그림을 제시해야 하는 번거로움이 생기게 된다.

쓰기 상징의 사용은 대략 만 3세부터 만 6세까지 시작되며, 유아들이 숫자 모양을 인식해야 하고 숫자의 의미를 알아야 한다. 즉, 숫자 상징의 정신적 이미지를 구성하여 6과 9의 모양을 구별할 수 있어야 하며, 6의 상징적 의미를 알아야 수 표상을 올바르게 사용이 가능하다.

유아의 수 개념 표상 능력에 대한 연구에서 홍혜경(1999)은 3세와 4세 유아는 수량적 관계를 언어로 표상하기 어려우므로 3세 유아는 그림 표상을, 4세 유아는 그림과 언어 표상, 5세 유아는 언어와 숫자표상을 하도록 권장하고 있다.

따라서 5세 이전의 유아에게 수 표상을 교육시키기 위해서는 그림을 통해 표상을 하게 하고 점차 언어와 숫자로 표상을 하도록 체계적인 교육이 필요하다. 3~5세 유아들에게 수 표상 능력을 길러 주기 위해서는 스토리텔링을 통해 나눠 먹은 과자의 수를 그려 보게 하거나 달라진 수량의 관계를 언어적으로 표상해 보게 하는 등 영상적 표상과 언어적 표상을 사용하도록 장려하는 것이 좋다.

Kamii(1982)는 수 표상을 아는 것이 수를 이해하는 정도를 나타내지는 않는다고 한다(Baroody, 2000). 따라서 숫자 쓰기를 연습하게 하거나 상황과 관계없이 과제처럼 반복적으로 연습하게 하는 것은 유아가 숫자 쓰기에 대한 흥미를 떨어뜨릴 수 있다.

숫자 쓰기를 지도하기 위해서는 유아가 수량과 숫자의 관계를 이해하는 것이 선행되어야 한다. 유아가 숫자의 모양과 이름을 인식하고 숫자와 물체의 양의 관련성을 이해할 때 비로소 숫자 쓰기가 올바르게 이루어질 수 있다.

숫자와 수량의 관계 짓기

유아의 수 표상을 지도하는 과정은 다음과 같다.

(1) 수 상징의 이해

수는 물체의 집합을 나타내므로 수가 물체의 수량을 나타내는 것을 인식한 후 숫자의 모양과 의미를 가르치는 것이 좋다. 숫자와 수량의 의미를 알게 하기 위해서는 숫자와 수량이 함께 제시되는 숫자카드를 사용하는 것이 좋다. 숫자카드는 특히 유아들이 숫자를 쓰기 전 단계에서 사용하기 좋은 자료이며, 물체의 수량과 숫자를 연결시켜 수 표상능력을 돕는다.

(2) 숫자 인식

숫자 모양 인식 활동으로는 숫자 모양 탁본이나 모래종이를 이용한 숫자 카드 만들기, 숫자노래, 숫자 잇기 게임 등이 있다.

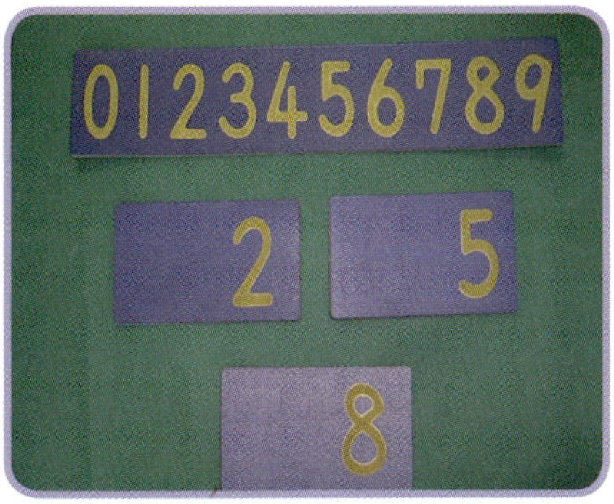

몬테소리 숫자판

사방치기

(3) 숫자 표상

숫자 쓰기는 수 개념이 형성된 후에 제공되는 것이 좋으며, 유아가 숫자의 모양인식을 한 후 제공하는 것이 좋다. 숫자 쓰기는 글자쓰기와 마찬가지로 여러 가지 신체적, 인지적 능력이 요구된다. 숫자 쓰기는 연필을 손에 쥘 수 있는 잡기 능력은 물론 5와 7을 구별하고 어느 방향으로 공간이 열려 있고 닫혀 있는지 등 공간개념이 요구되며, 숫자를 적절한 크기로 조절하여 쓰기 위해 대소근육 발달과 눈·손 협응력이 요구된다.

숫자표상

유아의 숫자 쓰기를 돕는 활동으로는 바느질이나 종이접기 등과 같은 전통적 놀이를 통해 눈·손 협응력을 길러 주는 것이 좋으며, 왼쪽, 오른쪽의 방향개념과 공간개념들이 길러지도록 돕는 것이 좋다.

또한 숫자 쓰기를 위해 필기도구를 제공하기 전에 대근육을 사용한 숫자 쓰기 활동을 제공하는 것이 좋다. 예를 들면, 모래나 밀가루 위에 손가락으로 쓰기, 털실로 숫자 모양 만들기나 컴퓨터를 이용한 쓰기 등의 활동이 쉽게 쓰고 지울 수 있으므로 유아들이 흥미를 갖고 숫자 쓰기를 할 수 있다. 또한 미술활동과 연계하여 숫자 패턴 장식하기나 숫자 색칠하기 등과 같이 재미있는 활동을 통해 소개하는 것이 좋다.

모래 위에 숫자 쓰기

이와 같이 숫자 쓰기를 위해서는 유아들의 신체적, 인지적 발달이 선행되어야 하며, 무엇보다 수 개념이 형성된 후에 숫자 쓰기를 제공하는 것이 적절하다. 숫자는 물체를 나타내는 상징적 기호이므로, 수량의 이해가 없이 숫자를 먼저 제공할 경우 유아들은 숫자의 의미를 알지 못하며, 추상적인 기호를 이해하지 못하므로 수학에 대한 흥미를 잃을 수도 있다. 따라서 수 개념이 형성되기 전부터 숫자 쓰기를 일찍 제공하는 것은 바람직하지 않다.

5) 수와 연산

수 연산의 대표적인 조작은 더하기, 빼기, 곱하기, 나누기이며, 수와 연산의 핵심개념은 수학적 문제해결의 기초가 된다.

(1) 부분과 전체

유아들의 부분-전체(part-whole) 개념은 일상생활에서 자연스럽게 형성된다. 블록을 연결하거나 밀가루 점토 조각을 합하거나 나누는 동안 놀이를 통해 유아는 전체가 부분보다 크다는 개념을 직관적으로 이해하게 된다. 이러한 전이 활동을 통해 유아는 양에 대해 비언어적으로 지각적 세기와 정신적 표상을 함으로써 더하기 구성에 대한 이해를 하게 된다.

부분-전체 개념은 하나의 특정한 양은 다른 부분과 함께 다양하게 전체를 만드는 것을 이해하게 되며, 이때 특정한 양을 이루는 순서는 전체 양에 영향을 주지 않는다는 것도 함께 인식하게 된다. 예를 들면, 5는 2와 3 혹은 1과 4로 이루어지며 부분이 서로 달라도 전체 수량에는 변함이 없다. 대부분의 만 2.5세 유아는 전체가 서로 다른 부분으로 구성되어 있음을 안다고 한다.

5 만들기 카드

(2) 수 합성과 분해

수 개념의 이해를 위해 물체를 여러 가지 다양한 방법으로 나누어 보고 모아 보는 것은 수 세기는 물론 더하기, 빼기, 곱하기, 나누기의 연산 개념을 기르는 기초를 제공한다.

예를 들면, 다섯 개의 도토리를 세어 보게 하고 이를 바구니 두 개에 여러 가지 방법으로 나누어 보게 할 때 유아는 5가 2와 3, 혹은 1과 4 등 여러 가지 방법으로 나뉘는 것을 시각적으로 인식하는 것은 물론 부분이 바뀌어도 전체 수량에 변함이 없는 수 보존 개념에 도움이 된다.

수량의 분해와 합성을 시각화하는 것은 전체와 부분의 개념은 물론 더하기와 빼기의 개념을 이해하는 데도 도움이 된다.

수의 합성과 분해를 위해 사물을 조작하고 탐색하는 활동은 유아가 다루기 쉬운 적은 양으로 시작하는 것이 좋으며, 점차 10보다 큰 수로 확장시켜 갈 수 있다. 즉, 수량의 크기는 대략 다섯 개 정도로 시작하는 것이 좋으며, 점차 전체 수량을 늘려 10을 다양한 방법으로 나누고 모아 보는 경험을 하게 한다. 10까지 세기 활동은 바둑알이나 큐브 블록 등을 이용하여 10의 다양한 합성을 시도해 볼 수 있다.

(3) 더하기와 빼기

더하기와 빼기는 전체와 부분의 이해 개념과 연관 지어 제공되는 것이 좋다. 미국수학교사협회(NCTM, 2000)은 유아가 부분-전체 개념을 발달시키기 위해 수를 모아 보고 나누어 봄으로써 전체 수량의 복합적인 관계를 이해하도록 도와야 한다고 제시한다.

부분-전체 개념은 더하기와 빼기에서 형식적인 기초가 된다. 5~7세 유아들은 더하기를 할 때 3과 2나 2와 3은 더하는 수와 더해지는 수의 순서와 관계없이 합이 같다는 것을 인식한다. 유아들은 더하기가 순서와 관계없이 합이 똑같다는 것을 일찍 이해한다(a+b=b+a).

그러나 더하기와 빼기의 상호 보완적 관계는 유아들이 이해하기 어려워한다. 초등학교 입학 전 유아들은 전체 양이 나누어지거나 여러 가지 방식으로 만들어질 수 있다는 것을 인식하지 못한다(Barrata-Lorton, 1995). 유아들은 a+b=전체(5에 2개가 더해지면 7)가 되는 것은 알지만 a-1+b+1=전체(5-1+2+1=7)가 똑같이 7이 된다는 동등성 개념은 알지 못한다. 유아가 부분-전체 개념에 기초하여 더하기와 빼기에서 더해지고 덜어지는 변화를 아직 불완전하게 인식하기 때문이다. 이는 추상적 수 개념 수준에서 보상원리(compentation principle)를 발견해야 하는데 만 7세가 되면 정신적으로 총합과 차이를 비교하거나 등식을 비교하면서 계산하기 시작한다.

초등학교 이전 단계의 유아가 더하기와 빼기를 이해하도록 하기 위해서는 물체의 집합을 여러 가지로 나누어 봄으로써 전체 수량이 다양한 부분으로 나누어지는 것을 시각화하는 경험이 중요하며, 수식을 사용하기보다 숫자 카드를 함께 사용하여 더하기의 개념을 형성하는 것이 좋다.

전체 수량에서 '하나씩 덜어내기'를 해 보게 하는 것 역시 전체와 부분 혹은 연산개념 형성에 도움이 된다. 5가 4가 되고 3이 되는 활동을 통해 큰 수가 적은 부분으로 나누어지는 경험은 향후 빼기의 개념을 이해하는 데 기초가 된다. 이때 교사가 숫자 카드를 놓아 보게 함으로써 수량과 숫자를 연결해 보고 연산개념을 시각화할 수 있다.

전체의 수량을 나누어 보게 할 때 동일한 양으로 나누게 하면 곱하기와 나누기의 개념의 기초를 형성한다. 예를 들면 귤 네 개를 두 바구니에 '같은 양'으로 나누어 보게 한다. 두 개의 바구니에 귤이 두 개씩 담길 수 있다. 이는 4를 2로 나눌 때 2가 되는 나누기의 개념형성에 도움이 되며, 역으로 2가 둘이면 4가 되는 곱하기의 개념을 시각화할 수 있다. 곱하기는 더하기를 반복하는 형태이므로 학습자가 이해하기 쉬우며, 나누기 개념보다 더 쉽게 형성이 된다.

그러므로 유아기 수 세기활동에서 더하기와 빼기 개념을 위해 숫자도식을 사용하기보다 유아들에게 문제 상황을 주고 그 상황에 대해 수학적 사고를 하도록 지도하는 것이 좋다. 즉, 더하기와 빼기 문제를 수학적 의사소통을 통해 문제를 해결하게 할 때, 보다 효과적이기 때문이다.

☞ 아영이는 두 개의 사탕을 가지고 있는데 엄마가 사탕을 세 개를 더 주셨다. 모두 몇 개의 사탕을 가지고 있을까?

☞ 왼손에 사탕 두 개와 오른손에 사탕 세 개면 모두 몇 개일까?

또한 더하기에서 빠진 수 찾기와 같은 상황을 줌으로써 전체 수량을 위해 필요한 부분을 찾게 한다.

☞ 지수는 동전을 두 개 잃어버리고 지금 세 개를 가지고 있다. 그럼 처음에 모두 몇 개의 동전을 가지고 있었을까?

유아들에게 형식적 연산을 학습하기 전에 문장제를 활용하여 표상하게 하는 활동은 더하기와 빼기의 관계를 이해하는 데 도움이 된다(홍혜경, 2009). 이 점은 4세 유아라도 이야기로 나타내는 문장제를 해결할 수 있으므로 문장제 상황을 실행하고, 유아들이 토의를 통해 해결 방법을 찾게 하거나 유아가 자신의 언어로 문장제를 다시 이야기하는 것도 좋은 교수전략으로 권장되고 있다. 교육과학기술부(2013)는 기존에 문제풀이 위주로 이루어지던 수학을 실생활 수학과 통합 교과형으로 바꾸기 위해 수학과 타 교과 간 통합적 교수학습을 통해 수학적 개념과 원리들을 탐색하고 이해하고 자발적인 학습을 촉진하기 위해 2013년부터 수학교육에 스토리텔링 형식을 적용하고 있다.

Carpenter와 Carey, Kouba(1990)는 유아기는 수 세기나 조작물을 가지고 다양한 문장제 문제 유형을 통해 연산을 경험하고 점차 상징적 기호(+, -, =)를 소개하여 비형식적 연산과 연결하도록 제시하고 있다.

(4) 집합과 자릿값

① 큰 수 세기: 10씩 세기

유아의 수 세기 능력은 개인에 따라 다양한 차이가 있다. 수 세기를 못하는 유아부터 10이 넘는 큰 수를 쉽게 세거나 혹은 100까지 수의 이름을 말하는 등 유아 간 수 지식의 차이는 매우 크다. 또한 수를 셀 때 수 세기 방법도 다양하여 '하나씩 세기'를 하는 유아와 '둘씩 세기'를 하는 유아가 있으며, 순서대로 세거나 혹은 거꾸로 세기가 가능한 유아도 있다.

유아들의 수 개념은 개인에 따라 그 범위가 다양하며, 100까지 셀 수 있는 유아라도 수의 이름만 나열하기도 하므로, 물체의 수량을 정확하게 수 단어와 대응시키며 셀 수 있어야 한다. 따라서 유아에게 백 개를 세도록 하는 것은 적절하지 않은 방법이며, 유아에게 큰 수를 이해하도록 가르치기 위해서는 물체를 열 개씩 세어 보게 하는 것이 좋다.

물체를 큰 단위로 묶어서 세도록 하는 집합개념(grouping)은 유아들이 큰 수를 이해하는 데 도움이 된다. 빨대나 수수깡을 이용하여 물체를 열 개씩 세어 보게 하는 활동을 통해 수수깡이 10씩 두 묶음이고 세 개가 남을 경우 수수깡의 총 수량은 23이 된다는 사실을 알 수 있다. 유아들은 23의 수량을 만들기 위해 17이나 18을 세지 않고도 10까지만 세어서 큰 수를 셀 수 있다. 이는 100이 넘는 큰 수량도 10씩 셀 경우 열 묶음이 되므로 유아들이 63이나 89를 세지 않고도 큰 수를 셀 수 있다.

물체를 10씩 묶어서 세기에 도움이 되는 활동은 몬테소리 교구 중 비즈(beads)활동으로 구슬이 열 개씩 묶여 있어 큰 수를 10씩 세는 데 도움이 된다. 비즈 열 알이 열 개면 100을 나타낸다.

몬테소리 비즈

또한 큰 수를 셀 때 '하나 큰 수'를 찾게 하는 것도 큰 수 세기에 도움이 된다. 예를 들면 '10보다 하나 큰 수'를 찾고 다시 하나 큰 수를 찾는 식으로 하나 큰 수를 찾게 함으로써 큰 수의 순서와 수량을 하나씩 늘려가는 것이 좋다.

물체를 모아서 열 개씩 세도록 하는 집합개념은 이후의 초등학교에서 복수자리 계산 능력에 도움이 된다. 물체의 집합개념은 돈을 사용하는 데에도 활용될 수 있다. 10원짜리 열 개는 100원이며 100원짜리 열 개는 1000원이 된다. 이러한 돈의 치환개념은 초등학교시기에 이해가 된다.

② 자릿값 표기

사물들을 큰 단위 집단으로 모아 보는 것은 자릿값 개념과 여러 자리 숫자를 표기하는 것을 돕는다. 수수깡 34개는 10의 묶음 세 개와 1이 네 개이다. 교사는 유아가 십진법을 이해하기 위해 자릿값 표기판을 제시하고 10의 묶음 수만큼 십의 자리에 숫자 카드를 놓아 보게 한다. 일의 자리도 마찬가지 방법으로 남은 막대의 수량만큼 숫자카드를 놓아 보게 한다. 유아들이 자릿값 표기에 익숙해지면 직접 숫자를 써 보게 할 수 있다.

자릿값 표기는 여러 위치의 자리가 해체되고 재구성될 때 여러 자리 숫자 계산을 위한 표상 도구로 사용된다.

십	일
3	4

10씩 세기 활동은 유아의 십진법 개념을 기를 수 있으며, 10, 20, 30, 40 등 큰 수의 순서와 이름을 익히는 활동이 병행되는 것이 좋다. 몬테소리 세강판은 십진법의 자릿값 이해를 돕기 위해 고안된 것이다.

몬테소리 세강판 숫자자료

(5) 어림세기

큰 수를 세는 과정에서 어림세기(estimation)를 사용하는 것은 수 추상능력을 발달시키는 데 좋은 방법이다. 어림세기는 유아수학교육에서 당연한 절차는 아니나 어림세기 과정에서 그 논리성이나 적합성에 대해 또래들과 토의할 수 있고 실제 물체 세기를 통해 어림세기가 실제 수량보다 더 많거나 적을 때 어림세기를 수정하는 경험을 할 수 있다. 이 과정에서 유아들은 '더 많다' 혹은 '더 적다'와 같은 비교 용어를 익힐 수 있으며(Knowles, 2015), 자연스럽게 더하기와 빼기 개념을 습득할 수 있다. 어림세기 활동을 자주 하게 될 경우 실제 수량과 비교를 통해 점차 어림세기의 정확성도 높아지게 됨으로써 실제 수량에 더 근접하게 된다.

어림세기와 수의 분할은 더하기, 빼기, 곱하기, 나누기의 기초가 되는 매우 중요한 개념이며, 어림세기 역시 즉지화와 같이 유아들이 직접 세지 않고 한눈에 셀 수 있도록 적은 수량으로 시작하여 점차 큰 수로 양을 늘려가는 것이 좋다.

6) 분수

미국수학교사협회(NCTM, 2000)에서는 더하기나 빼기와 달리 분수를 유일하게 부분-전체 개념과 연관 지어 유아들이 전체 단위나 집합의 부분으로 나누어 보도록 제시하였다,

> 생일 축하를 하고 난 후 유아들은 케이크를 나누어 먹기로 했다. 유아들이 모두 한 조각씩 먹을 수 있으려면 어떻게 잘라야 할지 교사가 물었다.
> "아이들이 모두 한 조각씩 먹으려면 어떻게 해야 할까?"
> 엠마는 먼저 아이들 수를 세었다. 모두 6명이었다.
> "어떻게 잘라야 할까?"
> 교사는 12조각을 만들기로 했다. 먼저 반을 자르고 반을 다시 3조각으로 나눈 후 3조각을 다시 반씩 잘랐다. 매 단계마다 조각의 수를 셌다. 아이들은 6명이고 케이크는 12조각이다.
> 톰이 제안했다 "한 조각씩 먹고 더 먹고 싶어 하는 아이들이 있는지 알아보자"
> 아이들은 모두 좋은 생각이라고 동의했다.
> 교사는 세기 주제를 확장시키기 위해 질문을 했다.
> "내일도 모두 케이크를 먹으려면 어떻게 똑같이 나누어야 할까?"
> 카렌은 남아 있는 조각을 센 후 내일도 모두 한 조각씩 케이크를 더 먹을 수 있다는 것을 알고 기뻐했다.

출처: Smita Guha(2002).

(1) 물체 크기 변화의 의미

사물의 크기 변화는 유아들이 수를 세는 데 어려움을 겪게 한다. 배 한 척의 모양은 삼각형과 사다리꼴 혹은 직사각형 등으로 나뉘어 모양이 여러 개가 되어 수량이 늘어나므로 유아들이 이해하기 어려워한다.

유아가 물체 크기의 변화의 차이를 인식하지 못하는 것은 나누기 문제에서 잘 나타난다. 아이들에게 자료를 2~3명에게 똑같이 나누어 주라고 할 때 공통적인 접근은 한 사람당 하나씩 순서대로 나누어 주고 다 없어질 때까지 계속 하나씩 나누어 준다(Frydman & Bryant, 1988; Miller, 1984). 이러한 나누기 방법은 일대일 대응에 의한 세기로 모든 사람이 똑같이 나누어 가질 수 있으며, 모든

물체의 크기가 같고 모든 차례가 다 끝났을 때 똑같이 나누는 데 효과적이다.

그러나 과자와 같이 연속 양을 똑같이 나누어 주라고 하면, 유아는 자료를 잘라서 나누어 주는데 잘라진 크기는 고려하지 않는다. 매회 나누어 주다가 마지막에 나누어 줄 것이 모자랄 경우 어떤 유아들은 아직 다 못 받은 유아가 이미 가지고 있는 조각을 쪼개서 그에게 준다. 이것은 유아들이 나누기 과정에서 모든 아이들이 똑같은 수량의 자료를 받게 하는 데 관심을 두고 쪼개진 조각의 크기의 차이에 대해서는 관심을 두지 않아 발생하는 현상이다.

이와 같이 유아들은 초기 양적 추리(early quantitative reasoning)를 잘 하지 못하며, 양적 사고에 따른 수를 추상하는 능력이 부족하다. 유아들은 각각의 사물의 수량에 관심이 있지 크기나 다른 특징에는 관심이 없다. 이는 독립된 사물의 수를 세는 데 초점을 두고 물리적인 것과 양적인 단위(unit)를 구별하지 못하는 데서 기인한다(Baroody, 2004a).

6~8세 유아에게 다섯 숟가락의 쌀을 쌓아 두고 네 숟가락을 덜어내고 몇 숟가락이 남았는지 물어보면 유아들은 숟가락을 완전히 채우는 것을 신경 쓰지 않기 때문에 대부분 네 숟가락을 덜어내도 한 스푼 이상이 남는다. 네 명의 아이들만 쌀이 많이 남은 것에 대해 자신들이 네 숟가락을 덜어낼 때 완전히 채우지 않은 사실을 연결하여 설명할 수 있다.

이와 같이 물리적·양적 단위가 구별되지 않을 때 수학적 발달을 제한하게 되는데 유아들이 양의 대안적 단위나 그들 간의 관계를 고려하지 못하는 데서 비롯되며, 이러한 관계는 측정, 자릿값, 분수 등을 이해하는 데 매우 중요하다.

(2) 분수의 지도방법

앞에서 살펴본 바와 같이 유아는 양적 사고에 따른 수를 생각하는 능력이 부족하다. 따라서 일상생활 속에서 간식시간이나 미술시간 등을 이용하여 과일이나 피자를 나누어 보는 경험이나 색종이를 여러 조각으로 잘라 보는 경험들이 양적 수량의 변화를 인식하는 데 도움이 된다. 또한 하나의 케이크가 여러 조각으로 나뉘는 경험에 따른 수 표상능력이 부족하므로, 처음에는 반으로 나누는 경험에서 시작하여 또 반으로 나누게 하여 1/2과 1/4을 먼저 경험하게 하는 것이 좋으며, 색칠하기나 종이 자르기 등을 통해 1/3을 경험하게 하는 것이 좋다.

7) 수 개념 지도 원리

유아의 수 개념 발달을 위해서는 의미 있는 상황에서 수 세기를 하는 것이 중요하며, 구체물을 통한 수 세기를 하게 하는 것이 좋다. 또한, 유아의 수 개념을 위해 물체의 집합을 다양한 방법으로 세어 보는 것이 중요하며, 유아가 병 뚜껑, 동전, 돌, 구슬 등 여러 가지 물체를 다양한 방법으로 세어 보게 하는 것이 좋다.

(1) 구체물을 제공하여 물체의 집합을 세어 보게 할 때 논리적 세기가 발달된다

유아에게 수 개념을 가르칠 때 수의 이름이나 숫자 쓰기를 가르치기보다 구체물 세기를 통해 물체와 수 단어를 1:1 대응시켜 가며 정확한 수 세기를 하도록 지도하는 것이 중요하다. 무엇보다 수에 대한 양적 사고 발달을 돕기 위해 물체의 집합을 비교하게 하는 것이 좋다. 예를 들면, '유아의 수만큼 컵'을 가져오게 하거나 양 팀이 같은 수인지 세어 보게 할 때 유아는 1:1 대응에 의한 세기가 발달될 수 있다.

물체의 수량은 적게 시작하고 수 세기 집단을 점차 크게 하여 수량을 확장시키는 것이 좋다.

(2) 의미 있는 상황에서 목적을 가지고 수 세기를 하도록 지도한다

일상생활이나 놀이 속에서 의미 있게 수 개념을 발달시킬 수 있도록 지도하는 것이 좋다. 간식시간이나 미술시간, 게임 활동 등은 유아가 다양한 수 개념을 스스로 경험할 수 있는 기회를 제공한다. 간식을 똑같은 양으로 나누어 보게 하거나 카드를 몇 장을 가졌는지 세어 보게 하는 것과 같이 물체를 직접 세어 보고 나누어 보는 동안 수 개념을 발달시킬 수 있다.

(3) 구체물을 다양한 방법으로 나누어 보고 모아 보게 함으로써 수의 합성과 분해를 경험하게 한다

물체를 모두 세기, 거꾸로 세기, 즉지화에 의한 세기, 어림셈 등 다양한 방법으로 유아들이 세기를 하도록 지도한다. 유아가 자신의 방식대로 세어 보게 하는 것은 수에 대한 자신감은 물론 수 개념 학습에 도움이 되므로 물체 집합의 수를 셀 때 여러 가지 수 세기 전략을 사용하게 하는 것이 좋다. 큰 수를 빨리 세는 전략으로 둘씩 세기, 다섯씩 세기 등을 사용하기도 한다. 우리나라 전통놀이 중 '산가지' 게임을 응용하여 막대를 두 개씩 쌓아 '둘씩 세기'를 적용할 수 있다.

산가지 게임

(4) 수 개념을 그림이나 언어, 숫자 등 다양한 방법으로 표상하게 한다

수 세기의 궁극적 단계는 정신적 세기와 수의 표상이다. 유아가 자신의 수에 대한 이해를 숫자로 표상하기 이전에 말로 표현해 보게 하거나(언어적 표상), 그림(영상적 표상)을 그려 보게 하는 것이 좋으며, 숫자를 인식한 후 점차 숫자를 표상(상징적 표상)하도록 하는 것이 좋다.

(5) 수학적 사고 과정에서 유아가 스스로 수 개념을 탐색하고 수학적 의사소통을 하도록 장려한다

유아수학교육과정에서 교사 중심적인 학습은 지양되어야 하며, 유아가 구체물을 통해 수 개념을 탐색할 수 있도록 생각할 시간을 충분히 주고 자신이 발견한 것을 자유롭게 말하도록 수학적 의사소통이 장려되어야 한다.

4. 규칙성 이해

수와 연산, 도형, 측정 개념과 함께 강조되고 있는 유아기 대표적 수학적 개념은 대수적 사고를 기르는 것이다(NCTM, 2000). 대수적 사고(algebra thinking)란 대상과의 관계를 파악하고 대상 간 연결된 관계를 통해 규칙을 발견하는 것을 의미한다.

대수는 자연환경이나 사회현상이 서로 관련되어 상호작용하며 변화한다는 사실을 기술하거나 관련짓는 중요한 수학적 사고의 기초로서 주변의 모든 사물과 현상의 변화 과정을 예측하며, 규칙성을 가지고 설명할 수 있는 체계적인 원리로, 역동적인 수학적 의사소통방법이라고 할 수 있다(오인희, 2013).

대수적 사고는 단순한 계산을 넘어 현상의 원인을 규명하고 관련 변인을 예측하는 능력을 기르는 데 매우 중요하므로, 패턴과 같은 규칙성을 이해하는 활동은 유아에게 논리적으로 예측하기 능력은 물론 수를 포함한 대수적 사고 발달에 도움이 된다.

1) 규칙성 이해의 중요성

우리 주변의 일상과 환경은 여러 가지 규칙을 포함하고 있다. 무지개나 신호등은 일정한 색깔이 순서대로 반복적으로 나타나며, 벽지나 타일의 문양, 옷의 무늬 등 디자인 분야에서 일정한 패턴을 사용하는 것은 물론 날씨나, 패션, 경제동향 등 다양한 분야에 규칙적인 패턴이 적용된다.

패턴(pattern)이란 반복적 규칙성을 의미하는 것으로, 어떤 특징이나 현상이 특정한 구조 내에서 규칙성을 가지고 반복적으로 나타나는 것을 말한다. 패턴은 우리의 일상생활과 매우 밀접한 관련을 가지고 있다. 패턴의 반복을 통해 이후에 나타날 모양이나 특성을 예측할 수 있으므로 일정한 변화를 관측한 후 패턴을 이해하고 이후의 변화나 흐름에 대해 예측함으로써 미래 변화에 대비할 수 있다. 이는 현재 지식기반사회에서 의미 있는 빅 데이터(big data) 활용의 중요한 기반이 되고 있으며, 기후변화나 패션의 유행, 소비자의 구매 동향을 파악하고 이에 대비하는 중요한 역할을 하고 있다.

패턴화 개념과 구조적 관계에 대한 직관적 인식은 과거보다 훨씬 수학적 학습에 매우 중요하게 고려되고 있다. 따라서 패턴은 초기 수학학습에 매우 중요한 기술로 인식되고 있으며, 특히 공간인식과 순서, 비교와 분류 등에 필수적이다(Papic, Mulligan, & Mitchelmore, 2011).

패턴은 여러 사물의 관계를 파악하고 관련된 특성을 발견하고 이를 일반화시키고 예측하는 능력을 학습하는 데 도움을 주며, 문제해결력과 추상적 사고 등 현대사회에서 요구되는 논리 수학적 사고를 기르는 데 필수적인 활동이다(이경우 외, 1997). 그러므로 유아 주변의 환경이나 여러 가지 사물들을 관찰함으로써 규칙성을 인식하고 다양한 패턴을 만들어 보는 것은 유아의 대수적 사고 발달에 중요하다.

2) 놀이 속 패턴

유아들이 놀이를 할 때 패턴을 사용하는 것을 자주 볼 수 있다. 유아들은 블록으로 자신의 구성물을 만들 때 같은 모양이나 대칭을 반복되게 사용하여 여러 가지 패턴을 나타낸다. 유아들은 성을 만들 때 삼각형 블록을 대칭적으로 사용하여 성의 첨탑을 표현하거나 혹은 레고 블록의 경우 색깔을 일정하게 반복적으로 사용하기도 한다.

유아들이 패턴을 발견하고 구성해 가는 과정은 미술활동에서도 나타난다. 유아들이 부채를 색칠할 때 무지개 색깔 순서대로 칠하거나 패턴을 이용하여 목걸이를 만들어 보는 등 패턴을 적용해 볼 수 있다. 그러므로 미술활동을 할 때 패턴개념을 유아들의 놀이에 활용하여 목걸이나 가방을 만들 때 색깔이나 모양을 규칙적으로 반복시키거나 디자인을 구성하고 확장하게 함으로써 패턴을 경험하게 하는 것이 좋다.

또한 게임을 할 때도 패턴을 활용하는 경우가 있는데 쌀-보리 게임의 경우 '쌀'이라고 말하면 주먹을 열고 '보리'라고 말할 때 주먹을 닫아서 상대방의 손을 잡으면 술래가 바뀐다. 이때 게임 속에 열기-닫기 패턴, 주먹을 쥐고 펴기 패턴과 1:1 대응 개념이 들어 있으며, 운동-청각 패턴 형태가 함께 포함되어 있다.

이와 같이 유아들은 블록놀이나 미술활동, 게임 등 여러 가지 흥미영역 놀이를 통해 패턴 개념을 배우고 적용하는 것을 알 수 있다. 연구결과에 의하면 미국의 유아들은 자유놀이를 하는 동안 대부분 여러 가지 수학적 활동에 참여하며, 이 중 패턴과 모양활동을 가장 많이 하는 것으로 나타났다(Seo & Ginsburg, 2004). 반면, 한국의 유아들은 자유놀이 동안 수와 연산(46.2%), 공간과 기하(26.1%), 측정(18.5%)이 가장 많이 나타났고, 패턴활동과 관련된 규칙성 이해 활동은 거의 나타나지 않아(0.7%) 규칙성 이해 활동이 교실에서 자주 제공될 필요가 있음을 시사한다(양송이, 2019). 따라서 교사가 논리적 사고를 위한 규칙성 이해 능력을 기르기 위해 의도적으로 유아의 놀이에 패턴 개념을 적용하여 유아들이 규칙성을 이해하도록 돕는 것이 중요하다.

3) 패턴 개념의 발달

대수적 사고는 패턴의 구조적 인식을 통해 발달된다. 패턴의 구조를 인식하는 것은 단위(unit)의 반복에 대한 인식과 복합적 단위의 발달에 중요하다(Papic, Mulligan, & Mitchelmore, 2011). 패턴은 여러 가지 상황에서 발생하게 되는데 단일 물체 안에서 어떤 요소가 지속적으로 반복될 때나 순서화된 사물 세트 내에서 각 요소와 다음 요소 간 지속적인 관계가 있을 때 발견된다.

Papic(2007)은 유아의 초기 패턴의 경험이 한 가지 변인만을 반복하는 단순패턴이 주로 수행되므로 이후 아동들이 패턴이나 그 관계를 인식하고 일반화하는 데 어려움을 겪는다고 한다. 그러므로 패턴을 반복적으로 따라 하게 하기보다 패턴의 구조를 이해하고 스스로 패턴을 찾게 하거나, 패턴양상을 바꾸어 보게 하는 것을 권장하며, 이러한 패턴을 발견해 가는 과정은 곱셈적 추론(multiplicative reasoning) 발달에 중요한 역할을 한다고 한다.

Papic과 Mulligan(2007)의 패턴활동 연구결과 유아들은 패턴의 단위(a unit of pattern)를 추리할 수 있으며 반복되는 수를 인식하는 것으로 나타났다. 즉, 빨강-파랑-초록의 순서로 패턴이 반복될 때 세 가지 색깔이 패턴에 포함된 요소임을 인식하고, 유아는 반복되는 패턴의 순서를 기억하고 매 세 번째 패턴카드를 세어야 한다. 이러한 패턴활동을 통해 유아는 패턴의 반복뿐만 아니라 복합적 사고 능력을 기르게 된다. 복합적 반복을 통해 패턴을 기르칠 때 교사들은 단위의 결합을 발달시키는 곱셈적 사고보다 주로 덧셈적 사고나 패턴의 확장이나 기능적 관계에 초점을 둔다.

초기의 패턴인식은 모양이나 순서가 먼저 발생하나 이후 수 세기와 산술의 구조, 십진법과 여러 가지 개념, 면적 단위, 확률 추리, 자료 탐색의 발달에 기여한다(Papic et al., 2011).

패턴 개념의 연령별 발달단계는 다음과 같다(Balfanz, Ginsburg, & Greenes, 2003; 최현정, 2011).

① 1단계: 구체물을 통한 시각적 패턴인식능력이 발달되기 시작한다. (만 2~3세)

② 2단계: 규칙성에 관심을 보이고 활용할 수 있다. (만 3세)

③ 3단계: 단순한 기본 패턴을 인식하고 모방할 수 있다. (만 4세)

④ 4단계: 패턴을 인식하고 언어로 설명하기, 패턴을 모방하고 그 다음을 예측하여 이어가기, 구체물을 사용하여 규칙성 표상하기, 규칙성을 다른 형식으로 전이하기, 규칙성 창조하기가 가능하다.

위와 같은 패턴 발달단계를 통해 유아는 스스로 수 패턴을 만들 수 있는 단계에 이르게 된다(Seefeldt & Galper, 2004; Warren & Cooper, 2008).

4) 규칙성의 유형

유아가 규칙성을 이해하도록 하기 위해 교사는 여러 가지 다양한 패턴을 제공하는 것이 좋다. 유아들에게 제공할 수 있는 패턴의 유형은 신체를 이용한 운동적 패턴과 소리를 이용한 청각적 패턴, 주변의 사물이나 그림 자료를 이용한 시각적 패턴과 수를 사용한 상징적 패턴 등이 있다.

(1) 운동적 패턴

유아의 모든 감각운동 활동은 수학적 개념을 제공하고 경험하게 한다. 유아들은 뛰고 달리고 걷고 노래하는 걸 좋아한다. 감각 운동과 상징적 과정이 혼합되면 패턴의 수학적 개념이 나타난다. 유아들은 자신들이 뛸 때 '점프!-다운!'을 반복하며 운동-언어 패턴을 만든다.

(2) 청각적 패턴

음악은 음률이나 리듬을 통해 청각적 패턴의 형성을 도와주게 되는데, 기본적으로 강-약-강-약이나 강-약-약과 같은 소리크기의 반복은 유아에게 청각적 패턴을 인식하는 데 도움을 준다. 그러므로 음악 감상을 통해 박자나 리듬의 패턴을 인식하고 트라이앵글이나 탬버린과 같은 악기를 이용하여 소리패턴을 만들어 보게 하는 것이 좋다.

또한 유아의 신체를 이용하여 소리 패턴을 만들어 보게 할 수 있는데 손뼉을 치거나 발 구르기를 이용하여 규칙적인 패턴을 만들어 보게 할 수 있다. 음악에 맞추어 손뼉 치고 발 구르기를 반복적으로 표현하는 동안 유아는 여러 가지 청각적 패턴을 경험하고 이를 소리로 만들어 낼 수 있다.

(3) 시각적 패턴

유아는 여러 가지 모양이나 사물, 그림들에서 패턴을 발견할 수 있다. 패턴활동의 첫 단계는 유아들이 패턴의 규칙을 관찰하는 것이다. 유아가 사물을 관찰하게 함으로써 모양이나 색깔, 크기 등이 어떤 규칙성을 가지고 있는지 그 규칙성을 발견하게 하는 것이 중요하다.

유아들은 여러 가지 자료를 관찰하고 그 특성을 탐색한 후 반복적으로 나타나는 규칙을 발견함으로써 패턴을 이해하게 된다. 또한 여러 가지 사물을 이용하여 규칙성을 만들어 보고 변형시켜 보게 하는 것이 좋다. 이를 위해 패턴 블록이나 주변의 여러 가지 사물을 사용하여 유아가 시각적 패턴을 만들어 보게 하는 것이 좋다.

시각적 패턴의 유형은 직선 패턴과 순환적 경계 패턴이 제시될 수 있는데 직선 패턴은 같은 패턴이 순서대로 일직선 형태로 나타나는 것을 말한다(▽▲▼△). 반면, 순환적 경계 패턴은 어디서 시작하고 어디서 끝나는지 경계가 모호하므로 유아들이 패턴의 반복을 통해 몇 번째에서 새로 패턴이 시작되는지 알아야 한다.

(4) 상징적 패턴

유아의 규칙성 이해를 돕기 위해 기호나 글자, 숫자를 이용한 상징적 패턴을 이해하고 상징을 사용하여 규칙성을 만들어 보게 할 수 있다.

유아들이 상징적 기호를 사용하여 패턴을 사용한 후 점차 수량을 포함한 패턴으로 확장시켜 감으로써 점차 수의 규칙성을 적용해 가는 것이 좋다.

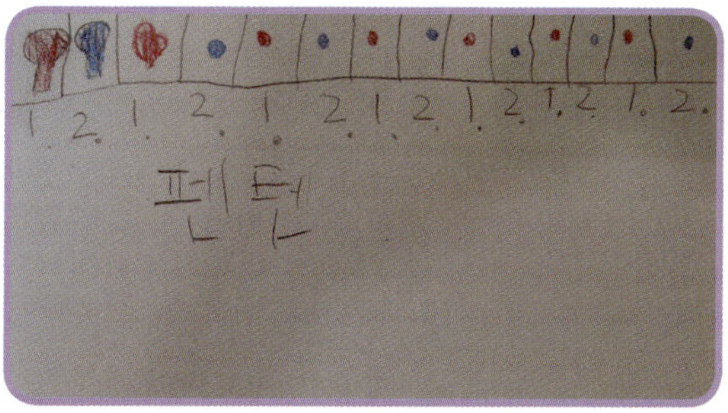

5) 패턴 활동 지도원리

패턴은 유아가 자신의 주변의 사물이나 현상에 나타나는 규칙성을 관찰을 통해 발견함으로써 논리적 사고를 발달시키고 자신의 일상생활 속에서 예측성을 기르는 데 도움이 되는 매우 중요한 수학활동이다.

패턴은 규칙적이고 예측 가능한 방식으로 계속 반복되어 나타나므로 교사는 유아들이 반복적으로 나타나는 규칙을 발견하게 하고, 예측을 통해 반복적인 패턴을 만들게 하는 것이 좋으며, 점차 새로운 패턴을 고안해 보게 하는 것이 좋다.

패턴활동 전개 과정은 패턴 인식 및 묘사하기, 패턴 따라 하기, 패턴 이어 가기, 패턴 끼워 넣기, 패턴 전이하기, 패턴 만들기 등이 포함된다(Balfanz, Ginsburg, & Greenes, 2003).

패턴활동 지도원리는 다음과 같다.

① 유아들이 다양한 패턴을 인식하고 규명하며, 다양한 자료를 사용하여 규칙성을 전이할 수 있도록 한다.

② 유아가 패턴에 흥미를 가질 수 있도록 시각적, 청각적, 운동적 패턴 등 다양한 유형의 패턴을 복합적으로 사용하는 것이 좋다.

③ 유아가 다양한 패턴의 유형을 경험하는 것이 중요하며, 점차 수 개념이 포함된 패턴을 제시함으로써 수가 나타내는 규칙성을 이해하도록 돕는 것이 중요하다.

④ 다양한 방향에서 패턴을 확장시켜 보게 함으로써 복잡한 패턴으로 확장되게 하는 것이 좋다.

⑤ 유아의 규칙성 이해를 나타내기 위해 언어적 표상 외에 영상적, 상징적 표상을 사용하도록 격려하는 것이 좋다. 이를 위해 유아가 만든 패턴의 규칙성을 말해 보게 하거나, 그림이나 기호로 나타내 보게 하는 것이 좋다.

6) 패턴 활동 지도방법

(1) 패턴을 인식하고 묘사한다

- 유아들이 관찰을 통해 규칙성을 발견하고 말로 설명해 보게 한다.
  - 이것은 어떤 순서로 되어 있니?

(2) 패턴을 똑같이 따라 하게 하고 다양한 형태로 전이한다

- 여러 가지 사물로 패턴을 따라 한다.
  - 블록으로 여기 있는 것과 같은 순서로 놓아 보자.

(3) 패턴을 이어 보고 규칙성을 예측한다

- 패턴을 이어서 반복해 보게 한다.
  - 다음에 어떤 모양이 와야 할까?

- 패턴에서 빠진 것을 찾아보게 하여 규칙성을 예측하게 한다.
  - 패턴에서 빠진 것을 찾아 놓아 보자.

(4) 기본 규칙성을 변형시킨다

유아가 기본 규칙을 변형하여 보다 복잡한 규칙을 적용하여 패턴을 변형시키게 한다.

유아의 수준에 따라 단순 패턴(ABAB)에서 점차 복잡한 패턴(ABC 혹은 ▽▲▼△)으로 확장시켜 간다.

(5) 유아가 스스로 규칙성을 적용하여 패턴을 만들어 본다

유아들이 여러 가지 자료를 사용하여 스스로 규칙을 만들어 패턴을 구성해 보게 한다. 유아들이 패턴을 구성한 후에는 교사가 질문을 통해 유아가 자신이 발견한 패턴을 언어로 표현해 보게 한다.

- 어떤 순서로 만들었니?

(6) 패턴의 규칙성에 수 개념을 포함시켜 구성해 본다

패턴의 규칙성에 수 개념을 적용하여 제시한다. 예를 들면, 유아들이 신체 표현활동에서 점프-다운, 점프-다운 운동 패턴(ab-ab)에서 점프를 두 번하게 함으로써 수 개념이 포함된 운동적 패턴(aab-aab)으로 변형시킬 수 있다. 유아들과 몇 번을 뛸지 물어보아 수 개념을 규칙성에 포함시킬 수 있으며, 숫자 패턴을 만들어 볼 수 있다.

(7) 유아들이 자신들이 발견한 규칙성을 다양한 표상 양식으로 표현해 본다

유아들이 발견한 규칙성을 다양한 표상 양식으로 표현해 보게 함으로써 수학적 과정 기술을 발달시킨다. 유아 자신이 발견한 규칙성을 그림으로 그려 보게 하고 어떤 순서로 그렸는지 말로 표현해 보는 언어적 표상을 하게 한다.

미술활동을 할 때 패턴을 이용하여 유아들이 종이나 셔츠에 무늬나 모양, 숫자로 장식하게 할 수도 있다.

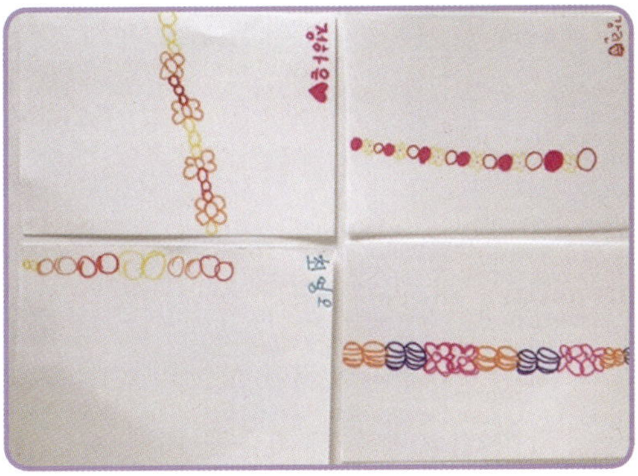

5. 자료 제시와 분석

현대사회와 같이 다양한 정보와 지식이 넘쳐나는 시대에는 인간이 자신에게 필요한 적절한 정보를 체계적으로 조사하고 그 패턴을 해석하고 이를 논리적으로 조직하는 능력이 요구된다. 미국수학교사협회(NCTM, 2000)에 의하면 정보화 사회에서는 자료에 기초하여 예측하고 추론하는 비판적·확률적 사고가 요구되므로 통계와 확률의 중요성이 강조된다.

수집된 자료는 그래프를 통해 조직하여 통계자료를 만듦으로써 보다 정확한 산술에 기초한 분석을 할 수 있으며, 이를 기초로 새로운 현상이나 상황에 대해 예측하거나 대처할 수 있다. 예를 들면, 주식의 동향은 꺾은 곡선으로 나타내며, 현재의 경제 동향을 알려주는 것은 물론 앞으로의 경제 방향을 예측할 수 있으며, 기상청은 날씨의 패턴을 분석하여 비가 올 확률을 제공한다.

따라서 자료제시와 분석은 유아에게 자료의 분류 능력을 기르고, 그래프를 통해 자료를 조직적으로 제시하여 자료의 경향성에 대한 분석 능력을 기르게 한다.

Crucio와 Flokson(1996)에 의하면 3~5세 유아들은 수집한 자료를 탐색하고 자신의 방식으로 정보를 조직하는 과정에서 사물의 관계를 관찰 및 비교하고 수 세기를 해 봄으로써 수학적 기술과 문제해결 능력이 향상된다고 한다(임미성, 2017 재인용).

유아들은 자신들이 알고 싶어 하는 정보나 지식을 조사하기 위해 질문을 제기하고 그에 대한 자료를 조사한 후 이를 그래프로 일목요연하게 주변의 정보를 조직적으로 나타내고 그 경향성을 파악할 수 있다.

1) 자료수집과 제시

통계(statistics)는 자료를 체계적으로 조직하여 상징화함으로써 정보의 흐름을 알려 주고 그에 대한 지식을 습득하는 데 유용한 도구로 활용된다. 통계는 수집된 자료를 분류하고 비교, 분석함으로써 어느 집단이 더 많은지 추리해 볼 수 있으며, 이를 통해 확률적 사고를 기른다. 그 예로 날씨 예보의 경우 장마철이 시작되는 시기를 그동안의 기상관측에 대한 통계를 통해 비가 올 확률을 예측하고 장마에 대한 예보를 함으로써 생활 속에서 그에 대한 대비를 하게 한다.

이와 같이 통계와 확률 활동은 일상생활 속 수학을 연결하는 의미 있는 학습을 제공하며, 이 과정을 통해 문제해결력은 물론 측정, 분수, 비율 등 여러 가지 수학적 내용을 통합적으로 배울 수 있다(NCTM, 2000).

따라서 유아의 통계적 사고를 위해 비형식적 수학을 토대로 유아들이 관심 있는 문제를 알아보기 위해 자료를 수집하여 이를 분류하고, 표나 그래프로 수량화하는 과정이 중요하며, 이를 통해 유아는 여러 가지 수학적 과정 기술을 습득하고, 수와 연산, 측정, 기하 등 다양한 수학적 개념을 통합적으로 배우게 된다.

유아를 위한 자료 제시와 분석의 내용은 학습자가 자료를 수집하고 일정한 준거에 따라 분류하기, 수집한 자료의 결과를 그래프로 제시하기, 자료에 근거한 확률의 기초개념 이해하기가 포함된다(박경연, 2001; 임미성, 2017).

자료제시와 분석과정은 자료수집과 분류, 자료를 그래프로 표상하기, 자료 분석으로 이루어진다.

(1) 자료수집

자료 수집은 유아들이 관심이 있거나 흥미로운 주제를 선정하여 유아가 여러 가지 현상이나 특성의 경향성을 인식하게 하는 것이 중요하다.

① 자료 수집을 위한 질문의 제기

통계를 위한 주제는 유아의 흥미나 일상생활과 관련된 것이 좋으며, 유아들과 토의를 통해 유아들이 알아보고 싶은 것, 궁금한 주제를 선정하여 조사활동이나 실험 등을 통해 자료를 수집하는 것이 좋다.

교사는 자료 수집을 위해 유아들이 관심 있어 하는 주변현상이나 주제와 연관 지어 질문(어떤 나무가 가장 키가 클까?, 우리 반 아이들은 어떤 신발을 많이 신을까?)을 제기할 수 있으며, 유아들이 자료 수집을 통해 그 경향성을 알아보도록 활동을 전개해 가는 것이 적절하다.

- 통계활동으로 적절한 주제
  - 유아들이 좋아하는 색깔이나 모양, 과일, 만화영화 등 유아의 선호도 알아보기
  - 유아 주변 환경의 특성에 대해 조사하는 사회적 조사와 투표하기

② 자료 수집 방법

통계활동은 유아가 관심 있어 하는 주제를 선정한 후 적절한 자료수집 방법을 정하는 것이 중요하다. 자료수집 방법으로는 조사활동, 실험 등이 적용될 수 있다. 유아들의 자료 수집을 위한 방법은 다음과 같다.

가. 조사활동

조사활동은 유아가 흥미 있어 하는 주제를 정하고 유아들이 주제를 깊이 있게 탐색하도록 능동적으로 조사를 하게 하는 방법이다. 유아는 자료 수집을 위해 사물을 모으거나 자신이 조사한 내용을 그래프로 나타내 보는 과정에서 여러 가지 수학적 개념을 습득할 수 있다. 예를 들면, 주변의 패턴을 발견해 보도록 주제를 정하여 소집단으로 조사활동을 수행하고 그 결과를 표나 그래프 등을 통해 시각화한다.

조사활동은 프로젝트 접근법의 과정으로 유아들의 흥미나 관심에 따라 특

정 주제를 탐색하는 동안 수학적 지식과 기술이 발달할 수 있다. 조사활동은 주 1~2회 정도 수행하고 유아들이 소집단으로 능동적으로 수행하도록 한다.

조사활동의 유형은 다음과 같다.

ㄱ. 선호도 조사

유아들이 좋아하는 것에 대해 조사하는 방법으로, 좋아하는 색깔, 과일, 만화 영화, 음식, 장난감 등을 알아볼 수 있다.

선호도 조사

ㄴ. 사회조사

사회조사는 유아들이 관심 있어 하는 주제들을 제기하여 유아들이 직접 조사 활동을 전개한다. 예를 들면, 유아들의 관심사에 따라 주차장에 있는 자동차는 어떤 색이 가장 많을지, 이번 달에 비 오는 날은 몇 번이었는지 등을 정하여 조사활동을 수행한다. 사회조사의 대표적인 예는 투표 활동으로, 애완동물 이름이나 팀 이름 짓기 등에 활용할 수 있으며, 특정 이슈에 대해 유아들의 공통된 의견을 수집할 때 사용할 수 있다.

ㄷ. 측정

유아들은 여러 가지 사물의 특성(길이, 면적, 부피 등)을 측정하기 위해 자료를 수집할 수 있다. 주변 사물의 길이나 무게, 부피 등을 재어 보기 위해 여러 가지 방법을 사용하여 측정하고 그 결과를 비교할 수 있다. 예를 들면, 교사는 "우리 동네에서 가장 높은 빌딩은 길이가 얼마나 될까?" 등의 주제를 제시하고 가장 높은 건물의 길이를 알아보기 위해 무엇으로 잴 수 있는지 등을 토의하고 이를 소집단별로 수행하고 그 결과를 비교할 수 있다.

교사는 유아들이 측정을 수행하는 과정에서 어떤 건물이 가장 클지, 얼마나 길지 등을 예측하고 건물의 길이를 재기 위한 방법을 고안하도록 장려한다. 유아들은 여러 가지 측정도구로 측정을 한 후 그 결과를 비교하는 과정에서 수 세기, 비교하기, 최상급 등의 수학적 개념을 습득할 수 있다.

나. 실험

유아가 궁금해하는 주제를 실험을 통해서 알아볼 수 있으며, 활동 후에 그래프를 통해 결과를 비교할 수 있다. 예를 들면, 물에 뜨는 것과 가라앉는 사물을 관찰한 후 물체의 성질에 따라 분류할 수 있으며, 어떤 그릇이 모래가 가장 많이 들어갈지, 진자는 1분간 몇 번 움직이는지 등을 알아보기 위해 소집단으로 조사 활동을 수행하고 그 결과를 그래프 등을 통해 비교할 수 있다.

(2) 자료 분류

수집된 자료들의 경향성을 알기 위해서는 공통된 요소에 따라 자료를 분류하는 과정이 요구된다. 분류는 유아가 물체의 속성을 기준에 따라 물체의 같은 점과 다른 점을 구별하여 이를 공통된 속성끼리 모으는 매우 논리적 활동으로, 산책길에 모아온 나뭇잎을 같은 모양끼리 분류하거나 색깔에 따라 분류하는 등 여러 가지 준거를 찾아 분류해 보게 할 수 있다.

유아의 분류능력을 살펴보면 영아기부터 분류능력이 이미 형성되어 있으며, 유아기의 다양한 활동을 통해 논리적 분류능력으로 발달한다(진명희, 2017).

분류의 유형은 한 가지 기준에 따라 분류하는 단순 분류(빨간 것과 파란 것)와 두 가지 이상의 속성에 따라 분류하는 이중 분류(빨간 세모와 노란 네모)가 있다. 또한 분류활동은 전체와 부분의 개념을 포함하고 있어, 학급 전체 유아 중 빨간 옷을 입은 여아와 파란 옷을 입은 남아가 부분 집합을 구성하고 있다.

수집된 자료는 공통된 특성에 따라 2~4개 집단으로 분류되어 그래프로 조직화하여 집단의 경향성을 이해할 수 있다.

(3) 자료의 표상: 그래프

유아가 주제와 관련된 자료를 수집한 후 그 결과를 조직적으로 표상하기 위해 그래프를 사용한다. 그래프는 통계의 결과를 알기 쉽게 그림으로 표상하는 것으로, 아이디어나 개념을 시각화하여 자료 분석을 효과적으로 도우며, 사회적 경향이나 현상을 논리적으로 이해하도록 돕는다. 우리나라의 경우 초등학교 2학년부터 막대 그래프, 선 그래프, 면적 그래프, 그림 그래프 등이 주로 사용되며, 유아를 위한 그래프 유형은 실물 그래프, 그림 그래프, 상징 그래프 등이 주로 사용된다. 그래프의 유형은 다음과 같다.

① 실물 그래프

실물 그래프는 신발이나 과일과 같이 직접 해당 사물을 실제로 비교해 보는 활동으로, 유아들이 신발을 벗어 운동화와 구두를 신은 유아를 비교하거나, 좋아하는 과일을 직접 가져와 놓아 보게 할 수 있다. 이 외에도 빨간색 옷을 입은 아이와 그렇지 않은 아이 혹은 치마를 입은 아이와 바지를 입은 아이 등 유아의 흥미에 따라 여러 가지 주제로 전개할 수 있다.

실물 그래프는 운동장에 줄을 서서 집단을 비교하거나, 교실 바닥에 전지나 차트 등을 깔고 그래프 활동을 수행할 수 있다. 실물 그래프는 유아들이 직접 참여하여 비교가 가능하므로 유아의 흥미를 통해 수학적 개념을 형성할 수 있다.

② 그림 그래프

그림 그래프는 유아들이 좋아하는 과일의 그림이나 좋아하는 색깔의 선호도 등을 조사하기 위해 그림카드나 사진자료와 같은 영상자료를 그래프 표시에 활용하는 방법이다. 이외에도 블록이나 클립 등을 사용하여 표시할 수 있으며, 유아들의 얼굴사진을 놓아 표시할 경우 유아의 개별적 성향을 파악할 수 있다.

③ 상징 그래프

상징 그래프는 유아가 자신의 선호도를 표시하기 위해 O, X와 같은 기호나 숫자, 자신의 이름을 써서 나타내는 방법이다. 이름표를 사용할 경우 개인의 선호도를 파악할 수 있다.

그래프의 유형은 주제에 따라 적절하게 선정하되, 구체적인 것에서 추상적인 것으로 나아가도록 계획하는 것이 좋으므로, 실물을 사용하여 직접 비교해 보고 점차 영상단계와 상징단계로 전개해 가는 것이 좋다. 또한 그래프의 비교집단은 두 집단에서 시작하여 점차 세 집단, 네 집단으로 늘려 가는 것이 좋다. 네 집단 이상을 비교할 경우 유아들이 여러 가지 경우의 수를 생각하기에 어려우므로 집단의 수를 제한하여 제공하는 것이 좋다. 예를 들어, 생일 달 비교는 열두 집단이기 때문에 3개월씩 나누어 비교하는 것이 좋다.

(4) 자료의 분석

그래프는 주제에 따라 수집한 자료를 분류하여 집단 간 위계적 관계를 조직적으로 나타내는 것으로, 조사결과의 경향성을 정량적으로 나타내어 통계자료를 보다 이해하기 쉽게 객관화한 것이다, 그러므로 유아들이 수집한 자료의 결과를 보며 수학적 의사소통을 통해 그래프를 분석하고 자료수집의 결과에 따른 경향성을 파악하는 것이 중요하다.

자료 분석을 위해 먼저 집단별로 수량을 세어 기록하고 어떤 집단이 더 많은지, 가장 많은 집단은 어떤 것인지 등을 토의과정을 통해 비교한다. 유아는 그래프를 해석하는 과정에서 수 세기는 물론 집단 간 서열화와 비교를 통해 연산개념은 물론 비교, 최상급과 관련된 수학적 용어를 익히게 된다. 이와 같이 그래프 활동은 여러 가지 수학적 내용과 절차적 지식이 통합적으로 제공되는 중요한 수학 경험이라 할 수 있다.

2) 확률

자료를 수집하고 분류하고 이를 그래프로 만들어 보는 통계활동은 유아수학교육내용으로 현장에서 자주 다루어지고 있으며, 최근 유아기의 확률적 이해도 함께 수행되도록 강조되고 있다. 확률은 수나 비율, 기하 등의 개념과 관련이 있으며, 의학이나 사회과학 분야 등에서 폭넓게 사용되고 있다.

확률(probability)이란 특정한 사건이 일어날 가능성의 정도를 나타내는 것으로 불확실성을 가진 사건에서 사건이 일어날 확실한 정도를 나타내는 것을 말한다. 주사위나 동전과 같은 무작위에 기초한 실험이 유아의 직관을 세우고 확률적 문제를 구체화하는 데 매우 중요하다(Batanero, Godino, & Roa, 2004).

확률적 추론은 논리적이거나 인과 관계적 추론과 다르며 확률에서의 반직관적인 결과는 매우 초기 단계에서 발견된다. 이러한 확률의 발달적 특성인 반직관적 결과는 높은 추론을 통해서만 얻게 되는 다른 수학적 영역과 대조된다(Borovcnik & Peard, 1996). 그러므로 인간은 실제 현상을 해석하기 위한 과학적 지식뿐만 아니라 전형적인 잘못된 신념이나 과거에서 전해지는 예견적 예측에 기초한 미래사건도 다룰 수 있어야 한다(Batanero, Henry, Parzysz, 2005).

(1) 확률적 사고의 발달

확률적 사고(probablistic thinking)란 수집된 자료를 분석하여 이를 기초로 가능성을 추론하여 올바른 의사결정을 내릴 수 있는 귀납적 사고를 의미한다(이정욱·김인아, 2007; 홍혜경, 2008). 이는 현상을 확률적으로 해석하는 것으로서 불확실한 상황을 예측하고 논리적으로 생각하도록 하며 어떤 결정을 내리기 위해 그 결정의 바탕이 되는 가능한 정보 내에서 각 경우가 일어날 가능성이 얼마나 높은가를 판단할 수 있는 사고를 말한다(김미숙, 2011).

유아기 확률적 판단은 유아의 주관적 관점에서 판단하며 유아가 불확실한 상황에 대해 잠정적 확률에서 출발하여 반복되는 관찰과 경험에 의해 보다 명확한 추정이 가능하여 확률적 추론을 하게 된다. 따라서 유아기의 확률에 대한 사고는 자신의 경험을 통해 어느 정도의 가능성이 있는지를 인지하게 되므로, 교사는 확률적 사고 경험을 제공하기 위해 유아의 현재 경험을 기초로 우연이나 가능성에 대한 예측을 통해 사건의 발생 가능성에 대해 생각할 수 있도록 '더 그럴 것 같은' 혹은 '덜 그럴 것 같은'의 용어를 사용하며 확률적 사고를 발달시키도록 돕는다(최진숙, 2015).

Piaget와 Inhelder(1975)에 의하면 뜻하지 않게 우연하게 일어나는, 결과를 예측하기 어려운 우연성을 이해하는 것은 확률을 이해하는 토대가 된다. 예를 들면, 비가 올 확률이나 로또에 당첨될 확률은 우연성에 의해 결정된다. 전조작기 유아들은 우연적인 사건과 필연적인 사건을 구분할 수 없으므로 확률적 사고가 가능하지 않다고 한다. 전조작기 아동은 왜 사건이 발생하는지 그 원인과 결과에 대한 논리적 관계를 구성하는 능력이 부족하기 때문에 확률적 사고를 하지 못한다고 본다.

반면, 구체적 조작기의 유아는 필연성을 이해하게 되며 수가 한정되고 간단한 계산이 요구되는 경우 수량적으로 확률을 다룰 수 있게 된다고 한다. 아동은 모든 사건의 전체성(totality)을 구성하고 다양한 관계를 고려해야 하는데 이는 가역적인 논리적 조작체계를 획득하는 형식적 조작기에 가능하다고 본다(이경화, 1994).

Piaget와 Inhelder(1975)가 제시한 확률적 사고의 단계는 다음과 같다(홍혜경, 2008).

① 1단계(7세 이하): 필연적 사건과 우연적 사건 간 구별을 할 수가 없으며, 불확실성에 대한 개념이 없다.

② 2단계(7~14세): 필연적 사건과 우연적 사건을 구별할 수 있으나 가능성을 목록화하는 체계적 접근이 어렵다.
③ 3단계(14세 이상): 조합적 분석과 빈도의 한계로서의 확률을 이해하고 비율개념의 이해가 확률에 결정적이다.

Fischbein(1975)은 우연성에 대한 직관은 어린 시기부터 존재하며 일상의 경험을 통해 형성되고 이는 필연성에 대한 직관을 보완하는 기초가 된다고 보고, 어린 유아라도 확률적 사고에 대한 직관을 가지고 있다고 한다. 흰색과 검은색의 공을 뽑게 하거나 가위바위보를 하게 할 경우 반복되는 경험을 통해 3~4세 유아라도 우연한 현상과 가능한 경우의 수를 생각하게 함으로써 점차 통계적 확률에 가까워지게 되며, 이는 유아들이 우연성과 확률에 대한 직관을 지니고 있음을 나타낸다(이정욱, 2008).

따라서 유아들도 초보적인 확률의 직관적 인식을 가지게 되며, 점차 인지가 발달하면서 확률에 대해 이해하게 된다고 한다. 초등학교 이전부터 유아들은 일상생활 경험을 통해 일차적 직관에 의한 확률에 대한 기초적 이해를 갖고 있다("비가 올 것 같아", "큰 수가 나올 것 같아"). 주사위나 돌림판을 사용하는 게임 등을 통해 유아는 직관적 확률에 대한 사고를 하게 되며, 또한 불확실성이나 공정/비공정 등의 확률의 기초개념을 부분적으로 가지고 있다고 한다(Frykholm, 2001).

확률에 대한 유아의 비형식적 지식은 향후 확률적 지식의 기초가 된다. Kennedy와 Tripps(2000)은 일상경험에 기초한 확률적 이해를 역사적 확률이라고 하고 수리적 가능성을 기초로 한 수학적 확률로 구분하기도 한다.

(2) 확률적 사고의 구성요인

확률적 사고의 네 가지 구성요인은 표본공간, 사건의 확률, 확률적 비교, 조건부 확률이다. 확률적 사고의 구성요인은 다음과 같다(임미성, 2017; 홍혜경,

2008).

① 표본공간(sample space): 하나 또는 두 단계의 확률실험에서 발생 가능한 모든 경우를 인식하는 것(직관적 수준).

② 사건의 확률: 두 개 혹은 세 개의 사건 중 사건의 발생 가능성 정도를 인식하는 것 즉, 어떤 사건이 일어날 가능성이 많은지 혹은 적은지 그 정도를 인식하는 것(전환적 수준).

③ 확률 비교: 어떤 상황의 발생 가능성을 비교하거나 또는 두 확률적 상황이 목표한 사건에 공정한 기회를 제공하는지를 인식하는 것(비형식적 양적 수준)

④ 조건부 확률: 사건의 확률이 다른 사건에 의해 변화될 수 있음을 인식하는 것(수리적 수준)

확률적 사고의 요인 중 유아는 사건의 확률과 조건부 확률은 늦게 나타난다고 하나(Jones et al., 1999), 우리나라 만 5세의 경우 1차원 표본 공간과 조합에 대한 사고가 높게 나타났으며 우연성에 대한 사고가 가장 낮게 나타났다(이정욱, 2008).

미국수학교사협회(NCTM, 2000)는 확률학습을 위한 교수원리를 제공하고, 유아의 경우 게임이나 그래프 활동 등을 통해 확률에 대한 지식을 구성할 수 있다고 제시한다. 교사는 일상생활 속 경험을 통해 유아의 확률적 이해를 기르기 위해 자주 일어나는 사건이나 상황의 가능성에 대해 토의하는 기회를 제공하는 것이 좋다. 예를 들면, 주사위게임을 할 때 어떤 수가 많이 나와야 도착점에 빨리 도착하는지 혹은 어떻게 해야 게임에서 이길 수 있는지 등에 관한 여러 가지 발생 가능한 정도를 예측하게 함으로써 확률에 대한 이해를 도울 수 있다.

또한 돌림판을 활용하여 특정 숫자가 나올 확률이 얼마나 되는지 혹은 숫자 5가 나왔을 때 상대방을 이기려면 어떤 숫자가 나와야 하는지 등을 토의함으로써 유아가 확률에 대한 경험을 하도록 지도할 수 있다.

3) 그래프 활동 지도 방법

(1) 자료 수집을 위해 주제를 제시한다

- 유아들과 산책을 하며 여러 가지 나뭇잎을 관찰한다.
  - 가을에는 어떤 나뭇잎이 가장 많을까?
- 유아들이 나뭇잎을 모아오게 한다.

(2) 자료를 분류한다

- 나뭇잎을 같은 모양끼리 분류해 본다.
  - 나뭇잎을 여러 가지 준거(모양, 색깔, 크기 등)로 분류해 본다.
- 유아들이 여러 가지 준거로 나뭇잎을 나누어 보게 한다.

(3) 분류된 나뭇잎을 그래프로 나타내 본다

- 그래프에 같은 모양의 나뭇잎을 모아 놓아 본다.

(4) 그래프를 분석하고 자료의 경향성을 알게 한다

- 집단별로 나뭇잎의 수를 세어 보고 수량을 비교한다.
  - 단풍잎과 은행잎은 어떤 것이 더 많니?
  - 가장 많은 나뭇잎은 어떤 거니?

(5) 유아들이 좋아하는 나뭇잎을 조사한다

- 우리 반 아이들이 가장 좋아하는 나뭇잎은 어떤 것일까?
- 그래프 위에 자신이 좋아하는 나뭇잎을 놓아 보자.

(6) 그래프를 보며 유아의 선호도를 알아본다

- 단풍잎을 좋아하는 친구는 몇 명이니?
- 단풍잎을 좋아하는 친구는 은행잎을 좋아하는 친구보다 몇 명이 더 많니?
- 우리 반 친구들이 가장 좋아하는 나뭇잎은 어떤 거니?

(7) 유아들이 활동 후 수학적 의사소통을 하게 한다

- 오늘 활동에서 무엇을 알게 됐니?

제4장

수학적 과정 기술과 수학적 태도

미국수학교사협회(NCTM, 2000)는 수와 연산, 기하, 측정, 규칙성, 자료 분석을 유아기 중요한 수학내용으로 강조하고, 수학내용이 유아의 발달에 맞게 학습되도록 하기 위해 수학적 과정 기술의 습득을 함께 강조하고 있다. 즉, 수학교육이 효과적으로 이루어지기 위해서는 유아수학교육의 내용을 유아에게 적절한 방식으로 가르치는 것이 중요하며, 이를 위해 문제해결하기나 의사소통하기와 같은 수학적 과정 기술을 통해 수학적 개념 습득을 촉진하도록 한다.

또한 유아의 수학 개념 습득에 도움을 주는 요소로 유아의 수학적 태도가 강조되고 있다. 이는 유아가 수학에 대한 흥미를 가질 때 수학적 학습이 보다 효과적으로 이루어지며, 유아의 긍정적 수학적 태도는 유아의 수학적 능력을 향상시키는 데 영향을 주기 때문이다.

따라서 수학적 과정 기술과 수학적 태도는 수학 개념을 습득하는 데 관여하는 중요한 도구로 유아의 수학적 능력과 관련이 깊다(권유선 · 최혜진, 2011; 김소향, 2004; 김은영 · 정가윤, 2015; 이정화, 2013).

1. 수학적 과정 기술

수학적 과정 기술(mathematical process skills)이란 유아들에게 수학적 개념을 효과적으로 가르치고 학습시키는 방법을 의미하며, 유아가 수학을 경험하는 과정에서 중요한 수학적 개념을 이해하고 수학적 능력을 확장시키는 데 필요한 사고 기술을 말한다(김소향, 2004; NAEYC & NCTM, 2010; NCTM, 2000).

미국수학교사협회(NCTM, 2000)에 의하면 수학 학습을 위해 유아의 연령에 적절한 수학내용을 제시하고 이를 효과적인 수학적 과정기술을 통해 수학적 학습을 제공하도록 제안한다. 이는 유아들이 수학내용을 이해하기 쉽도록 수학적 과정 기술을 효과적으로 사용할 경우 유아들의 수학 학습에 도움이 되기 때문이다.

미국수학교사협회(NCTM, 2000)는 수학적 과정 기술을 문제해결하기, 추론 및 증명하기, 의사소통하기, 연계하기, 표상하기로 구분하여 제시하고 있다.

1) 문제해결하기

수학교육 목적의 하나는 단순한 산술을 넘어 일상생활 속에서 유아의 문제해결능력을 기르는 것이며, 문제해결하기는 수학교육 내용과 과정을 연결하는 매우 중요한 수학방법이다(이경우 외, 1997; NCTM, 2000; Stanic & Kilpatrick, 1989).

문제해결 능력은 유아가 상황에 따라 적절하게 자신이 알고 있는 지식과 기술을 적용하거나 새로운 방식으로 문제를 해결하는 능력을 말하며, 능동적 탐구과정을 통해 추론하고 사고하는 복잡한 과정을 포함하며, 유아의 수학적 사고능력을 향상시키는 데 효과적인 접근 방법이다(김은정·이정욱, 2009). 예를 들면, 삼각형 색종이가 필요할 때 어떻게 해결할지 혹은 게임을 할 때 두 편의 수가 같지 않을 때 어떻게 할지 등에 대해 토의함으로써 유아들의 문제해결력을 기를 수 있다.

문제해결하기는 일상생활이나 학습 상황에서 발생하는 문제해결과정에서 수학적 지식과 개념들이 적용됨으로써 유아들의 수학적 사고를 돕는 중요한 수단이 된다. 유아가 문제를 해결하기 위해 수학을 사용하는 긍정적인 경험은 유아의 호기심과 상상력, 융통성, 창조력, 지속력 등과 같은 성향을 발달시키는 것을 도우며, 이는 미래에 학교의 안과 밖에서의 성공에 기여하게 된다(NAEYC & NCTM, 2010).

미국수학교사협회(NCTM, 2000)의 지침에 의하면, 문제해결은 상황에 대한 결과로만 보는 것이 아니라 수학적 탐구과정을 포함하므로 전체 수학교육 내용에 모두 적용되어 모든 학습과정이 문제해결을 통해 이루어져야 한다고 강조한다.

(1) 문제해결하기 과정 단계

교사는 유아가 수학을 사용하는 과정에서 유아의 문제해결력을 기르기 위해 교육목표와 방법을 계획해야 한다. Polya(2005)가 제시한 문제해결 과정은 문제이해 단계, 계획 수립 단계, 계획실행 단계, 반성 단계로 구성되어 있다.

① 문제이해 단계

유아가 수학 문제를 이해하는 단계로, 유아는 이미 알고 있는 수학적 개념을 새로운 수학 문제와 연결하며, 또래 간 의사소통과 다양한 표상을 통해 문제를 인식한다.

② 계획 수립 단계

유아가 문제해결방법을 또래와 계획하는 단계이다. 유아는 문제해결방법을 모색하기 위해 또래와 생각을 나누고 제시된 여러 해결방법이 적절한지 비교함으로써 적합한 문제해결방법을 선택한다. 또한 문제해결 과정에서 나눈 생각을 다양한 방법으로 표상해 보게 한다.

③ 계획 실행 단계

유아가 계획에 따라 전략을 실행하는 단계이다. 유아는 일상 경험과 수학 내용을 연계하여 문제를 해결하며, 또래에게 자신의 추리를 증명하기 위해 다양한 방법으로 표상한다.

④ 반성 단계

유아들은 문제해결과정을 검토해 보고 또래와 다양한 표상으로 의견을 나누며 다른 해결 방법에 대해 추론하고, 표상한 결과물을 보며 문제해결과정을 평가한다.

(2) 문제해결하기 지도 방법

유아는 문제를 관찰함으로써 스스로 문제를 해결할 수 있는 능력이 있다. 그러므로 교사는 문제 상황을 이용하여 유아의 수학적 문제해결력을 기를 수 있다. 교사는 유아의 일상생활과 놀이 상황을 주의 깊게 관찰하고 유아가 스스로 문제를 해결하게 해야 하며, 유아가 해결을 하지 못할 경우 질문이나 힌트를 통해 유아가 스스로 해결하도록 도와주어야 한다. 이 외에 실물이나 사진자료 혹은 그림책 등을 활용하여 유아가 문제를 이해하고 해결할 수 있게 도와준다.

또한 교사는 유아들이 또래와 함께 문제를 해결하게 함으로써 사회적 상황 속에서 협동적으로 문제를 해결하도록 지도하는 것이 좋다. 이 점은 Vygotsky(1978)의 비계설정 원리에 기초한 것으로 유아가 자신보다 유능한 또래나 성인의 도움을 받아 성취를 더 잘할 수 있다는 점에 근거한 것이다. 유아는 또래나 교사와의 상호작용을 통해 현재 수준보다 더 높은 수준의 문제를 해결할 수 있으며, 이를 위해 적절한 스캐폴딩(scaffolding)이 필요하다.

2) 추론 및 증명하기

추론 및 증명하기는 모든 인지적 행동의 기본으로 학습과정에 기초가 되며, 특히 관계성과 관련된 영역으로 사물과의 관계, 사건들 간의 관계를 이해하고 그 관계의 원인과 관계로부터 비롯되는 예측과 결과를 예견해 보는 능력을 말한다(김선영·최혜진, 2011).

유아는 일상생활 속에서 일어나는 사건이나 상황에 대한 분석을 통해 관계성을 파악하고 관련된 정보와 이전의 경험을 재구성함으로써 새로운 지식을 구성하게 된다. 예를 들면, 여러 가지 다양한 물체들이 물에 뜨고 가라앉는 것을 관찰한 유아들은 수세미가 뜰 것으로 추측하고 실험을 통해 그 결과를 비교함으로써 발생 가능한 행동이나 사건에 대해 예측하는 능력을 기를 수 있으며, 주사위

게임을 할 때 몇 개의 핀을 더 쓰러뜨려야 상대 팀을 이길 수 있는지 등에 대해 추론하는 기회를 가질 수 있다.

이와 같이 추론이란 이미 알고 있는 지식을 기초로 새로운 지식을 형성하는 사고과정으로 학습자가 여러 표상들을 연결하여 개념을 형성하는 과정으로, 추론 능력은 의사소통을 통해 문제를 해결하게 하고 유아의 논리적 사고 능력을 향상시키는 데 기여한다(김선영 · 최혜진, 2011; Mayer, 1992).

추론활동은 형식적 조작기에 이르러 가설-연역적 사고를 통해 가능하다는 Piaget의 연구에 근거하여 추론활동은 그동안 초등학교 3학년에서 제시되었으나, 연구결과, 만 3세부터 인과추론이 가능하고 비율이나 크기의 추론이 3~4세도 가능하다고 제시되어 어린 시기부터 추론을 경험하고 지속적으로 발달하는 것으로 나타났다(이정욱, 2008). 3~4세 유아도 성인과 같은 전형성에 기초하여 귀납적 추론을 할 수 있으며, 연역적 추론의 기초가 되는 범주적 추론을 할 수 있다고 한다(Gelman, 1988; Gelman & Markman, 1986).

그러므로 교사는 유아의 추론 능력을 위해 유아들의 흥미와 인지 능력에 적합한 학습 환경을 제시하고, 유아들이 이미 알고 있는 것에 근거하여 사고할 수 있도록 문제를 제기하여, 수학적 추측을 만들고 조사하는 과정을 통해 수학적 토의를 할 기회를 제공해야 한다(NCTM, 2000).

유아의 추론활동을 위해 교사는 유아들에게 다양한 자료를 제공하고 유아들이 이를 비교하고 분석하는 과정에서 귀납적인 사고를 통해 일정한 규칙성을 발견하고 논리적으로 사고를 할 수 있도록 지도하는 것이 중요하다.

김선영과 최혜진(2011)은 귀납적 추론 학습모형을 적용한 수학적 추론활동이 유아의 문제해결력을 향상시키는 것은 물론 유아의 수학적 태도를 향상시키는 데 영향을 준 것으로 보고하고, 수학적 추론활동의 전개 과정으로서 문제 인식하기, 관찰 및 실험하기, 추측하기, 추측 및 검증하기, 토론하기의 5단계로 제시하였다.

(1) 문제 인식하기

문제인식하기는 유아들이 문제상황을 인식하게 하는 단계로 유아들이 활동 내용을 이해하고 문제에 접근하도록 동기를 유발시키는 단계이다. 예를 들면, 게임을 위해 편을 가를 때 가위바위보를 해서 이긴 팀과 진 팀의 수가 어떻게 달라질지 예측해 본다.

(2) 관찰 및 실험하기

관찰 및 실험하기는 문제와 관련된 여러 가지 자료를 모으고 정리하여 유아가 다양한 방법으로 자료를 관찰하고 조작해 보게 한다. 예를 들면, '우리 집에 왜 왔니' 게임을 할 때 자기편과 상대편 팀의 수를 비교하고, 가위바위보로 인원 수가 달라질 때마다 결과를 그림이나 표로 기록한다.

(3) 추측하기

추측하기는 관찰된 내용을 바탕으로 공통된 규칙을 찾아 추측하는 단계로, 자료에 어떤 규칙이 있는지 찾아보게 하고 공통점과 차이점을 비교하고 이를 설명해 보게 한다. 예를 들면, 게임 결과 기록표를 보며 가위바위보를 한 후 팀의 인원이 어떻게 달라졌는지 한 팀이 계속 이기면 몇 번 만에 게임이 끝날지 등에 대해 추론해 보게 한다.

(4) 추측 확인 및 검증하기

추측 확인 및 검증하기는 다른 상황이나 자료를 사용할 경우에도 추측한 사실과 같은 결과가 나오는지 확인하는 단계로, 다른 자료를 동일하게 적용하여 추측을 검증하는 과정이다. 예를 들면, 게임 인원을 늘려서 게임을 한 후 게임 결과를 기록하고 규칙성을 찾아보게 하고, 인원이 적었을 때와 달라진 점에 대해 토의한다.

(5) 토의하기

토의하기는 문제해결 과정에서 발견한 사실이나 경험을 다른 유아들과 공유하는 단계로, 추론과정을 통해 알게 된 점에 대해 유아들과 토의한다. 예를 들면, 게임 기록판을 보며 게임과정에서 나타난 규칙성에 대해 토의하게 함으로써 여러 가지 추론에 접하게 한다.

다음은 수학적 추론활동의 예시이다(김선영 · 최혜진, 2011).

1. 도입: 문제인식하기
- '우리 집에 왜 왔니' 게임을 해 본 경험을 이야기한다.
- 게임에서 나타나는 수와 관련된 내용에 대해 이야기해 본다.
  - 가위바위보를 해서 이긴 팀과 진 팀의 유아 수는 어떻게 달라질까?
  - 게임을 통해 상대편 유아를 모두 데려오려면 최소한 몇 번의 경기를 해야 할까?

2. 전개: 관찰 및 실험하기
- 6명이 편을 나누어 게임을 한다.
- 가위바위보로 인원수가 달라질 때마다 자기편과 상대편의 사람 수를 비교하며 그림이나 표로 기록한다.

3. 추측하기
- 게임을 하면서 어떤 규칙성이 있었는지 추측해 본다.
  - 가위바위보를 한 후 진 팀과 이긴 팀은 인원수가 어떻게 달라졌니?
  - 한쪽 팀에서 계속 이기면 몇 번이면 게임이 끝날까?
- 게임 결과를 기록한 그림이나 표를 보며 이야기한다.
  - 게임 결과 기록표에서 찾을 수 있는 공통점은 무엇이니?
  - 다른 점은 무엇이니?
  - 한쪽 팀에서 계속 이긴 적이 있니?
  - 너희들이 발견한 공통점을 규칙으로 설명할 수 있겠니?

4. 추측확인 및 검증하기
- 인원수를 달리하여 게임했을 때의 결과를 추측해 본다.
  - 8명이 편을 나누어 게임을 하면 어떻게 될까?
  - 6명 게임할 때와 같은 점은 무엇일까? 다른 점은 무엇일까?
  - 한쪽 팀에서 계속 이기면 몇 번 게임을 할 수 있니?
  - 왜 그렇게 생각하니?
- 8명이 편을 나누어 게임을 하고 결과를 기록하고 6명이 게임한 결과와 비교한다.
  - 두 게임에서 같은 점은 무엇이니?
  - 또 다른 것은 없니?
  - 6명이 게임을 했을 때 추측한 규칙이 8명이 할 때도 똑같았니?

5. 토론하기
- 게임을 통해서 자신이 발견한 공통점이나 규칙에 대해 이야기한다.
- 다른 수 놀이 게임과 비교하여 이야기해 본다.
- 활동 후 결과물(사진이나 게임 기록판)을 보면서 토의한다.

3) 의사소통하기

미국수학교사협회(NCTM, 2000)의 수학교육 지침에 의하면 모든 학습자는 또래나 교사에게 분명하게 수학적 사고를 의사소통할 수 있어야 하며, 수학적 의사소통을 통해 수학적 사고를 조직하고 공고히 할 수 있다고 한다.

수학적 의사소통하기는 수학적 생각이나 아이디어, 신념, 전략, 태도 등을 다른 사람과 교환하며 자신의 사고를 명료화하는 사고 과정 기술을 말한다. 유아는 의사소통을 통해 자신의 수학적 지식과 다른 사람의 수학적 지식을 관련지으며 새로운 수학적 지식을 형성한다(이은영, 2010; 황의명 외, 2010; NCTM, 2000).

Cotes와 Franco(2000)는 수학교육에서 의사소통의 기능을 강조하고, 유아들이 자신들이 이해한 것을 의사소통할 수 있도록 격려하는 것이 중요하다고 강조하였다. 그러므로 유아가 자신의 수학적 생각을 다른 사람에게 전달함으로써,

다른 사람과 수학적 생각을 공유하도록 돕는 것이 중요하다(이은영, 2011; 홍혜경, 2010).

> 남아 1: 이것 봐 내 것 크지.
> 남아2: 내 것이 더 커.
> (아이들은 크기를 비교하기 위해 구성물을 나란히 놓고 비교한다.)
> 여아 1: (다른 여자아이들은 미술영역에서 신문지로 책상을 덮으려고 한다.) 이것은 책상을 다 덮을 만큼 크지 못해.

수학적 의사소통능력을 기르기 위해 교사들은 유아들이 수학적 주제나 문제 상황에 대해 서로 의견을 나누는 기회를 제공해야 하며, 이 과정에서 유아가 자신의 수학적 개념을 명료화시키고 확장시킬 수 있도록 도와주어야 한다. 이를 위해 교사는 모든 수학활동 과정에서 토의 시간을 갖고 유아들이 자신이 발견한 수학적 개념이나 문제 상황에 대해 또래와 공유할 수 있도록 의사소통의 기회를 제공해야 하며, 교사 역시 유아들과 상호작용하면서 유아가 스스로 수학적 사고를 표현하도록 도와주어야 한다.

유아들의 수학적 의사소통을 위해 좋은 접근법의 하나는 그림책의 활용이다. 유아들은 그림책 속의 수학적 상황을 발견하고 이를 다른 유아와 의사소통함으로써 자신과 타인의 생각이나 아이디어를 공유하는 과정에서 수학적 개념을 공고히 하는 기회를 가질 수 있고 자신의 수학 사고를 구체화시킬 수 있다. 예를 들면, 동화『황소와 개구리』에서 황소가 동네에 홍수가 나서 다람쥐 집으로 피난을 갔을 때 황소가 밥을 먹으려면 다람쥐 밥보다 얼마나 많아야 하는지, 어떻게 황소의 많은 밥을 모아 줄지 등의 수학적 상황에 대한 의사소통을 통해 수학적 사고를 나누게 한다.

다음은『앵무새 열 마리』동화를 듣고 유아들이 의사소통과 표상을 연계한 과정이다(권유선 · 최혜진, 2010).

도입: 문제 인식하기

- 그림책 표지를 탐색하며 수학적 상황을 탐색한다.

- 이 그림책에 등장하는 동물은 누구일까요?
  - 앵무새는 모두 몇 마리가 있을 것 같아요? 앵무새 수를 세어 볼까요? 앵무새가 아홉 마리네요.
  - 보이지 않는 앵무새는 몇 마리일까요?
  - 어디에 있을까요?

전개: 『앵무새 열 마리』 동화를 들려준다.

전개: 수학적 의사소통하기

- 동화내용을 회상하며 수학적 토의를 한다.
  - 앵무새가 어디에 숨어 있었나요?
  - 친구들은 앵무새가 보이나요?
  - 친구들에게는 보이는데 교수님은 왜 못 찾았을까요?
  - 교수님을 중심으로 아래(앞, 뒤)는 어디인가요?
  - 친구들을 중심으로 아래(앞, 뒤)는 어디인가요?
  - 교수님과 친구들이 바라보는 방향은 같은가요? 왜 방향이 다를까요?

전개: 수학적 표상하기

- 앵무새의 위치를 글이나 기호, 상징을 이용하여 표현하게 한다.
  - 교수님의 위치에서 보이지 않은 앵무새를 그려 보자.
  - 친구들 위치에서 보이지 않는 앵무새를 그려 보자.

평가: 공유하기

- 자신이 그린 표상을 공유하며 의사소통하게 한다.
  - 친구가 그린 것과 같은 점이 있니 다른 점은 무엇이니?

4) 연계하기

미국수학교사협회(NCTM, 2000)는 수학적 아이디어를 다른 활동과 연계하여 확장시킬 것을 권장하고 있다. 이는 유아의 발달 특성상 분리된 형태의 지식을 이해하기 어려우므로 여러 가지 개념이 서로 연계되어 통합적으로 전개되는 것이 유아의 이해와 지식 습득에 도움이 되기 때문이다(진명희, 2017). 그러므로 유아들을 위한 수학교육 활동을 계획하고 수행할 때 통합적 원리를 적용해야 한다.

수학활동이 연계되기 위해서는 다른 교과와의 연계를 통해 수학교육을 계획하는 것이 바람직하며, 한 가지 수학개념을 가르치기보다 여러 가지 수학개념이 연계되도록 수학교육을 계획하는 것이 좋다.

수학적 연계하기의 내용은 다음과 같다.

(1) 다른 학문과의 연계성을 고려하여 계획한다

미국수학교사협회(NCTM, 2000)에서는 효과적인 수학활동을 위해 한 가지 영역에 집중하기보다 유아들이 통합적 학습경험 안에서 언어나 수학 혹은 다른 교과목의 능력을 증진시키도록 권장하고 있다. 이는 학문 간 통합적 접근을 강조하는 것으로, 수학개념을 가르치기 위해 독립적인 수학활동을 전개하기보다 수학과 다른 교과 간의 연계를 꾀하도록 하는 것이다.

교과영역 간 연계하기는 도형을 이용하여 집을 구성해 보게 하거나, 유아들이 자신이 발견한 수학적 개념을 그림으로 표상하게 함으로써 수학과 미술활동을 통합하는 것을 예로 들 수 있다. 수학과 언어의 통합의 예로는, 『아기 돼지 삼형제』 동화를 듣고 세모와 네모를 이용하여 집을 구성해 볼 수 있다.

(2) 여러 가지 수학적 개념이 연계되도록 계획한다

수학적 개념 연계하기(connecting)란 수학적 개념을 단편적으로 제공하기보다 하나의 활동이 여러 가지 수학활동 개념을 연계하여 제시하는 것을 말한다. 예를 들면 여러 가지 다양한 모양의 공을 제공하여 크기를 비교하여 순서 짓기를 하거나, 실제 측정을 통해 무게를 비교하고 그래프 활동으로 확장하는 등 여러 가지 수학 개념을 연계하여 가르칠 수 있다. 혹은 일정한 크기의 상자에 인형이 몇 마리 들어갈지 예측하게 하여 수 세기 활동은 물론 면적 개념, 연산 등과도 연계하여 활동할 수 있다.

그러므로 수학교육을 계획할 때 여러 가지 수학적 개념을 연계할 경우 다양한 수학적 경험을 통해 유아는 여러 가지 수학적 개념을 기를 수 있다.

(3) 유아가 이미 알고 있는 수학적 개념과 새로운 지식을 연계한다

유아들이 현재 가지고 있는 지식의 수준을 파악하는 것은 교사가 수학적 활동을 계획할 때 매우 중요하다. 예를 들면 '합해서 5' 카드 게임을 하기 위해서는 유아가 수량이 합해서 5가 되는 여러 가지 부분과 전체 개념을 가지고 있어야 하며, 빨간 세모와 노란 네모를 구별할 수 있는 유아에게 복합적 분류활동을 제공할 수 있다. 또한 패턴활동을 할 때 유아가 기본 패턴을 반복하여 연장할 수 있을 때 규칙에서 빠진 것을 찾게 할 수 있다. 따라서 유아가 이미 가지고 있는 사전 지식을 잘 파악하여 발달에 맞는 수학활동을 제공하도록 주의해야 한다.

교사가 유아들의 사전 지식의 수준을 파악하기 위해서는 유아들이 수학활동을 하는 동안 자신의 수준에서 학습경험에 참여하는지를 관찰하는 것이 중요하며(NAEYC & NCTM, 2010), 유아들이 수학적 개념을 이해하는 것과 이해하지 못하는 것을 파악하여 수학활동을 계획해야 한다.

또한 유아가 실생활에서 경험하는 비형식적인 수학지식을 학교에서 배우는 형식적 수학지식과 연계하는 것이 필요하다. 예를 들면, 유아들이 바둑알 여섯 개를 두 개씩 세 집단으로 똑같이 나누어 보고 숫자카드로 표상해 보는 경험은 이후 초등학교에서 2×3=6과 같은 수식을 이해하는 데 도움이 된다.

5) 표상하기

수학적 표상(mathematical representation)은 유아들이 수학적 아이디어를 표현하고 조직하고 기록하기 위해 활용하는 방법을 말한다. 즉, 표상은 유아들이 내적으로 가지고 있는 수학적 개념과 사고를 구조화하는 과정에서 다양한 매체를 사용하여 자신이 이해한 수학적 사고와 지식을 외적으로 표현하는 것을 의미하며, 다른 사람과의 수학적 의사소통의 도구이기도 하다.

미국수학교사협회(NCTM, 2000)에서는 수학적 아이디어를 조직하고 기록하기 위한 수학적 표상 방법으로 자연물, 그림, 문자, 다이어그램, 상징 등을 선택하여 적용하도록 제시하였다. 수학적 표상양식을 유형에 따라 분류하면, ① 구체적 조작물을 사용하는 구체적 조작물 표상, ② 그래픽, 차트, 도표로 나타내는 그림 표상, ③ 스토리텔링이나 문장제 사용과 같은 수학적 사고에 대한 언어적 표상, ④ 숫자나 기호로 나타내는 상징적 표상, ⑤ 실제적 상황을 신체나 동작으로 나타내는 실제 상황적 표상으로 구분된다(문병환, 2013).

Lesh는 유아가 논리 수학적 지식을 형성하도록 돕기 위해 여러 가지 다양한 형태의 경험을 제공하는 것이 중요하다고 강조하고 이를 위해 실제적 상황이나 조작물을 다루는 구체적인 경험부터 그림, 언어, 숫자와 같은 시각적, 상징적 표상을 함께 제공하도록 제시하였다(이경우 외, 1997).

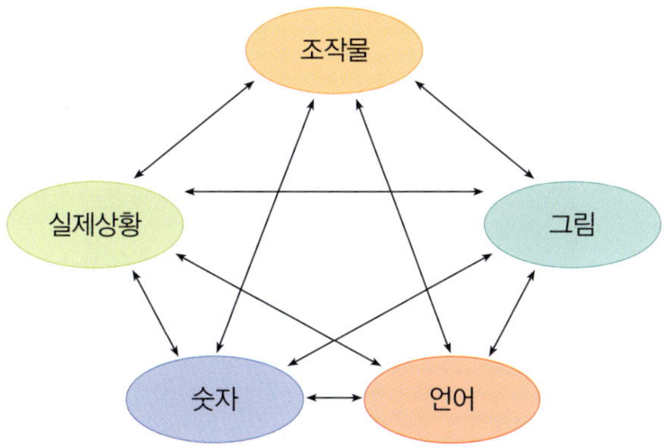

Lesh의 표상 양식

유아를 위한 표상의 유형은 영상적 표상과, 상징적, 표상, 언어적 표상이 있으며, 유아의 발달에 맞는 다양한 표상을 통해 유아의 수학적 개념을 나타내도록 하는 것이 좋다. 유아는 연령에 따라 표상의 사용 유형이 달라지는데, 3세는 영상적 표상, 4세는 영상적 표상과 상징적 표상을 사용하며, 5~6세는 언어적 표상과 상징적 표상을 사용한다고 한다(홍혜경, 2008). 따라서 유아 연령에 적합한 표상활동을 계획하는 것이 필요함을 알 수 있다.

(1) 영상적 표상

영상적 표상은 유아가 자신이 이해한 수학 개념을 그림으로 나타내게 하는 것이다. 유아들은 자신이 이해한 수학적 개념을 언어로 설명하는 것이 어려우므로 수학적 개념을 그림이나 상징 등으로 표상하게 함으로써 자신의 사고를 구체화하고 명료화할 수 있다. 또한 영상적 표상은 그림을 통해 유아의 수학적 개념을 이해할 수 있고 다른 사람과의 의사소통을 도와주므로 유아에게 매우 적합한 수학교육과정 기술이다(권유선 · 최혜진, 2010; 홍혜경, 2010).

영상적 표상은 주로 동화 활동과 연계하여 동화 속에 등장하는 사물의 수나 패턴을 그려 보게 하여 그림 속에 나타난 유아의 수량 개념이나 서열화 개념, 숫자 쓰기 능력들을 측정할 수 있다. 다음 그림은 유아들이 『아기오리 열두 마리는 너무 많아!』동화를 듣고 그림으로 표상한 것이다. 유아들은 오리 열두 마리와 엄마 오리를 포함하여 열세 마리 오리를 그림으로 나타냈다.

(2) 상징적 표상

상징적 표상은 숫자나 기호, 글자를 이용하여 유아의 수학 개념을 표현하는 방법으로, 유아가 숫자를 쓸 수 있는지, 숫자를 통해 서열화를 나타낼 수 있는지 등을 알 수 있다. 다음에서 유아는 동화 『빨간 풍선』을 듣고 이야기를 순서대로 그린 후 풍선이 변화하는 순서를 숫자로 나타내고 있다.

동화 『빨간 풍선』 표상

(3) 언어적 표상

언어적 표상은 유아가 자신이 이해한 수학 개념을 말로 표현하게 하는 방법이다. 예를 들면, 교사는 유아가 패턴의 규칙성을 만들게 한 후 어떤 규칙이 들어 있는지 설명해 보게 함으로써 유아의 언어적 표상을 돕는다. 대부분 수학활동을 한 후 유아들이 자신이 한 활동을 말로 표현해 보게 함으로써 유아의 언어적 표상을 통해 교사는 유아가 수학적 개념을 잘 이해하였는지 평가할 수 있다.

이와 같이 표상하기는 비형식적 혹은 형식적 방법으로 습득한 수학적 지식과 관계를 파악하기 위해 언어적 표상, 조형적 표상, 행동적 표상 등 다양한 방법으로 내적인 사고를 표현하는 과정으로, 수학적 사고를 표현하는 의사소통의 도구 역할을 한다(문병환, 2013; 이은영, 2010; NCTM, 2000).

표상하기는 유아로 하여금 자신의 수학적 사고를 구체화시키고, 자신이 배우고 이해한 바를 반성적으로 사고할 수 있는 기회를 제공하여 수학적 개념에 대한 이해를 확장시켜 주는 역할을 한다(Burns, 1996). 그러므로 표상은 의사소통의 도구일 뿐 아니라 수학적 사고를 위한 강력한 도구로 수학교육에 있어 매우 중요하게 다루어져야 하는 사고 기술이다(홍혜경, 2010; NCTM, 2000).

따라서 교사는 유아들을 지도할 때 유아들이 어떻게 정보를 모으고 기록하는지에 대해 생각하게 하고 그 정보들을 이해하고 사용하는 데 도움이 되도록 표상을 발달시키고 유아가 자신의 작업을 다른 사람과 의사소통할 수 있도록 지도해야 한다(NAEYC & NCTM, 2010).

유아들이 규칙성을 발견하고 그 정보와 자료를 정리하는 효과적인 방법으로 문학적 접근방법이 있다. 그림책을 통한 수학교육은 유아들이 일상생활에서 의미 있는 맥락을 제공하여 자신의 수학적 이해를 영상적, 상징적, 언어적으로 표상하도록 지도할 수 있다. 이는 그림책 속의 수학적 상황을 쉽게 이해할 수 있으며, 유아가 자신이 발견한 규칙성을 수학적으로 표상하고, 의사소통을 통해 다른 사람의 표상을 이해하는 공유과정을 통하여 수학적 표상에 대한 경험의 기회를 넓힐 수 있다(권유선 · 최혜진, 2010; 홍혜경, 2008).

이은영(2011)은 수학적 의사소통과 표상을 강조하기 위해 수학활동 전개과정을 수학적 개념 탐색하기, 수학적 개념 표상하기, 수학적으로 의사소통하기의 3단계로 구분하여 유아들이 수학활동에 참여할 때마다 의사소통과 표상을 경험하게 하였으며, 교사는 유아들이 보다 적극적으로 의사소통하고, 표상할 수 있도록 중재자의 역할을 수행한 결과 유아들의 수학적 개념이 향상된 것으로 보고하였다.

이상에서 유아의 수학적 과정기술을 기르는 목적과 방법에 대해 살펴보았다. 수학적 과정기술을 5개 영역으로 나누어 설명하였으나, 실제로 수학적 과정기술은 수학적 상황 속에서 동시에 혹은 연속적으로 적용됨으로써 유아의 수학적 사고와 수학적 태도를 형성하는 데 작용한다. 즉, 수학적 문제해결을 위해 유아는 논리적 추론을 사용하고, 또래와 의사소통을 통해 문제를 해결하기도 하고, 자신들이 발견한 결과를 그래프나 그림으로 표상하는 등 수학적 과정기술을 복합적 형태로 사용한다.

2. 수학적 태도

유아기 수학교육의 목적은 유아가 자신을 둘러싸고 있는 주변세계에 대한 호기심을 가지고 궁금한 것을 해결하기 위해 탐구하며 문제해결을 통해 수학적으로 생각하는 능력과 태도를 기르는 것이다(교육부, 2019; 이경우 외, 1997).

유아의 수학적 성취를 높이기 위해서는 유아의 긍정적 수학적 태도를 기르는 것이 매우 강조되고 있다. 이는 유아가 수학에 대해 긍정적인 호기심과 흥미를 가질 때 수학교육의 효과를 높일 수 있기 때문이다.

유아들이 수학에 대한 지속적 흥미와 관심을 가지고 긍정적 태도를 유지하기 위해서는 구체적 조작을 중심으로 관계와 개념에 대한 사고를 이끌어야 하고, 유아가 주도적으로 문제해결 과정에 참여하고 수학적 의사소통을 할 수 있도록 해야 한다(Andrews & Trafton, 2002).

1) 수학적 태도 구성 요소

수학적 태도의 구성요소는 연구자마다 다르게 정의되고 있는데, Kennedy와 Tipps(2000)는 동기유발, 적극성, 주의집중, 인내심, 열의, 호기심, 상상력과 융통성과 협동성과 관련된 행동으로 제시하고, McAee & Leong(2002)은 개방성, 호기심, 적극성, 지속성, 상상력, 발명성을 언급하고 있다.

미국수학교사협회(NCTM, 2000)는 유아의 수학적 태도의 구성요소를 수학에 대한 자신감, 다른 문제해결 방법을 찾는 융통성, 수학적 사고에 대한 반성, 수학의 활용에 가치 두기와 수학의 역할에 대해 이해하기 등으로 제시하였다.

최혜진과 조은래, 김선영(2013)의 연구에서 만 4~6세 유아를 대상으로 수학능력, 수학적 태도, 수학학습 잠재력 간 상관관계를 분석한 결과, 객관성과 끈기성과 같은 수학적 태도가 복잡하고 어려운 문제들을 다룰 때 더 영향을 미친 점에서 유아의 수학적 태도의 중요성을 알 수 있다.

2) 수학적 태도 영향요인

유아의 수학적 태도는 여러 가지 환경적 요소의 영향에 따라 형성이 되며, 유아 주변의 성인의 관심이나 수학적 환경은 물론 교사의 수학적 태도 등이 유아의 수학적 태도에 영향을 준다.

(1) 수학에 대한 사회적 관심

수학능력의 성취와 수학적 태도에 영향을 주는 요소는 유아 주변 성인의 수학에 대한 태도이다. 수학교육에 대한 사회적 관심은 각 나라의 국가 경쟁력이나 경제적 성장과도 밀접한 관련이 있으며, 특히 학부모들의 수학에 대한 관심은 학생들의 수학교육 내용이나 학교의 교육방침에까지 영향을 준다. 특히, 미국의 경우, 지역이나 학교마다 수학교육의 수준이 다르며, 학습자의 경제적 수준이나 혹은 언어적 수준에 따라 학생들의 수학능력 수준에 차이가 있다고 한다(NAEYC & NCTM, 2010). 이와 같이 유아 주변의 부모를 비롯한 성인의 수학에 대한 태도는 유아의 수학적 태도에 영향을 준다.

(2) 가정의 수학적 환경

가정의 수학 문해 환경 역시 유아의 수학능력뿐만 아니라 수학적 태도에 영향을 준다. 어려서부터 그림책이나 블록 놀이감을 제공하는 가정의 유아는 비형식적 수학적 지식을 형성하는 것은 물론 수학적 태도에도 영향을 준다. 또한 집안에 형제가 수학을 좋아하면 유아들도 이에 영향을 받게 되며, 부모의 성향에 따라 수학적 태도에 대한 지지를 자연스럽게 받게 된다. 따라서 어려서부터 수학적 환경을 제공하고 수학적 흥미를 지지함으로써 유아의 수학에 대한 긍정적 태도가 형성될 수 있다.

이와 같이 가정에서의 유아의 수학적 경험은 유아의 수학에 대한 긍정적 태도를 형성하는 데 중요하므로 유아가 어려서부터 수학에 접하고 참여할 수 있도록 장려하는 분위기가 중요하다.

(3) 교사의 수학적 태도

수학에 대한 교사의 태도는 유아의 수학적 성취는 물론 수학적 태도에 영향을 미칠 수 있다. 수학에 대한 부정적인 태도를 가지고 있는 교사는 수학을 효과적으로 가르칠 수 없다고 생각하고, 교사의 부정적인 태도는 학습자에게도 전달되어 학습자의 수학에 대한 자신감 부족과 관련이 있다고 한다(Bekdemir, 2010; Bursal & Paznokas, 2006).

따라서 교사의 수학에 대한 긍정적 태도는 유아가 자신감과 흥미를 가지게 함으로써 유아의 수학적 태도에 영향을 줄 수 있으므로 교사의 수학에 대한 태도는 유아의 수학적 성취에 매우 중요하다. 교사가 수학에 대한 긍정적인 태도를 가질 경우, 유아에게 흥미 있고 재미있는 수학활동을 계획하고, 매력적인 교구를 만들거나 문제 상황을 제시하는 등 다양한 방법으로 유아의 수학적 학습과 태도에 영향을 줄 수 있다.

유아의 수학적 태도를 기르기 위해서는 유아가 흥미를 갖도록 계획하는 것이 중요하다. 예를 들면, 매력적인 수학 교구나 아름다운 그림책을 제공함으로써 유아의 흥미를 끌 수 있다. 또한 유아를 위한 수학이 책상 위에서 이루어지기보다 일상생활이나 놀이를 통해 제공함으로써 유아의 수학에 대한 긍정적 태도를 향상시키도록 노력해야 한다.

유아의 수학적 태도를 기르기 위해 유아가 수학에 대한 흥미를 갖게 하는 방법으로 동화를 활용하거나 놀이와 연계하여 제공하거나 음악이나 미술 등과 수학을 통합하여 제시하는 방법 등이 있다.

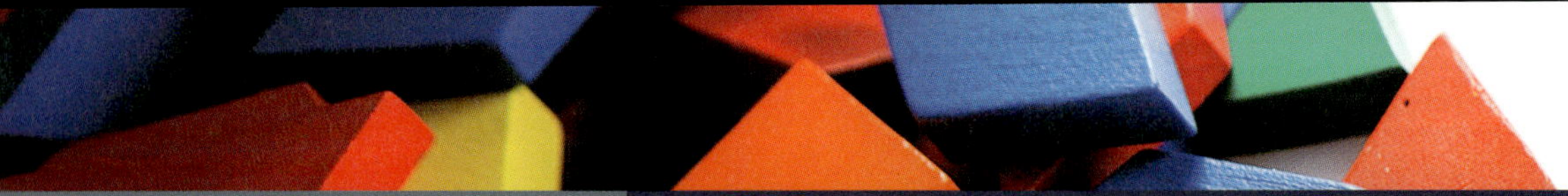

제5장

유아수학교육 접근법

유아수학을 적절하게 가르치기 위해서는 유아들의 발달에 맞는 수학교육방법을 통해 이루어질 때 효과적으로 이루어진다. 따라서 효과적인 수학교육이 이루어지기 위해서는 의도적인 계획이 필요하며 유아의 수학능력은 물론 유아의 흥미와 발달 수준에 맞는 효과적인 접근법이 필요하다.

미국수학교사협회(NCTM, 2000)에서 강조하는 수학 교수방법은 수학의 개념이나 기술을 분리하여 가르치는 것이 아니라 자연스러운 상황의 맥락을 제공함으로써 형식적 수학과 실생활 속에서의 수학을 연결시키도록 강조하고 있다. 이를 위해 일상생활 경험과 연계하여 수학교육을 하도록 제시하고 있다. 따라서 유아수학교육은 일상생활이나 놀이 상황 속에서 구체적인 경험을 통해 문제를 해결하고 추상적인 사고와 연계함으로써 유아의 수학적 능력을 기를 수 있다.

유아를 위한 효과적인 수학교육 접근법은 ① 일상생활 속 수학적 탐색, ② 놀이 상황 속 수학 경험, ③ 다른 교과목과 수학을 연계하는 통합적 접근법 등이 있다.

1. 일상수학

흔히 수학 학습은 교실이나 책상 위에서 이루어지는 것으로 제한하여 생각할 수 있으나 유아는 매일의 일상생활 속에서 수학적 경험을 한다. 유아들은 일상생활을 통해 여러 가지 수학적 상황에 직면하고 이를 수학적 사고를 통해 해결하기 위해 여러 가지 수학적 개념을 활용하고 배우게 된다.

일상생활 속의 여러 상황들은 수학적 내용을 포함하고 있다. 간식시간이나 요리활동 등을 통해 유아들은 모양, 측정, 수량과 같은 여러 가지 수학적 경험을 할 수 있으며, 텃밭에서 여러 가지 식물을 기르며 다양한 수학적 경험을 할 수 있다. 이러한 일상생활 속 비형식적인 수학적 상황은 수학적 문제해결은 물론 유아의 논리적 사고를 기르는 데 기여한다.

이와 같이 유아는 교사나 성인의 도움이 없이도 '일상생활 속에서의 수학(everyday math)'을 자연스럽게 접하고 생활화하고 있다. 따라서 교사가 수학을 가르치기 위해 의도적으로 시간을 정해 놓고 가르치기보다 일상생활 속에서 의미가 있을 때 자연스럽게 수학개념을 연결시키는 것이 좋다. 이 점은 미국의 유아수학교육 지침에서도 강조되는 것으로 효율적인 교수실제는 수학활동을 하루 중 혹은 특정한 시간대에 제한시키지 않도록 하고 있다.

미국수학교사협회(NCTM, 2000)는 영유아기가 일상적인 경험을 통해 기초적인 수학적 능력의 발달이 이루어지는 결정적인 시기임을 강조하고, 학자들은 유아가 자연스러운 상황 속에서 수학 개념을 탐구하도록 적절히 안내한다면 유아는 수학을 의미 있게 배울 수 있다고 강조한다.

유아들은 수학과 언어처럼 세상을 분리하여 인식하지 않으며, 유아들의 매일의 활동과 일상은 중요한 수학적 개념을 소개하고 발전시키는 데 활용될 수 있다(NAEYC & NCTM, 2010). 그러므로 수학활동은 일상생활을 통해 접근하는 것이 좋으며, 일상생활 속 구체적인 상황에서 여러 가지 수학개념을 이해하도록 돕는 것이 좋다.

일상생활 속 수학적 상황을 유아의 경험과 연계하는 활동을 소개하면 다음과 같다.

(1) 산책하기

산책활동은 여러 가지 수학적 경험을 하게 하는 중요한 활동이다. 산책을 하는 동안 교사는 유아들과 나무를 관찰하며 나뭇잎의 모양과 색깔을 비교하고 나무 둘레를 재어 보는 등 여러 가지 수학활동을 전개할 수 있다. 유아들은 교실로 돌아와 나뭇잎의 수를 세어 보거나 나뭇잎을 색깔별로 모아 보는 등 수 세기와 분류, 순서 짓기, 패턴과 같은 여러 가지 수학적 경험을 할 수 있다.

또한 유아들이 산책하는 동안 자신들이 사는 동네의 사진을 찍어 동네 지도를 만들어 볼 수 있다. 유아들은 자신이 찍어온 사진들을 관찰하고, 또래와 토의를 통해 동네 건물들의 위치와 공간관계 등을 탐색할 수 있다. 또한 사진을 붙여 동네 지도를 완성하거나 상자를 이용하여 3차원 입체 구성을 통해 동네를 만들어 보게 할 수 있다.

동네 지도 만들기

이와 같이 유아들은 일상생활 속 활동을 통해 공간관계나 위치, 방향 등의 공간개념과 측정, 패턴 등 다양한 수학적 개념을 습득할 수 있다.

(2) 간식시간

간식시간은 신체적 건강을 위해 풍부한 영양을 제공할 뿐만 아니라 유아가 교사나 또래와 함께 간식을 먹는 동안 언어적·사회적 상호작용이 활발하게 일어난다. 유아들이 간식을 먹는 동안 교사는 간식의 색깔이나 모양, 맛, 냄새를 비교하게 하여 학습개념과 연결 지을 수 있다(진명희, 2017). 예를 들면, 간식을 정해진 양만큼 먹거나 우유를 적당량 따라 먹으며 양적 개념을 습득할 수 있으며, 수학적 용어도 함께 익힐 수 있다. 또한 간식을 먹는 동안 색깔이나, 모양, 맛을 비교하며 여러 가지 수학적 개념이 발달될 수 있다.

간식으로 호빵이 나왔는데 아이들에게 "몇 개씩 먹었니?"라고 물었을 때 아이들이 한 개, 두 개, 한 개랑 절반을 먹었다고 대답했다. 유아는 간식의 수를 셀 수 있으며, 한 개랑 절반을 먹었다는 표현을 통해 분수에 대한 개념도 가지고 있음을 알 수 있다. 간식을 먹을 때 교사가 유아에게 "더 먹고 싶은 사람?"이라고 물어본 후 유아가 더 먹고 싶다고 하면 얼마만큼 더 먹고 싶은지 물어보기도 한다(만 5세 관찰).

(3) 요리활동

요리활동은 여러 가지 수학적 개념이 모두 포함된 대표적인 수학활동이다. 요리활동은 재료의 모양이나 색깔, 크기 등의 변화를 관찰함으로써 통합적 수학활동을 전개하기에 적절하다. 또한 요리 재료의 양이나 부피를 재어 보거나, 요리에 걸리는 시간을 재어 보는 등 다양한 측정 개념을 습득할 수 있다, 요리활동을 할 때 요리 순서표를 제시하여 요리활동의 순서를 알 수 있고 순서 짓기 개념을 기를 수 있다.

2. 놀이와 수학

놀이는 유아기의 학습과 발달에 매우 중요한 도구로, 유아는 놀이를 통해 여러 가지 지식과 기술들을 습득할 수 있다. 유아들은 게임을 하는 동안 주사위나 카드 수를 세며 수 이름, 수 세기, 즉지화, 숫자 읽기, 쓰기 등이 발달한다. 또한 점토로 공 모양을 만들거나 납작하게 '피자'를 만들고, 인형의 집을 가지고 노는 동안 창문 옆에 모형 소파를 놓으며 위치와 방향을 설명하고, 다양한 공간관계를 경험한다.

> 바깥 놀이 시간에 아이들이 소꿉놀이를 하며 놀고 있다. 유아들은 가족 구성원을 아빠, 엄마, 큰 언니, 작은 언니, 동생으로 나누어 다섯이라는 수를 세었다. 엄마와 아빠의 밥은 컵으로 두 번 떠서 나누어 주었으며 3명의 딸들은 컵으로 한 번 떠서 나누어 주어 양을 측정하는 것을 알 수 있다. 초코쿠키 파이를 만들 때는 초코를 표현한다고 돌을 이용하여 한 조각에 2개씩 올려 규칙성을 나타냈다. 계란말이도 가족의 인원수에 맞게 조각으로 나누었다. 복숭아 젤리는 꽃 모양의 틀에 넣어 만들었다. 밥상을 차리는 데도 공간이라는 개념이 들어 있다. 밥 옆에는 국, 밥 위에는 계란말이, 국 위에는 김치, 복숭아 젤리 옆에는 초코쿠키 파이를 두었다(만 5세 바깥놀이 관찰).

이와 같이 유아들은 놀이를 하는 동안 수량이나 모양의 변화를 경험하며 여러 가지 수학 개념을 적용하고 배울 수 있다. Seo & Ginsburg(2004)에 따르면 4~5세 유아들이 자유놀이를 하는 동안 대부분의 유아는 적어도 한 번의 수학활동에 참여하고 분류, 크기, 셈하기, 패턴과 모양, 공간관계 개념들이 나타났다고 한다.

유아는 놀이를 통해 다양한 수학적 경험을 하게 되므로, 성인은 놀이 속 수학적 개념을 이해하고 유아의 흥미에 맞는 놀이 환경을 제공하여 유아의 수학능력 발달을 돕는 것이 중요하다.

1) 게임

게임은 유아들이 선호하는 대표적인 놀이 중 하나이며, 자유놀이시간과 대집단활동에서 필수적으로 제공되는 활동이다. 유아들이 게임을 하는 동안 신체적·언어적 발달은 물론, 규칙 지키기와 협동 등의 사회적 능력과 함께 여러 가지 수학적 개념들을 습득할 수 있다(진명희, 2015).

게임은 수학적 개념을 기르는 대표적인 활동으로, 집단 게임을 시작하기 전 편을 나눌 때 수 세기와 1:1 대응은 물론 유아의 수가 부족하거나 모자랄 때 자연스럽게 빼기나 더하기를 하며 문제해결력을 기를 수 있다. 또한 카드게임을 통해 같은 수의 카드를 갖도록 똑같이 나누거나 게임이 끝났을 때 누가 가장 많이 가졌는지 세어 보는 동안 수량의 비교는 물론 비교급, 최상급의 수학적 용어를 사용하고 학습할 수 있다.

대표적인 게임 유형은 주사위 게임으로, 주사위는 1/6의 확률을 경험할 수 있으며, 주사위를 던져 나온 숫자만큼 말을 이동하며 수 세기와 연산, 1:1 대응 개념을 기를 수 있다.

볼링 게임은 쓰러뜨린 핀의 수를 세거나 남아 있는 핀의 수를 세는 등 여러 가지 수량의 변화를 통해 수 세기는 물론 더하기와 빼기와 같은 연산을 가르칠 수 있는 좋은 기회를 제공한다. 게임이 끝나면 유아들과 함께 모여 앉아 승부판을

사용하여 누가 가장 많이 쓰러뜨렸는지, 가장 적게 쓰러뜨린 사람은 가장 많이 쓰러뜨린 사람보다 몇 개를 더 쓰러뜨렸는지, 같은 수가 되려면 몇 개의 핀을 더 쓰러뜨려야 하는지 등에 대해 수학적 의사소통을 한다.

또한 매회 유아들이 팀별로 쓰러뜨릴 때 몇 개의 핀이 쓰러질지 예측하거나 어느 팀이 이길지 예측해 보고 그 이유가 무엇인지 설명하게 함으로써 확률적 사고를 하도록 도울 수 있다.

이와 같이 볼링게임은 수와 연산, 확률과 관련된 수학개념 습득은 물론 어디서 던질 때 핀이 가장 많이 쓰러지는지 다양한 시도를 해 보게 함으로써 공과 거리의 관계에 대한 수학적 사고를 돕는다.

게임 활동은 수와 연산 개념을 비롯한 여러 가지 수학적 상황을 경험할 수 있으며, 무엇보다 유아들이 재미있게 노는 과정에서 수학적 개념을 습득하므로 유아의 긍정적 수학적 태도를 기르며, 문제 상황에서 수학적 해결력을 사용하게 함으로써 수학적 과정기술을 함께 기를 수 있다.

2) 블록놀이

유니트 블록은 수학적 개념을 기르는 대표적인 놀잇감이다. 7×14cm의 길이를 단위블록(unit)으로 길이가 두 배 블록, 네 배 블록 길어지거나, 유니트를 반으로 나눈 삼각기둥 블록 등 다양한 모양과 길이로 구성되어 있어 정교한 구성물을 만들 수 있다(진명희, 2015).

유아는 두 블록을 연결하기에 적당한 길이의 블록을 찾아 균형이 맞게 얹거나, 구성물의 중간에 삼각형 블록을 놓아 대칭 구조를 만들고, 세모와 네모 블록을 일정하게 배치하여 패턴 개념을 적용하기도 한다. 이와 같이 블록놀이는 공간과 기하 개념, 거리와 측정, 대칭, 패턴은 물론 길고 짧은 길이의 블록을 연결하는 동안 배수 개념과 반(1/2) 등의 분수 개념을 자연스럽게 습득한다.

유아의 블록놀이 발달 단계를 살펴보면 다음과 같다(Clements, 2004).

- 1세가 되면 유아들은 블록을 쌓기 시작하고 블록을 위로 쌓아 올리거나 옆으로 연결하는 동안 '~위'와 '~옆'과 같은 공간관계에 대한 이해를 나타낸다.
- 2세경이 되면 블록을 일정하게 이미 놓아진 블록 옆이나 위에 연속적으로 나란히 놓는다.
- 3~4세경 유아들은 구성물 안에서 수직으로 혹은 수평으로 사용한다. 유아들에게 탑을 높이 쌓으라고 하면, 유아들은 안정적인 탑을 만들기 위해 긴 블록 하나를 수직으로 놓는다. 그러다가 점차 블록을 추가해 가면서 여러 개의 블록으로 탑을 안정적으로 쌓게 된다.
- 4세경이 되면 유아들은 복합적 공간관계를 사용한다. 유아는 여러 방향과 관점에서 구성물을 만들고 구조물의 부분들을 조합하고 통합하는 융통성을 보이며 복합적 공간개념을 나타낸다.

3) 물·모래 놀이

물·모래 놀이 역시 유아들의 연속 양과 비연속 양을 포함한 다양한 수학적 지식을 기르는 데 기여한다. 유아들은 아주 어린 시기부터 모래를 가지고 노는 동안 여러 가지 용기를 이용하여 모래를 담고 옮기는 과정에서 모래의 양과 모양의 변화를 경험하며 도형과 측정, 부피, 면적 등의 수학적 지식을 습득하게 된다.

유아들이 놀이를 할 때 유아는 다양한 크기의 용기에 들어갈 물이나 모래의 양에 대해 예측하고 실제 측정을 통해 그 결과를 비교하는 동안 수학적 경험을 하게 된다. 이때 교사는 "이 그릇에는 몇 컵의 물이 들어갈지 궁금하다"라고 예측하기 질문을 하여 유아들의 양적 사고를 자극하고, 보존개념은 물론 어림셈과 수 세기, 측정 등의 다양한 수학적 개념을 기르도록 돕는다.

이상에서 살펴본 바와 같이 게임이나 블록놀이와 물·모래 놀이 과정에서 유아들은 수 세기, 공간과 기하, 측정, 패턴 등의 다양한 수학적 개념을 습득하는 것을 알 수 있다. 따라서 유아들이 놀이를 하는 동안 자유롭게 여러 가지 수학적 개념들을 탐색할 수 있도록 환경을 구성해 주는 것이 중요하다.

3. 통합적 접근

미국유아교육협회와 수학교사협회가 제시한 수학교육 지침에 의하면, 문학, 언어, 과학, 사회, 미술, 동작, 음악과 모든 교실 환경에서의 유아의 경험에 수학을 통합하여 적용하는 것이 중요하다고 강조한다(NAEYC & NCTM, 2010). 예를 들면, 읽기영역에 수학개념이 든 책을 두거나 과학영역에 클립보드나 차트를 두어 유아들이 관찰한 식물의 성장을 기록하게 할 수 있으며, 프로젝트 또한 학문 간 경계를 넘어 수행될 수 있다.

교사들은 수학활동을 독립적으로 수행하거나 다른 활동과 통합하여 전개하나(이금구 · 이정욱, 2010), 통합적 접근의 관점에서는 수학교육이 다른 교과 활동들과 통합적으로 제공하도록 권장한다.

통합적 교육과정이란 교과 영역 간 분리를 지양하고 교육과정의 계획과 실행과정에서 학문 간 통합을 꾀하는 교육과정을 말한다. 또한 통합적 교육과정은 다양하고 복합적인 교육과정을 제공하고, 프로젝트나 조사활동 등을 통해 교수자와 학습자가 능동적으로 교육과정에 참여하게 한다(진명희, 2017). 그러므로 유아를 위한 수학교육과정은 통합적 접근법에 기초하여 교육내용을 전개하는 것이 바람직하다.

통합적 수학활동을 통해 유아는 다양한 학습경험을 하는 동안 문제해결력과 함께 다양한 수학적 개념과 지식에 대해 배우게 된다. 전통적인 교육과정이 교사 중심의 일방적 교수로 이루어지고 학습자가 수동적이었던 것과 달리 수학교육의 통합적인 계획과 수행은 학습자가 스스로 지식을 구성해 가는 능동적 존재로 이끌게 되므로, 통합적 접근을 통해 보다 자연스럽고 풍부한 수학활동을 전개할 수 있다. 개정된 누리과정(2019)에서도 교육과정이 교수자에서 학습자 중심으로, 수동성 대신 학습자의 능동성과 자율성을 기르도록 강조하고 있다.

다음에서 수학교육의 통합적 접근방법은 ① 문학적 접근, ② 미술활동 통합, ③ 과학활동 통합, ④ 음악활동 통합, ⑤ 테크놀로지 통합 순으로 제시되었다.

1) 문학적 접근

수학교육을 위한 통합적 접근법 중의 하나로 동화를 활용한 스토리텔링 방법이 대표적이다. 유아들의 경우 분리된 개념보다 자신의 일상생활과 연관된 내용을 통합적으로 경험할 때 개념을 더 쉽게 학습한다(이경우, 2001). 따라서 유아교육에서는 이야기를 활용한 통합 교육방식이 여러 학문 영역에서 활용되고 있다.

그림책은 유아에게 수학적 사고를 위한 의미 있는 맥락을 제공하고 매력적인 그림과 이야기를 통해 유아의 흥미와 동기를 유발함으로써 분리된 학습이 아닌 통합된 학습 경험을 제공한다(이경우 외, 1997; 홍혜경, 2009).

그림책을 활용한 수학활동은 등장인물이나 이야기가 제시하는 수학 관련 상황을 통해 유아가 수학적 사고를 경험하게 함으로써 유아가 이미 지니고 있는 비형식적인 수학지식과 기술을 연습하고 강화시키는 바람직한 방법으로 강조된다(Geist, 2003; Ginsburg, 2006).

모자장수 동화 표상

그러므로 이야기의 상황이나 배경을 수학 문제의 도입으로 활용하거나 문제해결 과정에 사용함으로써 유아의 수학에 대한 흥미를 자연스럽게 형성시키고, 수학이 실생활의 문제를 해결하는 데 유용하다는 것을 깨닫게 해 준다(Shaw &

Blake, 1998; Tisha, 2000). 예를 들면, 동화책『침대가 작아졌어요』를 읽고 침대가 왜 작은지 침대가 주인공의 키에 맞으려면 어떻게 할지 문제해결 방법을 알아보고 측정활동으로 전개할 수 있다.

무엇보다 문학적 접근은 아름다운 그림책을 통해 유아가 흥미를 갖고 수학에 접근하게 하며, 시각적 정보를 제공함으로써 쉽게 수학적 개념을 이해하게 하고, 유아가 가지고 있는 비형식적 지식과 전략을 사용하는 데도 도움을 준다(홍혜경, 2009).

(1) 수학교육을 위한 그림책 선정기준

유아의 수학활동을 위한 그림책의 활용을 위해 그림책의 선정이 매우 중요하다. 수학활동을 위한 그림책의 선정 기준은 동화 시간을 위한 좋은 그림책 선정 기준과 같다. 유아를 위한 좋은 그림책의 선정 기준은 다음과 같다. 그림책은 아름답고 문학적 가치가 있으며, 교육적인 가치가 있는 것이 좋다. 무엇보다 그림책은 문장보다 그림이 위주가 되어 유아가 동화의 내용을 이해하므로 그림이 아름다워야 한다(진명희, 2017). 또한 그림책이 갖는 다양한 형태나 재질 등과 같은 스타일도 유아들의 흥미를 끄는 데 매우 중요한 요소가 된다. 또한 그림책을 선정할 때 교사는 생활주제와 관련된 것을 기준으로 삼기도 한다. 그러므로 수학활동의 통합적 전개를 위해 그림책을 선정할 때 숫자를 가르치거나 수 세기를 위해 고안된 창작동화로 제한시키는 것은 적절치 않다.

유아수학교육을 위한 적절한 그림책의 선정 방법은 다음과 같다.

- 이야기 속에 수학적 개념이 들어 있는 것(예: 그림책『아기 세모의 세 번째 생일』)
- 그림책 내용이 수학적 문제 상황을 제시하는 것(예: 그림책『침대가 작아졌어요』).
- 그림책 속의 물체를 수학적 개념에 활용(예: 그림책『모자장수』)
- 그림책 속의 수학적 상황이 유아의 경험과 관련된 것

(2) 그림책을 활용한 수학 계획

그림책을 활용하여 수학활동을 통합적으로 전개하기 위해서는 그림책 속의 수학적 개념이나 수학적 상황을 이용하여 다양한 수학활동으로 전개할 수 있다. 그림책을 활용하여 수학활동을 계획하는 방법은 다음과 같다(이경우 외, 1997).

① 그림책 속의 수학적 상황을 재현한다

그림책을 활용하는 방법으로 수학적 상황이 들어 있는 그림책을 들려주고 이야기 속 상황을 그대로 실행해 보게 하는 것은 유아가 수학적 경험을 하는 데 도움이 된다. 예를 들면, 『곰 세 마리』이야기를 듣고 이야기 상황 속에서 가족에 따라 크기가 다른 침대와 의자, 죽 그릇을 1:1 대응을 해 볼 수 있으며, 『아기 돼지 열 마리』는 줄다리기를 하고 있는 돼지들이 친구가 늘어날 때마다 줄의 모양이 바뀌는 내용으로 이야기 속 수학적 상황을 유아들이 재현해 볼 수 있다.

② 그림책 속의 수학적 개념을 활용한다

동화 『배고픈 애벌레』는 애벌레가 월요일부터 토요일까지 먹는 음식이 나열되고 각 요일마다 점점 음식의 개수가 하나씩 늘어남으로써 유아들에게 수 세기와 수량의 변화를 제시하는 내용이다. 동화 『돌멩이 스프』 역시 군인들이 마을을 돌아다니며 스프를 끓일 재료로 감자 세 개, 양파 한 개, 당근 한 개 등을 구하러 다니는 내용으로 수학적 개념을 담고 있다.

③ 그림책에 등장하는 물체는 수학학습을 위한 자료로 활용될 수 있다

그림책 속 줄거리가 수학적 개념이 들어 있지 않더라도 아름다운 그림책 속에 등장하는 사물을 수학적 활동에 활용할 수 있다. 예를 들면 동화 『모자장수』이야기는 수학적 개념이 포함되어 있지 않으나 여러 가지 모자를 분류해 보거나 패턴을 만들어 보는 등 모자를 이용하여 여러 가지 수학적 개념을 적용할 수 있다.

④ 그림책 속의 문제상황을 활용한다

그림책『침대가 작아졌어요』는 주인공 빌리가 몸이 커짐에 따라 옷도 신발도 침대도 모두 작아진 상황을 담고 있다. 유아들과 이러한 문제 상황을 토의하고 실제 측정활동을 적용해 문제를 해결해 보게 할 수 있다.

⑤ 그림책 속의 이야기를 창의적 방법으로 확장해 보게 한다

그림책『일곱 마리 양과 늑대』를 듣고 양들이 숨은 장소를 변형하여 벽장 안 난로 뒤 등으로 공간 상황을 바꾸어 적용해 보게 할 수 있으며,『배고픈 애벌레』동화를 들은 후 유아들이 좋아하는 음식이나 과일 등으로 그래프 활동을 전개할 수 있다.

이와 같이 문학을 통한 통합적 수학활동은 동화 속 수학적 개념이나 상황을 활용하여 동일한 주제 속에서 연계성을 가지고 교육과정을 확장하여 전개할 수 있다.

2) 미술활동 통합

미술은 수학과 매우 밀접한 관련이 있는 교과영역이다. 유아들이 그림을 그리거나 상자 등으로 구성을 할 때 어떤 모양을 어디에 배치시킬 것인지 위치나 거리, 방향 등의 공간개념을 사용하여 나타낼 수 있으며, 색칠을 하거나 색종이를 잘라 붙일 때 자연스럽게 면적 개념을 형성할 수 있다. 또한 적절한 크기의 상자를 만들기 위해 길이를 재거나 자를 때 측정개념을 사용한다.

이와 같이 미술은 수학적 요소를 내포하고 있으므로 수학활동과 통합하여 전개하기에 좋은 활동이며, 공간이나 모양개념, 면적, 길이 측정 등의 다양한 수학개념을 발달시킬 수 있다. 미술이 수학교육에 통합된 것은 여러 교육프로그램에서 볼 수 있으며, 발도르프 교육이나 레지오 에밀리아 접근법이 대표적이다.

미술은 시각적 사고와 공간적 사고를 자극하며, 학습자가 알고 있는 것을 시각적으로 구체화함으로써 학습자가 얻은 정보나 지식을 표현하는 데 효율적인 방법으로 인식되고 있다(Bickley-Green, 1995). 따라서 미술과 수학은 시공간적 능력의 활용을 포함하고 있으며, 일상생활에서 수, 양, 형 등의 관계나 사고를 나타내는 의사소통의 도구이며 표상적 수단이라는 공통점이 있다(한유미, 2002).

수학과 미술 간 학문적 연계성은 미술적 요소인 선, 형, 공간 등의 요소가 기하개념과 연관되며, 패턴을 통해 형태나 공간의 규칙성을 관찰할 수 있으며, 테셀레이션 기법을 통해 패턴은 물론 기하의 변형과 이동에 대해 알 수 있다.

이와 같이 수학과 미술 통합교육은 유아의 수학적 개념 발달에 효과가 있으며, 유아의 그림 표상 능력과 논리 수학적 사고에 영향을 주는 것으로 나타났다(김숙자 외, 2007; 한유미, 2002).

미술과 수학활동의 통합을 위해 교사는 교육과정을 주의 깊게 계획해야 한다. 이를 위해 먼저 미술과 수학을 연계한 학습활동을 고안하고, 미술활동을 통해 작품 속 모양이나 패턴, 대칭, 크기, 공간관계, 수 세기, 시간 개념 등 여러 가지 수학적 요소를 탐색하고 학습하도록 계획한다.

특히, 미술 작품 감상은 유아의 미적 감각을 기르는 것은 물론 그림을 구성하는 요소를 탐색하며 수학적 활동으로 확장할 수 있다. 칸딘스키와 피카소, 몬드리안의 작품은 여러 가지 기하학적 도형들을 사용하므로 그림 감상을 통해 사물의 위치나 그림에 사용된 도형 등 여러 가지 수학적 요소를 탐색하고 도형을 이용하여 평면 그림이나 입체구성을 하도록 격려하고, 작품 속 요소를 그리게 함으로써 영상적 표상을 사용하도록 지도할 수 있다.

이와 같이 미술활동은 수학적 개념을 적용하는 데 매우 효과적이며 이를 자세히 살펴보면 다음과 같다.

① 미술활동은 유아가 이해한 수학적 개념을 평면이나 입체 구성 등을 통해 표상하는 좋은 방법이다.

② 도형이 부족할 때 분할하거나 면적을 채우는 등 문제해결 도구로 사용됨으로써 수학적 과정기술을 기르는 데 효과적이다.

③ 무엇보다 미술과 수학교육의 통합은 유아들이 수학에 대한 흥미를 가지고 수학적 개념을 향상시키는 데 효과적인 접근법이다.

3) 과학 활동 통합

수학과 과학은 매우 연관이 깊은 학문분야로 학문적 특성상 통합적 활동을 전개하기에 좋은 대표적인 활동이다. 예를 들면, 여러 가지 과학적 실험이나 조사활동을 한 후 그 결과를 자료로 제시할 때 분류나 측정 등의 과정을 거쳐 도표나 그래프로 표상하는 과정까지 일련의 과학적·수학적 활동이 연속적으로 전개될 수 있다.

예를 들면, 경사 활동을 할 경우, 유아들은 경사에서 깡통이나 블록 등 여러 가지 사물을 굴려 보며 경사에서 잘 구르는 물체의 특징에 따라 분류하고, 어떤 물체가 경사에서 잘 구르는지, 잘 구르는 물체의 특징은 무엇인지 등에 대해 의사소통을 할 수 있다. 이 과정에서 유아는 모양 개념은 물론, 경사의 기울기나 속도와 같은 개념들을 습득함으로써 물리적 지식과 수학적 지식을 동시에 학습할 수 있다. 또한 경사 활동 후 사물을 구르는 것과 구르지 않는 것으로 분류하여 그래프 활동으로 확장시킬 수 있다.

수학과 통합하여 전개할 수 있는 과학 활동의 주제는 물, 공기, 경사, 진자의 움직임 등 대부분의 과학 활동과 모두 통합적으로 전개할 수 있으며, 요리활동은 수학과 과학이 통합된 대표적인 활동이다.

물에 뜨는 것과 가라앉는 것 실험

4) 음악활동 통합

음악의 원리나 구성은 수학적 원리를 담고 있으며, 리듬과 박자, 운율 등은 수학적 요소로 구성되어 있어 수학적 경험과 밀접한 관련이 있다. 음악적 특성인 박자, 리듬, 빠르기, 멜로디, 음의 고저, 셈여림, 화음은 수학적 요소와 서로 연관되어 있으므로(김은정·이정욱, 2008; Schilling, 2002) 음악활동을 통해 유아의 수학적 이해를 도울 수 있다.

음악의 형식은 수학적 규칙성으로 이루어져 있고, 음악의 기본요소인 리듬과 박자는 규칙성과 분수 개념을 내포하고 있으며, 시간의 측정과도 관련이 있다.

그러므로 교사는 음악 감상을 통해 유아가 박자와 리듬의 패턴 등을 탐색하게 하고 빠른 곡과 느린 곡들을 들려주어 음의 흐름을 비교할 수 있게 한다.

또한 음악은 강약-강약 혹은 강약약-강약약과 같은 패턴이 사용되므로, 노래를 부를 때 손뼉치기와 같은 청각적 패턴을 사용하거나 교사가 수박-참외 그림 자료를 사용하여 소리의 강약을 시각적, 청각적으로 표상할 수 있도록 도와준다.

무엇보다 음악은 시간의 요소를 담고 있어 일정시간 지속이 되므로 노래나 음악을 활용하여 시간을 측정할 수 있다. 노래 부르기나 음악 감상은 대략 3~5분 정도의 시간이 소요되므로 요리가 익는 동안 유아가 노래를 부르는 활동으로 시간의 흐름을 알 수 있다.

이와 같이 음악과 수학의 통합은 유아가 재미있는 활동을 통해 여러 가지 수학적 개념을 경험할 수 있는 좋은 통합적 접근이며, 수학과 음악을 연계한 활동이 유아가 대수, 수와 연산, 기하, 측정의 수학 내용을 이해하는 데 유의미한 영향을 준다고 한다(한민정, 2013).

무엇보다 예술과 수학의 통합은 유아가 즐겁게 활동하는 가운데 유아의 수학적 감각을 기를 수 있도록 정서적 지원이 함께 이루어지므로 전인발달의 효과를 가져올 수 있다. Burton 등(2000)은 예술이 풍부한 환경이 인지적, 사회적, 인성적 능력을 발달시켜 학습을 지지한다고 하였다.

다음은 동화『곰사냥을 떠나자』를 활용한 소리를 탐색하는 활동이다. 동화 내용에서 주인공이 풀밭과 강물, 눈밭을 걸을 때 나는 소리를 이용하여 소리가 점점 커지게 하는 활동을 통해 소리의 크기를 인식하고 스스로 소리를 조절하는 능력을 기를 수 있다.

동화 『곰 사냥을 떠나자』

5) 테크놀로지 통합활동

수학교육의 효과적인 방법으로 테크놀로지의 통합을 들 수 있다. Clements 등(2008)은 수학교육에서 컴퓨터의 활용을 적극 권장하고 학습자가 테크놀로지를 정신적 도구로 활용함으로써 단순한 수학적 활동을 넘어 수학적 개념에 대한 반성적 사고를 하게 함으로써 메타인지를 강화하는 효과가 있다고 본다.

Jonassen(2000)은 테크놀로지를 통해 학습자가 의미 있는 사고과정을 표현하도록 할 것을 강조한다. 이는 소프트웨어를 사용하여 학습자가 자신의 학습결과와 사고 과정을 반성하고 분석함으로써 의미 있는 학습 환경을 제공한다고 본다. 실제로 공간과 기하 개념은 소프트웨어를 활용할 때 모양의 변화나 위치 이동, 회전 등의 변화를 시각적으로 제공함으로써 유아들이 모양 인식, 변형 등에 대해 이해하기 쉽도록 돕는 효과가 있다. 그러므로 유아의 수학적 활동은 테크놀로지와 통합적으로 제공될 때 효과적이다.

그러므로 수학교육을 위해 테크놀로지를 주의 깊고 적절하게 지속적으로 사용하면 유아의 수학적 경험을 풍부하게 확장시킬 수 있다. 따라서 공간 개념이나 규칙성, 측정을 위한 계산 등을 위해 다양한 소프트웨어를 이용하여 시뮬레이션 등을 통해 여러 가지 수학적 상황에 대한 사고와 문제해결력을 기르는 것이 점차 중요해지고 있다. 테크놀로지 사용 시 주의할 점은 테크놀로지가 단독으로 사용되지 않고 블록이나 상자들의 구체물을 통한 활동을 테크놀로지와 통합하여 수학활동을 전개하는 것이 중요하다.

제6장

유아수학교육 환경과 수학교수원리

1. 수학교육 환경

유아수학교육은 유아의 발달적 수준을 고려하여 구체적인 수학경험이 제공될 수 있도록 계획하는 것이 중요하다. 따라서 교사는 유아의 수학 개념을 돕는 수학적 환경과 자료를 제공하고 이를 수학적 활동으로 전개할 수 있어야 한다. 이를 위해 교사는 여러 가지 구체적인 자료를 제공하고 유아가 수학 개념을 탐색할 수 있도록 수학적 자료를 선정하고 수학적 환경을 제공하는 것이 중요하다.

1) 수학적 자료

유아의 주변세계는 수학적 개념과 밀접하게 관련되어 있으며 일상생활 속의 여러 가지 자료들은 모두 수학적 자료로 활용될 수 있다. 유아의 수학 개념을 돕기 위한 자료는 일상생활 속 사물들부터 나뭇잎이나 돌멩이와 같은 자연물은 물론 상품화된 교구와 필요할 경우 교사가 제작하여 사용하는 자료까지 그 유형이 매우 다양하다.

유아를 위한 수학 자료는 다양하게 구성되어야 하며, 유아의 연령과 발달 수준을 고려하여 체계적으로 계획하여 제공하는 것이 중요하다. 예를 들면, 퍼즐을 제공할 때 어린 유아들이 퍼즐 조각을 집거나 끼울 수 있는 신체적 협응 능력은 물론 왼쪽과 오른쪽 등의 공간개념이 형성되어 있는지 등을 사전에 파악한 후 제공해야 유아가 실패하지 않고 과제를 수행할 수 있다.

또한 수학적 자료는 유아가 발달해 감에 따라 점차 복잡하게 변형하여 사용할 수 있어야 한다. 예를 들면, 앵두따기 게임은 처음 시작은 10으로 시작하여 주사위를 던져 모두 따는 사람이 이기는 게임이나, 연령이 높아지면 딴 앵두를 다시 붙이도록 규칙을 변형하여 총 20개의 수량을 세게 함으로써 큰 수 세기를 할 수 있다. 또한 일상생활 속의 경험이나 상황들을 수학적 개념과 연관 지어 수학적 활동을 전개할 수 있다.

(1) 일상생활 자료

일상생활 속 사물들은 모두 수학적 자료가 될 수 있다. 병뚜껑, 단추, 바둑알, 빨대, 종이컵 등 일상적 자료와 폐품 등은 분류와 순서 짓기, 수 세기, 패턴 등 여러 가지 수학적 개념을 제공하며, 빨래집게나 모양찍기 도구와 같은 도구 역시 모두 좋은 수학 자료가 될 수 있다.

〈병뚜껑〉

- 병뚜껑을 이용하여 다양한 구성놀이를 해 본다.
- 놀이에 사용된 병뚜껑의 수를 세어 본다.
- 같은 색깔끼리 분류한다.
- 다양한 패턴을 만들어 본다.

〈단추〉

- 단추를 공통된 속성에 따라 분류해 본다.
- 여러 가지 준거로 분류해 본다.
- 다양한 패턴을 만들어 본다.

〈모양찍기 틀〉

- 사물의 공통된 특성에 따라 분류해 본다.
- 집단별로 수량을 세어 본다.
- 여러 가지 패턴에 따라 모양을 찍어 본다.

(2) 자연물

유아 주변의 자연물은 다양한 수학적 개념을 습득하기에 좋은 자료들이다. 나뭇잎, 돌멩이, 조개껍질, 나뭇가지들은 쉽게 구할 수 있으며, 경제적인 비용이 소요되지 않으며 유아에게 매우 친숙한 자료들이라는 점에서 좋은 교수학습 자료가 될 수 있다.

특히 자연물은 놀이 방법이 정해져 있지 않고 유아가 원하는 대로 자유롭게 탐색할 수 있는 개방적 자료로 유아가 비구조화된 방법으로 수학적 개념을 습득할 수 있는 좋은 자료이다.

계절별로 다양한 종류의 꽃과 나무를 분류할 수 있으며, 계절의 변화에 따라 동일한 나뭇잎도 색깔이 변화하므로 유아들이 모양이나 색깔, 크기 등 공통된 속성에 따라 나누어 보고 순서 짓기를 할 수 있다.

아래 사진은 초가을에 수행하기 좋은 분류활동으로 유아들이 여름에서 가을로 바뀌는 과정에서 계절의 변화는 물론 그에 따른 날씨나 나뭇잎의 변화 등을 관찰하고 여러 가지 수학활동을 전개하기에 좋은 자료가 될 수 있다.

동네 산책을 다녀온 후 수집해 온 나뭇잎을 분류하는 동안 유아는 색깔이나 모양, 크기에 따라 다양한 분류활동이나 서열화 활동은 물론 미술활동과 연계하여 탁본 활동을 전개할 수 있다. 또한 여름에 바닷가를 다녀와서 조개껍질이나 조약돌을 색깔이나 무늬, 크기 등에 따라 나누어 보며 여러 가지 수학활동을 전개할 수 있다.

(3) 상품화된 수학자료

상품화된 수학 자료는 수 세기 자료부터 모양, 패턴 등 다양한 수학 개념을 제공한다. 상품화된 자료는 견고하고 아름다우며 제작 시간이 들지 않아 시간 절감 효과까지 있다(진명희, 2017). 상품화된 자료를 구입할 때 주의할 점은 제시된 내용이 유아의 수학 학습 원리에 맞는지 검토해야 한다.

〈원기둥 쌓기〉
- 크기대로 놓아 본다.
- 여러 가지 조합을 통해 같은 길이나 모양을 만들어 보게 한다.
- 패턴을 만들어 본다. (색깔,길이 등)
- 자유롭게 쌓으며 놀게 한다.

〈카프라〉
- 자유롭게 구성놀이를 할 수 있다.
- 구성놀이에 사용된 블록을 색깔별로 분류해 본다.
- 놀이에 사용된 막대의 수를 세어 본다.
- 여러 가지 다양한 길이를 만들어 비교해 본다.
- 패턴과 측정 활동에 활용할 수 있다.

〈패턴블록〉
- 여러 가지 패턴블록 모양의 생김새를 익힌다.
- 모양이나 색깔을 이용하여 패턴을 만들어 본다.
- 여러 가지 모양으로 구성놀이를 한다.
- 활동과정에서 모양의 분해와 합성을 경험한다.
- 반과 배의 개념을 기른다.

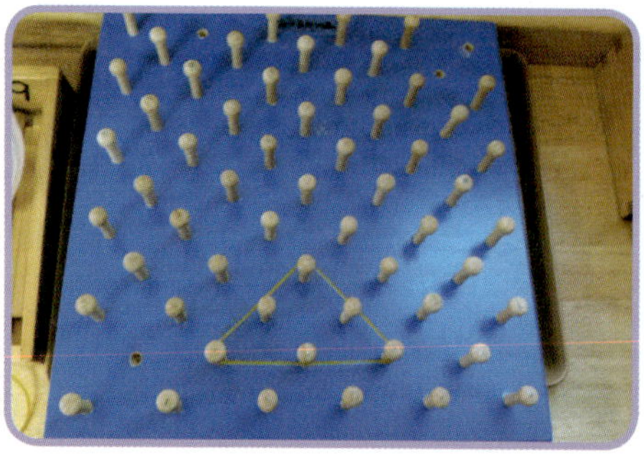

〈지오보드〉
- 고무밴드를 이용하여 여러 가지 모양을 만들어 본다.
- 다양한 크기의 모양을 구성해 본다.
- 모양의 분해와 합성에 대해 알 수 있다.

〈숫자자석〉
- 숫자 모양을 익힌다.
- 숫자를 순서대로 놓아 본다.
- 구체물의 수량과 연관 지어 놓아 본다.
- 여러 가지 숫자 조합을 해 본다.

〈산가지〉
- 나무막대의 수를 세어 본다.
- 나무 막대를 두 개씩 쌓아본다. (둘씩 세기)
- 이진법 혹은 곱하기 개념을 익힐 수 있다.
- 친구와 번갈아 쌓으며 게임을 한다.

(4) 몬테소리 수학자료

몬테소리 교구에는 여러 가지 수학적 자료들이 포함되어 있다. 빨간 막대, 분홍 탑, 갈색 막대, 원기둥, 세강판, 비즈 등은 수 세기와 순서 짓기, 길이, 숫자 쓰기 등 여러 가지 수학개념을 제공한다.

〈빨간 막대〉

- 빨간 막대 1부터 점차 한 칸씩 커져서 10의 길이까지 제공된다.
- 길이를 비교하여 분수, 배의 개념에 대해 알 수 있다.
- 막대를 이용하여 패턴을 만들어 본다.

〈원기둥〉

- 4세트의 원기둥으로 이루어져 있다. (기둥의 높이가 다른 것/기둥이 넓이가 다른 것/넓이와 높이가 함께 커지는 것/넓이는 작아지고 높이가 높아지는 것)
- 구멍의 크기가 정해져 있어 유아가 높이과 넓이를 순서 짓기보다 정답이 제시되어 있는 점이 단점이다.

〈세강판〉

- 큰 수의 자릿값을 알 수 있다.
- 10의 숫자판에 1부터 9까지의 숫자판을 차례로 끼워 넣어 자릿값을 익힐 수 있다.
- 10, 20, 30, 40의 순으로 자릿값을 표시할 수 있다.

(5) 교사 제작 자료

교사는 필요한 경우 수학적 자료를 직접 제작하여 유아에게 제공할 수 있다. 교사가 제작한 자료는 유아의 발달 수준에 맞게 수학적 개념이 명확하게 제시되고 매력적으로 제작될 수 있으나, 견고성이 부족할 수 있으므로 지속적인 점검을 통해 보완하여 사용해야 한다.

2) 교실 속 수학 환경

유아교육기관의 교실은 흥미영역에 수학영역을 설치하고 여러 가지 수학적 교구와 자료를 제공함으로써 유아의 수학개념발달을 돕는다. 수학영역은 단독으로 설치되거나 주로 조작영역과 함께 제공되어 퍼즐, 구슬 끼우기, 패턴 도형, 등 다양한 자료가 제공된다. 또한, 수학흥미영역은 과학영역과 연결하여 배치되기도 한다.

또한 교실 환경은 유아의 여러 가지 수학적 개념 발달과 관련이 있으며, 블록영역이 대표적이다. 유아들은 블록으로 구성물을 쌓는 동안 모양과 각, 길이와 넓이 등 여러 가지 수학적 개념을 습득하게 된다.

미술영역 역시 유아들이 여러 가지 그림을 그리거나 색종이를 오리고 붙이는 과정에서 모양이나 공간개념, 면적, 패턴 등 다양한 수학적 경험을 할 수 있다. 또한 유아들의 작품이 완성되면 교실의 게시판이나 벽면에 배치하여 공간개념이나 수 세기 등의 수학적 개념을 익힐 수 있다. 유아들의 작품을 전시하여 그림 속 친구들의 숫자나 동물의 모양 등을 접할 수 있다.

또한 극화놀이 영역에서 가게 놀이 등을 통해 제작된 광고판이나 제과점 간판 등은 여러 가지 수학적 개념을 나타내므로 유아들의 작품을 전시하여 지속적인 수학적 경험을 하도록 도울 수 있다.

2. 유아수학 교수원리와 교수전략

수학교육을 효과적으로 가르치기 위해서는 유아가 현재 무엇을 알고 있는지와 무엇을 배우고 싶어 하는지에 대한 이해를 바탕으로 유아들이 잘 배울 수 있도록 도전하게 하고 지원해 주는 것이 필요하다. 학습자는 적절하게 잘 구성된 수학활동을 통해 수학을 이해하고 자신의 경험과 사전 지식을 통해 새로운 지식을 적극적으로 구성한다(NAEYC & NCTM, 2010).

유아수학(children's mathematics)이란 유아의 수학적 언어와 행동에 대한 관찰에서 구성되는 것으로, 이는 유아를 가르치는 동안 알게 되는 수학내용을 말한다. 그러므로 유아에게 적합한 수학활동을 계획하기 위해 교사는 유아들을 관찰하고 유아들의 수학을 이해한 것을 기초로 무엇을 어떻게 가르칠지 의사결정을 해야 한다(Steffe, 2004).

유아를 위한 수학교육을 위해 유아교사가 고려해야 할 질문은 다음과 같다.

- 유아를 위한 발달적으로 적합한 수학교육 접근법은 무엇이며, 교사들은 수학내용을 가르치기 위해 어떻게 해야 하는가?

1) 유아수학 교수원리

교사의 역할은 유아의 놀이를 수학화하는 것이다. 따라서 유아가 매일의 일상에서 수학을 경험하게 하는 것이 중요하다. 교사의 역할은 유아들이 자신들의 일상생활에서 일어나는 수학을 되돌아보고 확장시키도록 끊임없이 대화하고 함께 노는 것은 물론 이러한 활동을 지원하기 위해 환경을 구성하는 것이다.

성공적인 교사는 유아의 비형식적 지식과 일상적 활동에 기초하여 수학활동을 계획하고 유아의 문화적 배경과 언어, 수학적 아이디어와 전략을 고려한다.

유아의 발달에 적합한 수학 교수원리를 제시하면 다음과 같다.

(1) 유아가 다양한 상황에서 구체물을 다루어 봄으로써 수학적 지식을 형성할 수 있도록 구체적 경험을 제공한다

유아수학교육은 구체물을 통해 유아가 직접 나누어 보고 더해 보는 조작을 통해 모양과 수량, 공간의 변화 등을 경험하게 한다. 따라서 숫자 쓰기나 셈하기 위주의 교육은 지양되어야 하며, 유아가 나뭇잎이나 솔방울을 모아 보게 하거나 물이나 모래를 덜어내어 종이컵에 담아 보는 등의 놀이를 통해 구체물을 조작하는 동안 수와 연산, 모양의 변화, 양의 감소와 증가 등의 수학적 개념을 습득할 수 있다.

(2) 교사가 주도적이기보다 유아가 스스로 수량이나 모양의 변화, 규칙성을 발견할 수 있도록 능동성을 장려한다

수학은 교사가 직접적으로 가르쳐서 습득될 수 없다. 수학개념이나 놀이 속 수학화는 유아들이 물체를 가지고 노는 동안 스스로 논리적 사고를 통해 수학적 개념을 발견하도록 해야 한다. 따라서 교사는 유아들에게 수학을 가르치기보다 유아가 물체를 모아 보고 나누어 보는 동안 정신적 조작을 통해 물체의 속성을 인식하고 수학화하는 과정을 통해 유아가 스스로 수학적 개념을 발견해 가도록 돕는 것이 중요하다.

(3) 유아의 논리적 사고를 발달시키기 위해 소집단 활동을 통해 다른 유아와의 상호작용을 장려하고 또래 간 수학적 의사소통의 기회를 제공한다

교사는 유아들이 수학적 상황이나 문제에 대해 다른 사람과 의사소통하도록 지도하고 이때 유아가 자신이 생각하는 수학적 상황이나 친구와 토의를 통해 얻게 된 수학적 이해를 구체적 물체나 그림, 상징 등의 표상을 이용하여 의사소통하도록 돕는다.

(4) 유아의 발달적 연령과 개별적 요구를 반영하여 수학교육을 계획해야 한다

학습자는 학년이나 연령에 따라 특정한 수학능력을 나타낸다. 그러나 개인차의 범위가 매우 크므로 이를 고려하여 수학활동을 계획하는 것이 좋다(NAEYC & NCTM, 2010). 유아의 연령이나 발달 수준에 적합하지 않은 방법으로 수학을 강요하거나 읽고 쓰는 것을 지나치게 강조하는 것은 적절한 수학교육방법이 될 수 없으며, 숫자나 산술 위주로 가르칠 경우 유아는 수학에 흥미를 갖지 못하고 수학에 대해 부정적인 태도를 기를 수도 있다. 따라서 발달적으로 적합한 수학교육은 연령적 적합성은 물론 개별적 적합성과 문화적·언어적 적합성을 고려하여 제공되어야 한다.

(5) 유아의 수학적 개념을 기르고 확장시켜야 한다

유아의 사고를 돕기 위해 교사는 유아들의 수학적 탐구가 이루어지도록 의미 있고 효과적인 질문을 통해 유아의 수학적 개념을 기르고 확장시켜야 한다. 교사는 필요한 경우 문제 상황을 제공하여 유아가 다양한 수학적 개념을 통해 문제를 해결하도록 돕는다.

(6) 유아의 사전경험에 따른 비형식적 수학지식을 기초로 수학활동을 전개한다

유아들은 유아교육기관에 오기 전부터 상당한 수준의 수학적 개념을 가지고 있으며, 가정에서부터 수학적 경험이 유아마다 다르므로, 유아의 개별적 발달 수준에 따라 수학적 지식의 차이를 가져올 수 있다. 교사는 유아의 개인적 차이를 인식하고 유아들이 학습상황 이전부터 가지고 있는 사전 경험을 고려하여 수학 활동을 선정하고 계획해야 한다.

2) 유아수학 교수전략

유아들은 주의 깊게 계획된 활동의 순서와 일상 속에서 일어나는 통합적 접근을 통해 많은 것을 배우게 된다. 따라서 교사는 유아의 수학 학습을 위해 의도적으로 교수전략을 사용해야 한다.

미국유아교육협회와 미국수학교사협회가 제시한 유아수학 학습과정과 교수전략은 다음과 같다(NAEYC & NCTM, 2010).

| 표 1 | 유아수학 학습과정과 교수전략(NAEYC & NCTM, 2010)

내용	수학지식과 기술의 예(3세↔6세)		교수전략의 예
수와 연산	· 하나부터 넷까지 물건을 모아 보게 한다. 마지막 숫자가 전체 수량임을 알게 한다. - 몇 개니?	· 열 개씩 그룹을 지어 100까지 세고 모아 보게 한다.	· 적은 수량의 물체를 세어 보게 한다. 이때 각 물체에 하나의 수 단어가 사용되는 것을 강조하며 일상의 상황 속에서 세도록 지도한다. - ♡ ♡ ♡(하나, 둘, 셋) · 열 개씩 집합을 만들어 10씩 세는 것을 시범 보인다. (10, 20, 30…혹은 14, 24, 34…)
	· 1부터 3까지의 물체의 집합을 재빠르게 보고 수량을 말해 보게 한다.	· 여섯 개 정도의 물체의 집합을 한눈에 보고 수량을 말해 보게 한다. 패턴이 있는 물체(예: 도미노)와 패턴이 없는 물체의 집합을 사용한다.	· 작은 수량의 물체를 잠깐 보여주고 몇 개인지 물어본다.

내용	수학지식과 기술의 예(3세↔6세)		교수전략의 예
수와 연산	· 말을 하지 않고 적은수의 물체를 더하거나 빼기를 하게 한다. 예 상자에 공을 하나 넣고 다시 하나를 넣어 상자 안에 공이 두 개가 되는 상황을 경험하게 한다.	· 계속 세기와 같은 수 세기 전략을 사용하여 수를 더하거나 빼게 한다. 예 다섯 개에 세 개를 더한 후 "다섯, 여섯, 일곱, 여덟"을 말해 보게 한다. 이때 전체 합이 10을 넘지 않게 한다.	· 수량과 문제 상황이 포함된 실제 상황을 말해 보게 한다. "몇 개니?"를 넣어 질문한다. - 몇 개가 남았니? 지금 몇 개가 있지? - 몇 개로 시작했지?/몇 개를 더했지? 등 - 문제를 해결하기 위해 물체나 손가락 세기를 사용하고 계속세기, 어림세기, 확인하기 등을 지도한다.
기하와 공간 관계	· 2-D와 3-D 모양을 이름과 연결하게 한다. 처음에는 크기와 방향이 같은 것으로 시작하고 크기와 방향이 다른 모양을 제시한다(꼭지점이 닿은 큰 삼각형과 변이 닿은 작은 삼각형 등).	· 다양한 2-D와 3-D 모양을 인식하고 이름을 말해 보게 한다(사다리꼴, 육각형, 구, 큐브 등) · 모양의 기본적인 특징을 말해 보게 한다(변이나 각의 수 등)	· 다양한 모양을 소개하고 이름을 붙여 본다(마른 삼각형, 뚱뚱한 정사각형, 프리즘) · 다양한 위치에 있는 모양을 (구석에 서 있는 사각형, 서 있거나 수평인 원기둥) 말해 보게 한다. · 유아에게 모양을 구성해 보게 하고 그 특징에 대해 말해 보게 한다.
	· 모양을 사용하여 그림을 만들게 한다.	· 모양을 조합하여 그림을 만들게 한다.	
측정	· 측정할 수 있는 물체의 특징을 인식하고 말해 보게 한다. - 나는 긴 줄이 필요해 - 이건 무겁니? · 물체의 특징에 따라 비교하고 분류하게 한다. - (더 많은/더 적은, 무거운/가벼운) - 이 블록은 다리 만들기에 짧아	· 측정단위와 다양한 과정을 시도해 보고 서로 다른 도구간 차이가 있음을 인식하게 한다. (표준단위를 사용하지 않을 때 어떤 일이 일어나는가?) · 비표준화된 측정도구를 사용하거나 관습적 측정도구(컵, 줄자)를 비표준화된 도구처럼 사용한다. - 이건 줄자로 세 개 정도 길어	· 측정을 하고 토의하기 위해 비교급 단어를 사용한다. - 이 책은 저 블록보다 더 무거운 것 같아. 이 블록 탑이 책상보다 더 높은지 알아보자 · 서로 다른 측정단위로 인한 문제 상황을 만들어 유아들이 관심을 갖게 하고 이 상황을 활용한다. - (텃밭가꾸기를 할 때 네 발짝 떨어지게 심기-선생님 신발로 재고 아이들 신발로 재기)

내용	수학지식과 기술의 예(3세↔6세)		교수전략의 예
패턴/ 대수적 사고	· 간단한 반복적 패턴을 인식하고 따라 하게 한다. 예 블록 열을 만들어 길고-짧고-길고-짧고	· 수의 패턴을 인식하고 토의하게 한다. 예 수를 하나씩 혹은 아무 숫자나 더하여 다음에 어떤 수가 올지 예측하게 한다. 1-2-3-4- 2-4-6-8- 1-3-5-7-	· 패턴을 장려하고 시범을 보이고 토의한다. - 무엇이 빠졌을까? - 나는 다음에 파란색이 필요해. - 다음에 무엇이 와야 하지? · 주변 환경 속에서 색깔이나 모양패턴을 찾게 하거나 달력이나 차트(1~100까지 숫자) 속의 수패턴, 숫자의 패턴을 찾게 한다. (0에 숫자를 더하면 합은 항상 같은 숫자가 된다)
자료 제시와 분석	· 물체를 분류하여 형성된 집단의 물체를 세고 비교한다. · 간단한 그래프를 만들어 보게 한다. 예 그림 그래프-유아가 자신이 좋아하는 과자에 사진을 놓아 비교해 본다.	· 막대 그래프와 같은 간단한 수 표상을 통해 자료를 조직하고 제시하여 각 집단의 수를 세어 본다.	· 아이들이 물체를 모아 색깔, 크기, 모양 등으로 분류하고 조직하게 한다. 어떤 집단이 가장 많은지 찾도록 집단을 비교하도록 질문한다. · 유아들이 자료를 분석할 때 '아닌'이라는 용어를 사용하도록 돕는다. - 이것들은 모두 빨간색인데 이것은 빨간색이 아니야 · 유아들이 표나 막대 그래프와 같은 간단한 수치판을 만들어 집단을 비교하게 한다.

제7장

유아수학교육 평가

1. 유아수학교육 평가의 목적

유아의 활동을 측정하는 목적은 유아의 사고를 이해하고 교사의 지속적인 교수 노력에 대한 정보를 제공하는 것이다. 유아의 수학활동의 수행을 측정하기 위한 면담이나 수행과제, 지속적인 관찰 등은 많은 정보를 제공한다(Clements, 2004).

평가는 효율적인 교수에 중요한 요소이다. 수학학습의 평가는 유아의 독특한 강점이나 요구를 파악함으로써 유아들을 돕고 교사가 교수계획을 세우는 데 유용하다. 효율적인 교사는 측정에서 얻어진 정보와 통찰력을 수학교육과정과 교수 계획을 수립하고 이를 조정하는 데 사용한다.

교사는 유아들을 위해 수학활동을 선정할 때 학습자가 현재 어느 수준에 있는지를 먼저 고려해야 하며, 이것은 교사가 의도하는 학습 목표를 향해 가도록 이끈다(Hiebert et al., 1997). 유아들은 자신의 수학적 아이디어나 전략을 발명해 낼 수 있고 유아들의 아이디어는 성인의 것과 다르다. 따라서 교사는 측정을 통해 유아가 하고 있는 것이나 생각하고 있는 것을 해석할 수 있고 유아의 관점에서 상황을 보려고 시도하기도 한다. 교사는 주의 깊은 평가를 통해 유아들이 새로운 경험으로부터 배울 수 있는 것에 대한 정보를 얻고 그에 대한 의사결정을 할 수 있다(NAEYC & NCTM, 2010).

유아수학측정은 관찰을 기초로 하는 것이 좋으며, 진정한 유아측정을 위해서는 체계적인 방법으로 오랜 기간 수집된 다양한 자원에 근거한 정보를 바탕으로 수행되는 것이 좋다. 이를 위해 교사는 유아들이 이해한 것을 알아보기 위해 복합적인 측정 방법을 사용하는 것이 좋으며, 그렇지 않을 경우 자칫 유아들을 잘못 이해할 수 있다. 유아수학능력 측정방법으로는 관찰, 유아의 대화 기록, 면담, 유아의 작품 수집 등이 있으며, 유아의 사고를 나타내기 위한 개방적 질문의 사용과 적절한 수행의 측정 등이 요구된다(NAEYC & NCTM, 2010).

유아수학능력 측정에서 주의할 점은 측정이 교육과정을 제한하거나 유아들을 라벨링하지 않도록 해야 한다. 일정하게 유아들이 획득해야 할 상한선을 정해 두는 것도 중요하며, 때로 이러한 기준점이 지나치게 높을 경우 유아들의 실제 수학능력을 낮게 평가할 수 있다. 또한 유아들이 시간이 지나면 할 수 있는 것도 평가표나 학습지와 같은 단기 평가로는 유아들의 능력을 정확히 평가하지 못할 수도 있으므로 지속적인 측정과 다면적 방법을 통해 유아의 수학능력을 평가하는 것이 좋다.

2. 유아수학교육 평가 유형

1) 관찰법

유아의 발달을 평가할 때 가장 좋은 방법은 교사가 직접 유아를 관찰하는 것이다. 이때 규칙적이고 계획적인 관찰을 위해 평정척도나 체크리스트와 같은 도구를 활용하여 객관적인 자료를 수집하는 것이 좋다. 무엇보다 단발성 관찰보다 기간을 정하여 지속적으로 관찰하는 것이 보다 정확한 자료 수집을 위해 중요하다.

유아의 관찰방법은 자유스러운 상황에서 관찰하는 자연적 방법과 일정한 시간이나 대상을 정해 놓고 규칙적으로 관찰하는 방법이 있다. 자연적 관찰의 경우 특정한 수학적 발달상황이 진행될 때만 기록하며, 수학적 발달과정에 대한 관찰내용은 유아가 가정에서 이미 알고 있는 비형식적 수학지식이나 수학에 대한 흥미 등에 대해 부모로부터 정보를 구하여 함께 분석에 활용하는 것이 좋다(이경우 외, 1997).

유아수학교육에 적용될 수 있는 관찰법은 일화기록법, 평정척도, 체크리스트 등이 있다.

(1) 일화기록법

일화기록법은 평가자가 평가목적에 필요한 유아의 행동이나 발달과 관련된 내용을 관찰하고 이를 자세히 기록하는 방법이다. 일화기록법은 유아의 수학적 탐색행동이나 수학적 개념을 관찰하기 위해 유아가 실제로 수행한 행동은 물론 또래나 교사와의 상호작용, 유아-유아 간 대화 혹은 유아-교사 간 대화 등을 빠짐없이 기록하는 것으로, 이는 유아의 종합적 발달상황을 평가하는 데 중요한 자료가 된다.

일화기록은 평가자가 관찰한 내용을 명확하고 상세하게 기록하고 관찰자의 주관적인 생각이나 느낌은 배제하고 객관적인 서술을 하는 것이 중요하다. 일화기록 자료는 유아의 발달이나 수학적 개념 발달에 대한 기초자료가 되며, 부모 상담자료로 활용될 수 있다.

| 표 7-1 | 일화기록의 예

관찰일시	10월 5일 금요일	관찰시간	오전 9시~11시	장소	만 4세반 교실

오전 9~10시에는 자유놀이시간을 가졌다. 아이들은 자신이 원하는 영역에 가서 다양한 활동이 이루어졌다. 자유시간 동안 아람이라는 친구가 자기 엄마가 나보다 키가 크다고 말을 하였다. 나는 '얼마만큼 큰 것 같은데?'라고 물었고 아이들은 큰 정도를 몸으로 표현했다. 또한 아람이가 친구들 앞에서 자신이 새라면서 새처럼 높이 나는 흉내를 내자 다른 친구들이 자신이 더 높이 날 수 있다고 말을 하였다. 아이들이 이미 측정에 대해 자연스레 알고 있다는 것을 느꼈다. 자유시간이 끝나고 10시에 정리를 하고 자유시간에 대한 이야기 나누기 시간을 가졌다.
'이집트의 피라미드와 스핑크스'라는 주제로 관련 영상을 보여 주며 이야기 나누기를 했다. 영상을 보여 주며 피라미드는 무엇으로 만들어졌을지, 무슨 모양인지, 얼마나 큰지 물어보았다. 아이들은 모래, 흙, 돌 등 다양한 대답이 나왔다. 그리고 유찬이는 피라미드는 세모 같다고 하고 스핑크스는 사자 같다고 했다. 서연이는 피라미드는 아파트만큼 커 보인다고 대답했고 거인보다 크다고 말한 친구도 있었다.
이어서 고깔을 이용해서 피라미드를 만들어 보는 놀이를 했다. 어떻게 쌓을지 친구들이 직접 나와서 설명하고 어떤 방법이 좋을지 이야기를 나누어 보았다. 피라미드와 스핑크스 팀으로 나누어 놀이를 했다. 놀이를 시작하기 전에 뽑기를 하여 피라미드와 스핑크스 팀을 나누었다. 피라미드팀이 1명이 더 많아서 그 팀에 있는 현재가 스핑크스 팀으로 이동했다. 예진이가 스핑크스 팀에 있는 친구들을 세어 보았다. 열두 명이라고 했고 자신은 유찬이와 짝이 되어 같이 놀이를 하겠다고 말했다. 피라미드 팀이 이긴 후 다시 꿈 모음반으로 이동했다.

(2) 평정 척도

평정척도란 미리 평가할 항목을 제시하고 이를 3단계 혹은 5단계와 7단계 정도로 구분한 범주에 따라 평가자가 해당되는 항목에 표시를 하는 방법이다. 평정척도는 대부분 Likert의 5단계 척도가 가장 보편적으로 사용된다. 응답의 구분을 '매우 그렇다/약간 그렇다/보통이다/거의 그렇지 않다/전혀 그렇지 않다'로 구분하고 1~5점 척도를 부여한다. 이때 응답자가 중간 단계인 3점 척도에 집중될 가능성을 배제하기 위해 4점 혹은 7점 척도를 사용하기도 한다.

평정척도의 경우 5점 척도를 사용하여 교사가 이를 평정하는 경우가 일반적이며, 유아를 직접 대상으로 할 경우 블록이나 바둑알 등으로 자신의 의사나 선호도를 표시하게 할 수 있다. 진명희(2004)는 유아의 놀이선호도를 알아보기 위해 유아가 놀이를 좋아하는 만큼 블록의 높이로 표시하게 하였다. 4점 척도 형식으로 '별로 좋아하지 않는다'는 적목 한 개, '조금 좋아한다'는 적목 두 개, '많이 좋아한다'는 적목 세 개, '아주 많이 좋아한다'는 적목 네 개로 표시하여 유아가 자신이 좋아하는 정도를 나타낼 수 있다.

(3) 체크리스트

체크리스트 방법은 유아의 발달이나 개념과 관련된 항목이 미리 나열되어 있고 유아가 그 항목에 해당이 있는지 없는지 표시하는 방법이다. 체크리스트의 장점은 서술을 해야 하는 부담이 없고 응답자가 쉽게 표기할 수 있는 반면, 리스트에 없는 내용은 측정할 수 없는 단점이 있다. 또한 평정척도와 함께 표기가 간편한 방법이나, 평정척도는 표기 항목에 대한 정도를 구분할 수 있는 점과 대조된다.

| 표 7-2 | 체크리스트의 예

유아 이름		연령	
관찰일시		관찰자	
수학적 지식	① 10까지 사물과 수를 일대일 대응을 한다.		V
	② 구체물을 이용하여 20까지 합리적 세기가 가능하다.		
	③ 10씩 그룹지어 100까지 셀 수 있다.		
	④ 합이 10을 넘지 않는 범위 내에서 수를 더한다.		V
	⑤ 10을 넘지 않는 범위 내에서 수를 뺀다.		
	⑥ 사물을 공통된 특성에 따라 한 가지 준거로 분류한다.		V
	⑦ 사물을 두 가지 이상의 특성에 따라 분류한다.		
	⑧ 사물을 차이에 따라 순서 짓는다.		
	⑨ 사물의 부분과 전체를 이해한다.		

2) 면담법

면담법은 면접자가 유아에게 직접 질문을 하고 유아의 반응을 기록하는 방식으로 Piaget가 유아의 보존개념이나 수학개념을 측정하기 위해 사용한 방법이다. 교사는 유아가 이해하고 있는 개념이나 지식을 알아보기 위해 질문을 하고 또한 유아가 행동으로 수행하게 하여 유아의 수학적 이해를 측정할 수 있다. 예를 들면, 여러 가지 사물을 두 집단으로 분류하게 하거나 주전자는 종이컵으로 몇 컵의 물이 들어갈지 예측하도록 질문을 하고, 면담자가 질문을 하여 유아가 대답을 하면 점수를 부여하고 대답을 하지 못하면 점수를 부여하지 않는다.

과거에는 유아가 반응한 정답만을 인정하거나 유아가 혼자 할 수 있는 행동에 대해 점수를 부여하였으나, Vygotsky의 스캐폴딩 개념이 적용되어 유아가 할 수 있는 행동 외에도 또래나 성인이 도와주면 할 수 있는 행동도 성공한 것으로 인정하고 점수를 부여한다. 따라서 면담 평가는 성공을 했느냐 못했느냐 두 가지 수준으로 평가하는 것이 아니라 교사나 성인이 도와주면 할 수 있는 단계를 포함하여 세 가지 수준으로 측정하기도 한다.

면담법은 특히 면접자의 역할이 매우 중요한데, 유아가 이해할 수 있는 언어를 사용하고, 유아가 질문을 이해하지 못할 때 한두 번 더 질문을 하거나 질문을 바꾸어 하는 등의 주의가 필요하다. 무엇보다 유아가 질문에 성공하는지 여부보다 유아의 사고과정을 이해하고자 하는 노력이 필요하다.

면담자의 질문에 따라 유아의 평가가 잘못 수행된 예는 Piaget의 수 보존개념 과제에 잘 나타난다.

| 표 7-3 | **면담법 예시**

- (모양과 크기가 다른 여러 가지 도형을 제시한다)
- 여기 어떤 모양들이 있니? 이름을 모두 아니? 이것은 무슨 모양이지?
- (세모를 보여 주며) 이것과 짝이 되는 모양을 찾아보자.
- (동그라미를 보여 주며) 이 모양을 보면 무슨 생각이 나니?
- (세모를 보여 주며) 이 모양을 교실에서 찾을 수 있니?
- 세모를 이용해서 네모를 만들 수 있니?
- 다른 모양을 만들 수 있니?

3) 검사법

검사법의 특징은 유아의 개념과 발달 정도를 측정할 수 있도록 검사 목적에 맞는 문항을 선정하여 모든 유아에게 동일하게 적용하고 구해진 수치를 통해 유아의 발달적 경향을 해석하는 데 사용한다. 검사법의 유형으로는 신뢰도와 타당도가 검증된 표준화 검사와 유아의 수학적 개념이나 문제해결력을 측정하기 위해 객관적으로 고안된 검사 도구와 교사가 필요에 의해 유아들을 위해 제작하여 사용하는 검사 등이 있다.

(1) 표준화 검사

표준화 검사란 규준 지향적 검사로, 검사의 목적에 부합하도록 타당화 과정을 엄격히 거쳐 검사문항의 표집을 엄선하고, 객관화되고 표준화된 절차에 의해 측정할 수 있도록 검사 시행 조건과 채점 방법 등을 일정하게 정해 두고, 검사 결과의 해석 역시 표준화시켜 규준에 비추어 비교할 수 있도록 제시하고 있다. 즉, 평가의 실시, 채점 및 결과의 해석이 동일하도록 모든 절차와 방법을 일정하게 만들어 놓은 검사를 의미하며, 검사에서 얻은 원점수를 연령이나 지역, 성별 등의 변인에 따라 점수를 상대적으로 비교할 수 있다.

표준화 검사의 특징은 검사 목적에 따라 표준화된 검사 내용을 가지고 있으며, 신뢰도와 객관도가 매우 높다. 또한 결과를 쉽고 의미 있게 비교 해석할 수 있는 규준을 가지고 있으며, 검사 실시를 위한 일정한 지침을 제시한다. 표준화 검사를 수행할 때 주의할 점은 검사 대상이나 환경의 차이에 따른 검사 결과의 편차를 줄이기 위해 검사 시간과 검사 실시 환경의 표준화가 요구된다.

표준화 검사는 한국 웩슬러 유아지능검사(K-WPPSI-IV, 1996)와 카우프만 아동용 지능검사(K-ABC-II)가 대표적이며, 이 외에 한국 교육개발원(1988)에서 개발한 유아 학습 준비도 검사(1988) 등이 있다.

(2) 유아수학능력 검사 도구

① 유아 그림 수학능력 검사

유아수학능력을 측정하는 검사로 황해익과 최혜진(2007)이 제작한 유아 그림 수학능력 검사가 있다.

• 케이크에 있는 초를 네 개 뽑으면 몇 개가 남을까?

• 가장 짧은 구슬은?

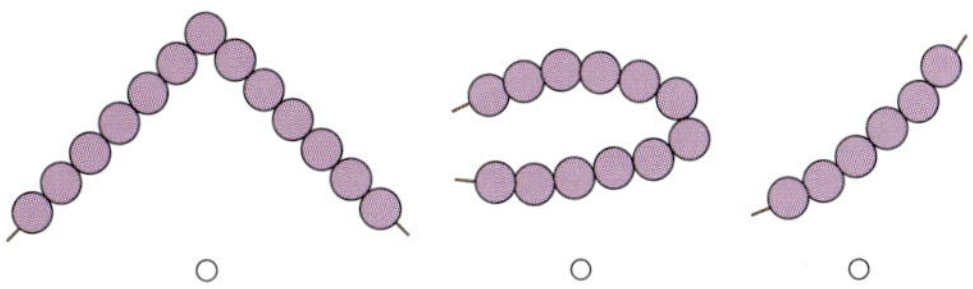

② 유아의 대수적 사고능력 검사 도구

유아의 규칙이나 동등성 등의 대수적 사고를 알아보기 위해 고안된 대수적 사고 능력 검사 도구(차현화, 2006)는 다음과 같다.

규칙 추리하기-동등/대응관계추론하기
• 시소에 코끼리와 원숭이가 탔어요. 동물이 어느 쪽에 더 타면 시소가 기울지 않고 똑같이 될까요?
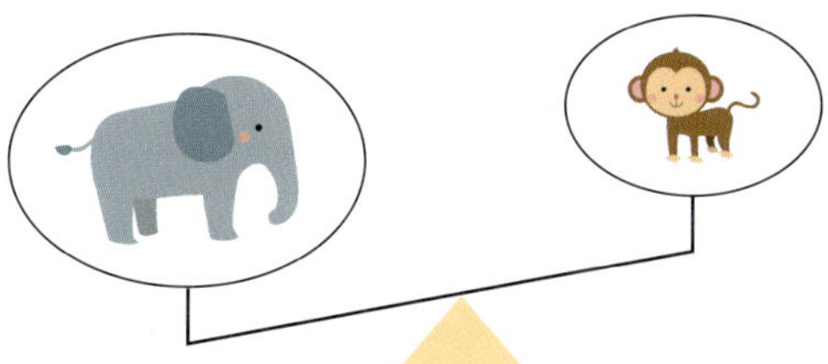

구체물 관계 규칙성 추리
• A보다 크고 B보다 작은 탑을 쌓아주세요.
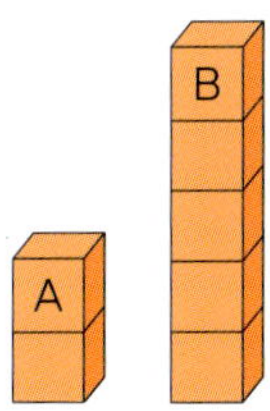

③ 문제해결력 검사 도구

유아의 문제해결력을 측정하는 검사 도구는 Ward(1993)의 검사 도구를 황정숙(1996)이 번안하고 장유진(2018)이 수정하여 사용한 문제해결력 검사가 있다.

- 블록을 놓아 주고 블록이 서로 어떻게 다른지 말해 본다.
  ① "여기 있는 블록들 중에서 다른 것을 하나만 찾아보겠니?"
  (유아가 고른 블록이 나머지 셋과 다른 이유를 말하게 한다.
  ② "아까 고른 것 말고 또 다른 것을 찾아보겠니?"

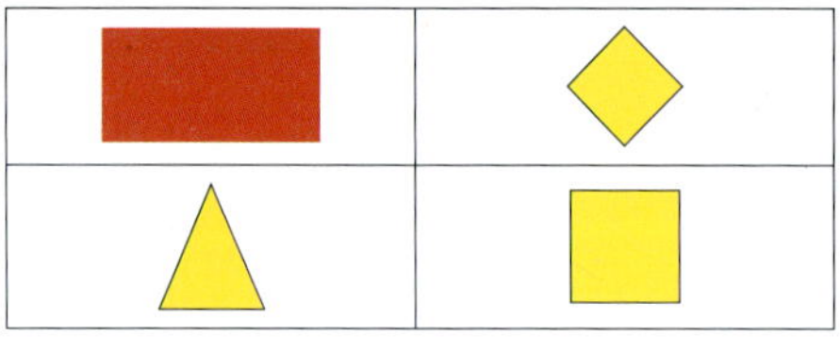

(3) 교사 제작 검사

교사는 자신이 계획한 활동의 효과를 측정하기 위해 직접 검사자료를 만들어 사용할 수 있다(이경우 외, 1997). 예를 들면, 유아들의 분류 능력 수준을 알아보기 위해 세모, 네모, 동그라미 도형을 이용하여 단순분류, 복합분류를 할 수 있는지, 준거에 따라 분류할 수 있는지, 준거를 찾을 수 있는지 등을 측정할 수 있다. 이때 주의할 점은 유아가 이해하기 쉽게 질문을 하고 그림 자료 등을 사용하여 유아의 수학적 사고를 이해하려는 노력이 필요하다.

교사 제작 검사의 장점은 교사가 유아의 발달 상태에 따라 융통성 있게 활용할 수 있고 유아들의 반응에 따라 다른 검사 방법을 함께 활용할 수 있다. 한편, 단점으로는 검사 결과의 객관성이나 타당성이 부족할 수 있으며, 교사의 능력에 따라 차이를 가져올 수 있다.

4) 유아작품

유아의 수학적 개념 발달 상황에 대한 자료를 얻는 방법으로 유아의 작품을 수집하여 평가자료로 활용할 수 있다. 예를 들면, 유아가 그린 그림이나 숫자 표기 등을 통해 유아가 수 표상을 할 수 있는지 혹은 패턴의 규칙을 나타낼 수 있는지 등을 알 수 있다. 다음은 유아의 수학적 개념이 들어 있는 유아 작품으로 동화『커다란 무』를 듣고 그린 그림이다. 그림 속에는 등장인물의 순서가 나타나 있으며(할아버지-할머니-손자-강아지-고양이-생쥐 순), 등장인물의 순서를 숫자를 통해 표상하고 있음을 알 수 있다. 이와 같이 유아의 작품 분석을 통해 순서 짓기와 숫자 쓰기, 숫자 표상 등 유아의 수학적 능력을 파악할 수 있다.

그러므로 교사는 유아의 그림이나 작품 등 교실에서 이루어지는 다양한 수학 활동의 결과물을 수집하여 평가자료로 활용할 수 있다.

커다란 무 서열화

5) 포트폴리오

유아의 수학교육 평가에 활용될 수 있는 방법들은 다양하나, 단일 방법을 사용하기보다 유아의 수학적 발달을 깊이 있게 이해하기 위해 다면적 평가 과정이 중요하다. 유아의 수학적 능력을 다양하고 포괄적으로 평가하는 방법으로 포트폴리오(portfolio)를 들 수 있다.

포트폴리오는 유아수학교육 수행과정에서 발생하는 유아의 그림이나 수학관련 작품은 물론, 수학 수행과정에서 발생한 결과물들(차트, 그래프, 벤다이어 그램 등)과 유아의 학습과정을 기록한 녹음, 녹화자료가 포함된다.

또한 교사의 일화기록이나 유아와의 면담 자료, 혹은 유아의 활동 과정 사진 등을 수집하여 유아의 수학적 발달과정에 대한 폭넓은 이해를 위해 종합적인 자료수집과정을 포함하고 있다. 포트폴리오는 한두 가지 평가 방법의 사용으로 인한 객관성의 부족이나 편견을 없애고 다면적인 유아의 수학평가 과정을 이해하기 위한 방법이다.

6) 역동적 평가

Vygotsky는 그동안의 지능검사나 성취검사들이 유아의 현재의 발달정도나 수행정도를 평가하는 정적인 방법이었으며, 현재의 발달수준뿐만 아니라 미래의 학습 가능성을 측정할 수 있도록 학습과정에 초점을 둔 역동적 평가(dynamic assessment)의 필요성을 강조하였다(최혜진, 2006). 이는 Vygotsky(1978)의 근접발달영역(ZPD) 개념에 기초한 것으로 유아가 할 수 있는 것을 측정하는 것을 넘어 성인이나 유능한 또래의 도움을 받아 성취하는 것도 유아의 능력에 포함하는 점을 반영한 것이다.

따라서 역동적 평가는 주로 개별평가의 형태로 진행되어 온 평가를 성인의 도움뿐만 아니라 또래와 함께 상호작용하면서 문제를 해결하도록 협력적인 관계에서 수행함으로써 유아들은 또래로부터의 도움을 통해 잠재력이 실제적 성취로 연관되게 하는 것이다(황해익 외, 2011; Lidz & Elliott, 2000; Tzuriel, 2000).

따라서 역동적 평가 과정은 사전 검사-교수-사후 검사의 과정을 통해 향상된 수행정도를 평가하는 것을 말한다. 사전검사는 유아가 혼자 해결하는 독립적으로 수행단계로 현재의 발달 수준을 나타내며, 교수단계는 성인이나 또래가 질문이나 힌트 등 문제해결 전략을 제공함으로써 유아의 과제의 완성을 돕는 과정을 포함한다.

예를 들면, 황해익 등(2011)은 유아수학학습 능력에 대한 역동적 평가를 위해 연산문제를 일상생활에서 일어나는 이야기 형식으로 제시하고 유아가 다양한 전략을 활용할 수 있도록 구체물 모형, 숫자카드 등을 모두 제공하여 유아가 원하는 것을 선택하여 문제를 해결하게 하였으며, 유아가 문제해결을 어려워할 때 위계화된 단서에 따라 검사자가 단계별 단서를 제공하도록 교수학습과정을 전개하였다. 그 결과 사후검사에서 수 연산, 패턴, 기하, 측정의 모든 영역에서 교수과정의 효과가 나타났으며, 이는 역동적 평가의 중재 효과를 나타낸 것으로 해석된다.

이와 같이 역동적 평가는 기존의 검사들이 일회성으로 측정했던 것과 달리, 유아의 수학학습 잠재력에 대한 진단적 정보를 제공하고 유아의 발달에 대한 보다 질적이고 구체적인 정보를 제시한다(최혜진, 2006; 최혜진·황해익, 2006).

3. 유아수학교육 평가 수행 방법

유아들의 수학적 개념 이해를 평가하는 것은 수학교육과정의 효과를 측정하는 것이므로 매우 중요한 과정이다. 유아수학교육과정에 대한 평가가 적절히 수행되기 위해서는 다음의 주의점이 요구된다.

수학교육 평가방법은 교육목적에 따라 선정하여 사용해야 하며, 단일 평가방법보다 다양한 평가방법을 사용할 경우 다면적인 평가가 가능하므로 유아에 대한 편견 없이 유아의 발달에 적절한 평가 결과를 얻을 수 있다. 예를 들면, 일화기록법과 체크리스트를 함께 수행하여 일화기록법이 자칫 주관적인 내용을 기록할 수 있는 단점을 보완하여 평가를 하는 데 도움이 될 수 있다.

유아수학교육의 평가를 위해서는 평가를 위한 자료가 체계적으로 수집되어야 하고, 일회성보다 일정한 간격을 두고 반복적인 측정이 이루어져야 하며, 단일 평가보다 다양한 평가자료를 적용하여 종합적인 해석과 결론을 내릴 수 있도록 하는 것이 좋다(이경우 외, 1997). 유아들이 시간이 지나면 할 수 있는 것을 평가표나 학습지와 같은 단기 평가로는 유아들의 능력을 정확히 평가하지 못할 수도 있기 때문이다.

무엇보다 평가를 수행하는 교사나 성인의 역할이 매우 중요하다. 교사는 유아가 평가 방법에 따라 자신의 생각이나 대답을 잘 표현할 수 있도록 유아의 발달수준에 맞고 이해가 잘 될 수 있도록 검사 자료 선정이나 질문 방법에 주의해야 한다. 유아들의 수학적 이해를 적절히 평가하기 위해서는 유아들이 이해한 것을 효과적으로 나타낼 수 있는 과제를 제공하는 것이 중요하며, 검사를 수행하는 동안 제대로 수행하지 못하는 유아를 라벨링(labeling)함으로써 유아를 과소평가하는 오류를 범하지 않도록 주의해야 한다.

McGarrigle 등(1978)은 포함관계에 대한 이해를 평가하는 과제에서 구슬을 사용했을 때보다 유아에게 친숙한 곰 인형이나 의자를 자료로 제시했을 때 유아들이 과제에 대한 성공률이 높았다고 한다. 이와 같은 연구결과가 시사하는 점은 유아에게 수학 평가 과제를 제시할 때 유아가 이해하기 쉽고 유아에게 친숙한 사물을 제공하는 것이 유아가 과제 수행에 성공할 수 있도록 돕는 것을 알 수 있다. 한편 반대로 유아가 친숙하지 않은 사물을 사용할 때 유아가 이미 알고 있는 개념을 나타내는 데 제한이 있을 수 있어 정확한 수학능력을 측정하였는지 판단하기 어렵다.

유아의 수학평가 자료는 교사의 교육계획수립이나 활동 수행에 반영될 수 있으며, 부모 면담자료로도 활용이 가능하다. 부모교육 자료로 활용할 경우, 수치에 의한 표기보다는 보다 의미 있고 서술적인 형태로 정보를 제공하는 것이 유아의 발달 이해에 중요하다(이경우 외, 1997).

제2부
유아수학교육 활동

제8장

일상생활 속 수학활동

1 산책하기

산책을 하는 동안 나무와 풀, 꽃, 바람, 날씨 등 자연환경에 대해 관찰하고 차이를 비교하며 자연의 특성에 대해 탐색하게 한다.

교사-유아 상호작용

1. 유아들이 모아온 자연물을 보며 특성을 관찰하고 비교한다.
   - 어떤 나뭇잎들이 있니? 나뭇잎들은 서로 어떻게 다르니? (모양, 색깔, 크기 등)
   - 나뭇잎(단풍잎, 은행잎, 감잎)을 같은 모양끼리 모아 보자.

교수-학습 지원

1. 일상생활 속 자연물의 특성을 관찰하고 차이를 비교한다.
2. 자연물을 분류하고 순서 지어 본다.
3. 자연물을 이용하여 패턴을 만들어 본다.

활동자료

여러 가지 자연물, 그래프 판

2. 나뭇잎을 여러 가지 준거(색깔, 모양, 크기 등)로 분류해 본다.
   - 나뭇잎을 가장 작은 것부터 순서 지어 본다.
   - 나뭇잎 패턴을 이용하여 액자를 만들어 본다.

2 우리 동네 지도 만들기

산책을 하며 동네에 있는 가게와 건물들에 대해 탐색하고 사진을 찍는다.

교사-유아 상호작용

1. 산책 후 우리 동네에 대해 이야기 나눈다.
   - 산책하면서 무엇을 보았나요?
   - 우리 동네에는 어떤 것들이 있죠?
2. 산책하며 찍은 우리 동네 사진을 보며 수학적 요소를 탐색한다.
   - 사진으로 찍은 우리 동네 모습을 함께 보자.
   - 빵집은 어디에 있죠?
   - 우리 원에서 가장 가까운 건물은 어느 것이니?
3. 우리 동네 지도를 그림으로 표상하게 한다.
   - 우체국은 어디에 두어야 할까?
   - 우체국 왼쪽에는 어떤 건물이 와야 할까?
   - 마트는 어느 건물 가까이 있니?
4. 모둠별로 만든 지도를 보며 의사소통을 하게 한다.
   - 우리 동네에 어떤 것들이 있었니?
   - 마트에서 가장 가까운 건물은 어디니?
   - 우체국에서 가장 먼 곳은 어디니?
5. 공간 활동에 대해 평가한다.
   - 오늘 어떤 활동을 했죠?
   - 우리 동네에는 어떤 것들이 있었나요?

교수-학습 지원

1. 구성활동을 통해 동네 지도를 만들며 위상학적 기하 개념을 기른다.
2. 공간관계를 그림으로 표상하게 한다.

활동자료

우리 동네 사진, 도화지, 색연필, 가위, 색종이, 연필

3 텃밭활동

"토마토 모종 심은 것이 벌써 이만큼 자랐어요."
"선생님, 제 토마토 심은 것이 꽃이 피었어요."

교사
- 어느 것이 더 크게 자랐니?
- 토마토 모종이 얼마큼 자랐는지 재어 볼까?

교사-유아 상호작용

- 토마토 모종이 얼마나 자랐는지 알아보자.
- 얼마큼 자랐는지 알아보려면 무엇으로 잴까? (막대, 줄자 등)
- 조사한 내용을 관찰일지에 적어 보게 한다.
- 지난주 관찰기록표를 보고 토마토 줄기가 얼마큼 더 자랐는지 조사해 보자.
- 토마토가 잘 자라게 하려면 어떻게 해야 할까?
- 여러 가지 식물로 수학적 탐색을 한다.

교수-학습 지원

1. 여러 가지 자연물의 길이를 측정하고 비교하게 한다.
2. 측정 결과를 그래프로 기록한다.
3. 표준화된 측정도구를 사용한다.

활동자료
여러 가지 사물, 줄자, 관찰기록지

4 과일 잼 만들기

요리 활동을 통해 여러 가지 수학적 개념을 탐색한다.

"선생님 제 샌드위치 좀 보세요. 빵 위에 잼을 바르고 상추, 그 다음 햄, 치즈, 토마토 세 개를 올렸어요."

교사-유아 상호작용

〈샌드위치에 바를 사과잼을 만들어 본다.〉

1. 여러 가지 과일을 먹어 보며 과일의 특징에 대해 말해 본다.
   - 사과는 잘랐을 때 안이 무슨 색이니? 포도 맛은 어떠니?
2. 요리 순서표를 보며 요리의 순서에 대해 알아본다.
3. 사과잼을 만드는 동안 「사과가 쿵」 동시를 들려준다.
4. 그래프 판에 잼 만들기 전과 후의 과일의 모양과 맛 등을 표시하고 비교한다.
5. 잼을 발라 샌드위치를 만들어 간식으로 먹는다.

교수-학습 지원

1. 요리활동을 통해 재료의 모양과 맛의 특징을 탐색한다.
2. 요리 전과 후 변화의 차이를 비교한다.
3. 요리 활동을 통해 오감각을 발달시킨다.

활동자료

요리 순서표, 그래프 판, 필기도구, 여러 가지 과일, 설탕

5 국수 벤다이어그램

일상 생활 속 여러 가지 사물을 비교하고 차이점과 공통점을 알아본다.

교사-유아 상호작용

1. 베트남 쌀국수와 우리나라 국수를 보며 특징에 대해 탐색한다.
   - 국수의 모양, 색깔, 재료 등에 대해 관찰한다.
   - 무엇으로 만들었을까?
2. 베트남 쌀국수와 우리나라 국수의 같은 점과 다른 점에 대해 토의한다.
   - 베트남 쌀국수와 우리나라 국수의 같은 점은 무엇이니?
   - 베트남 쌀국수와 우리나라 국수의 다른 점은 무엇일까?
   - 두 가지 국수의 특징을 포스트잇에 써 보자.
3. 벤다이어그램 판에 국수의 차이점과 공통점을 나누어 붙인다.
4. 벤다이어그램 판을 보며 두 국수의 공통점과 차이점에 대해 토의한다.
5. 활동을 평가한다.
   - 오늘 국수의 특징을 알아보니 어땠니?
   - 다음에는 벤다이어그램으로 무엇을 비교하면 좋을까?

교수-학습 지원

1. 여러 가지 국수의 같은 점과 다른 점을 비교한다.
2. 벤다이어그램을 통해 사물의 차이점과 공통성을 표현한다.

활동자료

벤다이어그램 판, 베트남 쌀국수와 우리나라 국수, 포스트잇, 필기도구

6 나의 성장과정 책 만들기

유아의 성장과정을 담은 사진을 보며 시간의 흐름을 알게 한다.

교사-유아 상호작용

교수-학습 지원

1. 나의 성장과정을 알아보고 시간에 따른 변화를 안다.
2. 자신의 신체 성장과 관련된 숫자(나이, 키, 몸무게, 손·발 크기)를 써 본다.
3. 성장과정 책을 만들고 여러 가지 수학적 개념을 적용한다.

활동자료

어릴 적 사진, 빈 종이 묶음 책, 풀, 가위 등

1. 지금의 나의 모습에 대해 이야기를 나눈다.
   - 친구들은 지금 몇 살이니?
   - 키가 얼마큼 컸는지 아니?
   - 몸무게를 아는 사람 있니?
2. 어릴 적 사진을 보며 어떻게 달라졌는지 이야기 나눈다.
   - 처음 태어났을 때는 몇 살이니? 어떤 모습이니?
   - 키는 얼마나 컸니? 순서대로 놓아 볼까?

   - 이 사진보다 지금은 몇 살이 더 많니?
   - 손은 얼마나 커졌을까?
   - 몸무게는 언제가 제일 적을까?
3. 어릴 적 사진을 이용하여 '나의 모습 변화'에 대한 책을 만든다.
   - 사진을 나이 순서대로 붙여 보자.
   - 사진을 키 순서대로 붙여 보자.
   - 손·발 크기, 무게 등 유아들이 속성에 따라 순서대로 붙여 보게 한다.

- 사진 속 나이를 숫자로 써 보게 한다.
- 현재의 키, 몸무게 등을 써 보게 한다.

4. 수·조작 영역에 성장과정 책을 두고 키, 몸무게, 손·발 크기 등을 매월 조사한다.

5. 활동을 평가한다.

- 자신의 성장과정 책을 소개한다.
- 내가 자라나는 모습을 보았는데 어땠니?
- 더 크면 네 모습은 어떻게 변할 것 같니?

7 여러 가지 공

교실 속 여러 가지 사물을 같은 유형끼리 모아 길이, 무게 등을 탐색한다.

교사-유아 상호작용

1. 여러 가지 공의 특성을 관찰하며 수학적 탐색을 한다.
   - 야구공과 골프공은 어느 것이 더 무거울까?
   - 어떤 공이 가장 무거울 거 같니?
   - 가장 가벼운 공은 어떤 것일까?
   - 공을 무거운 순서대로 놓아 보자.
2. 공의 무게를 재는 방법에 대해 알아본다.
   - 어떤 방법으로 공의 무게를 잴 수 있을까?
   - 저울을 사용하지 않고 무게를 측정할 수 있는 방법에는 무엇이 있을까?
   - 손으로 직접 들어보고 어느 것이 가장 무거운지 알아보자.
3. 양팔저울을 사용하여 무게를 재어 본다.
   - 무게가 서로 다른 물건을 올려놓으면 저울이 어떻게 될까?
   - 양팔저울과 시소의 비슷한 점이 무엇이니?
   - 공의 무게를 양팔 저울로 측정한 공을 무게의 순서대로 직접 나열한다.

교수-학습 지원

1. 양팔 저울을 사용하여 공의 무게를 재어 본다.
2. 표준화된 측정 도구를 안다.
3. 공을 크기와 무게에 따라 순서 짓는다.
4. 교실 안 여러 가지 사물의 무게를 재어 본다.

활동자료

양팔저울, 공 사진 자료, 여러 가지 공(야구공, 골프공, 탁구공, 배드민턴공, 테니스공), 기록지, 쓰기 도구

4. 유아가 예측한 것과 실제 무게 측정 후 결과를 비교한다.

- 처음에 예측했을 때 어느 공이 가장 무거울 거라고 생각했니?
- 처음에 예측한 것과 실제 무게가 달라진 것은 무엇이었니?

5. 활동을 평가한다.

- 오늘 활동을 해 보고 어떤 걸 알게 됐니?
- 다음에는 어떤 걸 재어 보고 싶니?

8 규칙을 만들어요

조작영역의 교구를 이용하여 여러 가지 패턴을 만들어 본다.

"빨랫줄에 옷을 널고 있어요."
"치마, 바지, 치마, 바지 그다음에는 치마…"

교사-유아 상호작용

1. 유아들의 놀잇감에서 반복되는 규칙을 찾게 한다.
   - 어떤 것들이 있니 옷들이 많구나.
   - 선생님이 빨랫줄에 옷들을 널어 볼테니까 어떤 순서로 놓았는지 말해 보자. (셔츠-바지-셔츠-바지)
2. 유아들이 패턴을 예측해 보게 한다.
   - 이 다음에는 무슨 옷이 와야 하는지 놓아 볼까? (셔츠)
3. 유아들이 규칙을 만들어 보게 한다.
   - 이번에는 친구가 빨래를 순서대로 놓아 볼까?
   - 어떤 순서로 놓았는지 말해 줄 수 있니?
4. 수.조작 영역의 여러 가지 교구를 이용하여 패턴을 만들어 본다.

교수-학습 지원

1. 사물 속 규칙을 발견하게 한다.
2. 패턴을 반복적으로 만들게 한다.
3. 다양한 패턴을 만들어 보게 한다.
4. 유아가 발견한 규칙을 그림으로 나타내 보게 한다.

활동자료

여러 가지 사물들(블록, 색종이, 빨래집게, 바둑알 등)

9 모양 패턴 만들기

교실 내 여러 가지 사물로 패턴을 만들어 보게 한다.

교사-유아 상호작용

1. 모양 패턴 카드를 제시하고 규칙성을 인식하게 한다.
   - 여기 모양이 어떤 순서로 되어 있니? (사다리꼴-마름모-사다리꼴-마름모)
   - 여기 있는 모양과 똑같은 순서로 그림 카드를 놓아 보자.
2. 패턴을 이어보게 하고 다음에 올 모양을 예측해 보게 한다.
   - 이 다음에 올 모양은 어떤 거니? 카드를 놓아 보자 (⬢ ◆ ⬢ ◆ ____)
   - 어떤 모양이 빠졌는지 카드를 놓아 보자. (⬢ ◆ ⬢ ◆ ____ ◆)
3. 여러 가지 패턴으로 전이한다.
   - 모양카드 대신 블록으로 놓아 볼까?
   - 이번에는 어떤 걸로 놓아 볼까?

교수-학습 지원

1. 규칙성을 발견하게 한다.
2. 반복적인 패턴을 예측하게 한다.
3. 스스로 패턴의 규칙을 만들어 보게 한다.

활동자료

모양 패턴 판과 카드, 여러 가지 사물(바둑알, 나뭇잎, 빨래 집게, 블록 등)

4. 패턴을 변형시켜 반복한다.

- 어떤 순서로 되어 있니? (▲■■▲■■)
- 바둑알을 이용하여 같은 순서로 놓아 보자.
- 이 다음에는 어떤 모양이 와야 할까?

5. 패턴을 스스로 만들어 보고 친구들과 의사소통하게 한다.

- 이번에는 친구들이 모양카드로 패턴을 만들어 보자.
- 어떤 순서로 카드를 놓았니?

10 병뚜껑을 세어 봐요

여러 가지 일상 자료(병뚜껑, 조개껍질, 솔방울 등)를 이용하여 수학적 개념을 탐색한다.

교사-유아 상호작용

병뚜껑을 관찰하고 분류, 순서 짓기, 패턴 등 다양한 수학활동으로 전개한다.

교수-학습 지원

활동자료
플라스틱 병뚜껑, 다양한 병뚜껑, 숫자카드, 연산 기호, 쓰기 도구 등

부분 보고 전체 알아맞히기

- 이 무늬를 보고 어떤 동물인지 찾아볼까? (얼룩말)
- 얼룩말은 어떤 생김새를 하고 있니?
- 하얀 바탕에 검은 줄무늬를 하고 있구나.

같은 것끼리 모아 보기(분류)

- 그림 속 동물의 특징을 관찰하게 한다.
- 얼룩말과 사자는 어떤 점이 같니?
- 꽃게와 금붕어는 어떤 점이 같니?
- 꽃게는 다리가 몇 개니?
- 바다에 사는 동물을 모아 보자.
- 다리가 두 개인 동물을 모아 보자.
- 다른 방법으로 나눌 수 있니?

규칙성 찾기

- 여기 그림은 어떤 순서로 되어 있니? (얼룩말-호랑이-얼룩말-호랑이)
- 호랑이 그 다음에는 무슨 동물이 올까? 병뚜껑을 놓아 보자.
- 이번에는 여우와 두루미 그림으로 같은 순서로 놓아 보자.

일대일 대응

- 기린과 거북이를 한 마리씩 짝을 지어 보자.
- 기린은 몇 마리인지 세어 보자.
- 거북이는 몇 마리인지 세어 보자.
- 기린과 거북이를 합하면 모두 몇 마리니?

수 세기

- 상어는 몇 마리지? 숫자카드를 놓아 보자.
- 토끼는 몇 마리인지 세어 보고 맞는 수를 놓아 보겠니?
- 여기 있는 동물을 모두 합하면 몇 마리인지 세어 보자.

숫자 읽기

- 병뚜껑이 모두 몇 개인지 세어 보자. (열 개)
- 병뚜껑 순서대로 숫자 카드를 순서대로 놓아 보자.

수와 연산

- 물고기는 몇 마리가 있니?
- 물고기 세 마리가 있는데 어부가 두 마리를 더 잡아왔어. 모두 몇 마리일까?
- 물고기의 수를 숫자카드로 놓아 볼 수 있니?
- 물고기 세 마리가 있는데 한 마리를 잡아 먹었어. 몇 마리가 남았니?

병뚜껑 무게 재기

- 병뚜껑 세 개와 다섯 개를 저울에 올리면 어떤 것이 더 무거울까?(예측하기)
- 저울에 올려서 직접 무게를 재어 보자. 예측한 대로 맞았니?
- 병뚜껑 세 개와 같은 무게를 가지려면 병뚜껑 몇 개를 올리면 좋을까?

11 합해서 5 만들기

움직이는 사물로 합해서 5가 되는 여러 가지 조합을 만들어 보고 유아의 수준에 따라 합해서 10 만들기 활동으로 확장한다.

교사-유아 상호작용

- 금붕어는 몇 마리니? 금붕어 수만큼 숫자카드를 놓아 보자. (4)
- 토끼는 몇 마리니? 토끼 수 만큼 숫자카드를 놓아 보자. (1)
- 금붕어와 토끼를 모두 세어 보겠니? 모두 합친 숫자를 놓아 보자.
- 호랑이가 세 마리 있는데 다섯 마리가 되려면 몇 마리가 와야 될까?
- 5를 만드는 다른 방법이 있을까?

교수-학습 지원

1 수량의 부분과 전체의 관계를 알게 한다.
2 더하기 빼기의 상보적 관계를 경험하게 한다.

활동자료

여러 가지 수 세기 자료, 숫자카드

제9장

놀이를 통한 수학활동

1 거미줄 놀이

유아들이 거미줄 모형을 보고 거미놀이를 한다. 교사는 거미줄을 만들어 신체적 탐색을 통해 공간개념을 알 수 있도록 수학활동을 확장한다.

"얘들아 나 좀 봐. 거미줄 위에 누우니 거미가 된 것 같아."
"선생님, 거미줄 모양이 사다리 같아요!"
"몸이 붕 뜬 것 같아. 거미줄에 걸렸어요. 구해 주세요."
"선생님 거미줄 만들고 싶어요."

교사 놀이 지원

1. 산책 후 유아들과 거미줄 만드는 활동을 한다.
   - 거미줄을 만들어 볼까?
   - 거미줄은 무엇으로 만들까?
   - 거미줄은 어떤 모양이니?
   - 거미줄 모형은 교실 어디에 설치하면 좋을까?

교수-학습 지원

1. 여러 가지 재료로 거미줄 모양을 만들어 본다.
2. 신체를 이용하여 공간관계를 탐색하게 한다.
3. 공간과 기하와 관련된 수학적 용어를 익힌다.

활동자료
여러 가지 줄(고무줄, 비닐끈, 노끈 등)을 제공

2. 거미줄을 이용하여 신체활동을 전개한다.

- 기어서 거미줄을 통과해 보자.
- 거미줄 아래로 지나가 보자.
- 거미줄 위로 지나가 보자.
- 거미줄을 닿지 않고 지나가 보자.

3. 거미줄을 이용한 게임을 유아가 고안해 보게 한다.

- 거미줄을 닿지 않고 지나가 보자.
- 거미줄로 또 어떤 놀이를 해 볼까?

2 나무토막 쌓기

숲길을 산책을 하는 동안 나무토막을 발견한 유아들이 쌓기 놀이를 한다.

"얘들아 여기 나무토막이 있어~ 우리 쌓기 할까?"
"나는 새집을 만들 거야."
"계속 쌓으니까 다시 나무처럼 되었어."

교사

- 지원이는 나무토막을 높이 쌓고 있구나. 뭐 만들고 있어요?
- 누가 제일 높이 쌓았는지 알아볼까? 어떻게 비교해 볼 수 있지?

교사 놀이 지원

〈교사는 교실에 돌아와 블록놀이와 연계하여 여러 가지 도형의 특징과 수에 대해 탐색하게 한다.〉

1. 블록놀이가 끝나면 자신이 만든 유니트 블록 구성물을 소개하며 토의한다.
   - 무엇을 만들었니?
   - 어떤 모양들이 있니?
   - 어떤 모양들이 가장 많이 사용됐니?

교수-학습 지원

1. 블록을 이용하여 여러 가지 모양을 구성한다.
2. 입체도형과 평면도형의 특성에 대해 토의한다.
3. 유아가 만든 구성물을 그려 보게 한다.

활동자료

여러 가지 모양의 유니트 블록, 그리기 도구, 종이, 물감 등

2. 입체도형의 특성에 대해 탐색한다.

- 블록을 만져 보고 원기둥과 삼각기둥의 차이를 말해 본다.
- 입체도형의 이름을 알려 준다.
- 유니트 블록의 길이를 비교하며 반(1/2), 두 배, 네 배의 개념을 알려 준다.

3. 자신이 만든 구성물을 그려 보게 한다.

- 그림 속 모양과 원기둥/삼각기둥의 다른 점을 비교한다.

4. 유아들이 만든 구성물을 사진을 찍어 함께 감상한다.

- 어떤 걸 만들었니?
- 사진을 보고 자신의 작품을 그려 보자.

3 그림자 놀이

산책하는 동안 유아들이 그림자를 발견하고 다양한 동작의 그림자를 만든다.

"얘들아 나 좀 봐."
"그림자가 생겼어."
"내 그림자는 작아."

교사
- 와! 어떤 때 그림자가 생기니?
- 누구 그림자가 더 기니?

교사 놀이 지원

〈교사는 유아가 그림자 모양의 길이를 다양하게 탐색하게 하고 그림자 길이 측정 활동을 전개한다.〉

1. 그림자를 탐색한다.
   - 어떤 때 그림자가 생기니? 그림자가 안 생기는 친구도 있니?
   - 어떤 때 그림자가 생기지 않니?
   - 이것 봐, 이건 무슨 모양이지? 토끼가 있네.

교수-학습 지원

1. 여러 가지 모양의 그림자를 만든다.
2. 그림자 길이를 측정한다.
3. 그림자 길이를 그래프로 만들어 비교한다.
4. 그림자가 생기는 방법을 안다.

활동자료

길이를 재기 위한 여러 가지 사물(막대, 줄, 돌 등)

2. 그림자 길이를 조사한다.

- 그림자는 언제 가장 기니?
- 그림자가 언제 가장 짧니?
- 누구 그림자가 제일 기니?
- 그림자 길이를 재어 보자. 그림자 길이는 무엇으로 잴까?
- 그림자 길이를 어떻게 표시할까?

3. 그림자 길이 그래프를 만든다.

- 조사한 그림자의 길이를 땅바닥에 표시하고 비교한다.
- 그림자의 길이를 비교하며 가장 짧은 그림자부터 긴 그림자를 순서 짓기 한다.

4 나무둘레를 재어 봐요

"선생님, 나무가 엄청 뚱뚱해요."
"이 나무는 날씬해요."

교사

- 나무는 얼마나 클까?
- 나무를 안으려면 친구들이 몇 명이 필요할까?
- 나무가 얼마나 큰지 재어 보자.

교사 놀이 지원

1. 나무 둘레를 신체를 이용하여 다양하게 탐색한다.
   - 이 나무의 둘레는 얼마나 될까?
   - 이 나무가 얼마나 큰지 재려면 무엇으로 재면 좋을까?
   - 나무를 팔로 안아 보겠니?
   - 친구들 몇 명이 있어야 나무를 안을 수 있을까?
   - 나무 둘레를 재는 다른 방법이 있을까?
   - 다른 나무도 둘레를 재어 보자.
   - 이 나무와 저 나무는 굵기가 어떻게 다르니?
2. 나무의 둘레를 잰 결과를 그래프에 기록한다.
   - 그래프를 보며 측정 결과를 토의한다.

교수-학습 지원

1. 나무 둘레를 재는 여러 가지 측정 도구를 안다.
2. 나무 둘레를 측정한 결과를 그래프로 기록한다.
3. 그래프를 보며 여러 가지 수학개념을 적용한다.

활동자료

줄자, 막대 등 여러 가지 길이 측정 도구, 그래프 판, 필기도구 등

5 볼링 게임

"와, 두 개 넘어졌다."
"지우야, 나하고 시합할래?"

교사
- 와, 어떻게 해서 볼링 핀이 쓰러졌니?
- 어떻게 공을 던져야 볼링 핀이 많이 넘어질까?

교사 놀이 지원

1. 게임을 하기 전 볼링 핀을 쓰러뜨리는 방법을 탐색한다.
   - 핀이 몇 개가 넘어졌니? 어떻게 해야 더 많이 넘어질까?
   - 공은 어디서 던지면 좋을까?
2. 게임 방법 탐색이 끝나면 팀을 나누어 게임을 한다.
   - 볼링 핀이 몇 개 넘어졌니?
   - 쓰러뜨린 핀 수 만큼 스티커를 그래프에 붙여 보자.
   - 남아 있는 볼링 핀은 몇 개니?
   - 곰 팀이 쓰러뜨린 볼링 핀은 모두 몇 개니?
   - 곰 팀이 사자 팀을 이기려면 몇 개를 더 쓰러뜨려야 하니?
3. 게임 점수 그래프 판을 보며 결과를 비교한다.
   - 곰 팀은 모두 몇 개를 쓰러뜨렸니? 숫자를 적어 보자.
   - 곰 팀은 사자 팀보다 몇 개를 더 많이 쓰러뜨렸니?

교수-학습 지원

1. 게임을 통해 수와 연산에 대해 경험하게 한다.
2. 점수판을 비교하며 확률에 대해 알게 한다.
3. 게임을 통해 신체의 균형, 협응 능력을 기른다.

활동자료
폐품을 이용한 볼링 핀, 점수 그래프 판, 스티커, 색연필 등

6 가게놀이

"꽃사세요".
"오늘은 엄마 생일이라 꽃을 살 거에요. 얼마에요?"
"아휴 더워 시원한 주스 사 마셔야겠다."
"수박주스 한 잔요."
"얼마에요?"
"이천 원이에요."
"옷 얼마에요?"
"옷 한번 입어 보세요."

교사 놀이 지원

〈극화놀이영역에서 꽃가게 놀이를 하는 아이들과 전체 가게 놀이로 확장시킨다.〉

1. 가게놀이에 필요한 것들에 대해 토의한다.
   - 우리 동네에 어떤 가게들이 있니? (꽃가게, 신발가게, 화장품가게)
   - 가게를 만들려면 어떤 것들이 필요하니? (영수증, 돈, 봉투, 물건 등)

교수-학습 지원

1. 극화놀이를 통해 분류, 수 세기, 연산개념을 기른다.
2. 화폐단위를 알고 연산, 치환 등을 경험한다.
3. 숫자 문해 능력을 기른다.

활동자료

간판 꾸미기 판, 역할 분담표, 여러 가지 종이, 다양한 쓰기도구

- 꽃가게는 무엇이 필요하니?
- 가격표는 어떻게 정할까?

2. 가게놀이에 필요한 소품을 만든다.

3. 역할을 정한다.

- 가게를 하려면 어떤 사람들이 필요하니?
- 종업원과 손님은 어떻게 정할까?
- 역할분담표를 제공한다.

7 전통무늬 만들기

"선생님 저 무늬 만들고 있어요."
"무슨 무늬를 만들었니?"
"옛날 집 문살이에요."

교사
- 문살무늬가 양쪽이 똑같이 대칭이 되게 만들었네.

교사 놀이 지원

1. 블록놀이를 하는 유아들에게 전통을 주제로 옛날 한옥 문 사진자료를 제시해 주고 블록으로 구성해 보게 한다.
   - 블록 구성물에 어떤 모양들이 있니?
   - 지우는 똑같은 무늬가 두 개가 있네.
   - 은서도 무늬가 대칭이 되도록 똑같이 만들어 볼까?

교수-학습 지원

1. 공간과 도형의 기초개념을 안다.
2. 대칭과 반(1/2)의 개념에 대해 알게 한다.

활동자료

전통 한옥 문양 사진, 다양한 모양 블록, 물감, 다양한 종이, 쓰기 도구, 가위

2. 데칼코마니 활동을 한다.

- 반(1/2)의 개념을 소개한다.
- 이 무늬를 반으로 접으면 어떻게 될까?
- 종이를 반으로 접어 가위로 원하는 모양을 잘라 보겠니?
- 펼쳐 보니 어떻게 보이니?

3. 대칭이 되는 물건을 주변에서 찾아보게 한다.

8 점 선 면

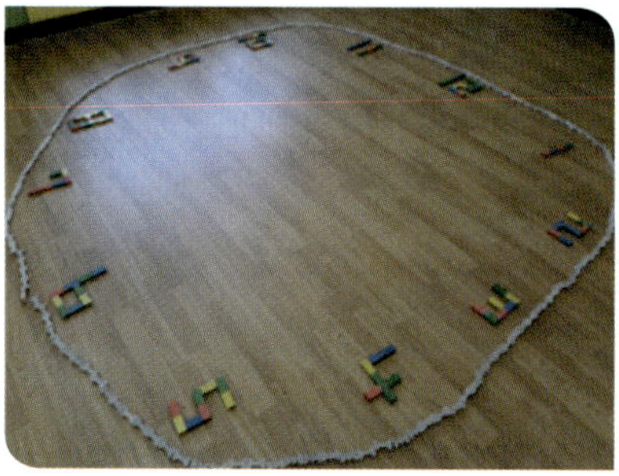

"도미노를 길게 눕혀서 길을 만들었어요."
"선생님 도미노로 동그라미도 만들어져요."
"나는 친구를 만들어 줄 거에요."

교사
- 도미노로 원을 만들었구나
- 원 안을 도미노로 채워 볼까?

교사 놀이 지원

- 점으로 길게 직선을 만들어 보겠니?
- 점으로 동그라미를 만들어 보겠니?
- 동그라미 안을 다 채워 보겠니?

교수-학습 지원

1. 구성활동을 통해 점, 선, 면에 대해 알게 한다.
2. 점, 선, 면의 수학적 용어를 안다.
3. 점, 선, 면으로 다양한 구성활동을 하게 한다.

9 키를 재어 봐요

"윤석아, 우리 누가 더 큰지 재어 볼까?
"그래 나부터 재어 줘~"
"무엇으로 잴까?"
"음 자가 필요한데…"
"블록으로 재어 보자."

교사 놀이 지원

1. 블록놀이를 하던 중 한 유아가 친구에게 키를 재어 달라고 한다. 교사는 조사활동을 통해 키를 측정하는 활동으로 전개한다.
   - 우리 반 친구들의 키를 조사해 보자.
   - 키를 재려면 무엇이 필요하니?
   - 자 말고 다른 것으로 잴 수 있니?
   - 친구 중에 누구의 키가 가장 클까?
   - 호준이 키는 얼마큼 크니? 블록이 모두 몇 개였니?
   - 여기 그래프 판에 키를 표시해 보자.
   - 우리 반에서 가장 키가 큰 친구는 누구니?

교수–학습 지원

1. 키를 잴 수 있는 비표준화 측정도구를 찾아보게 한다.
2. 키를 잰 결과를 그래프로 나타내 본다.
3. 그래프를 보며 측정 결과를 토의한다.

활동자료

여러 가지 비표준화 도구, 그래프 판, 쓰기도구

제10장

문학과 수학 통합활동

1 로지의 산책

활동목표

1. 앞, 옆, 위 등의 위상학적 기하 개념을 안다.
2. 위상학적 기하와 관련된 수학적 용어를 안다.
3. 물체의 위치를 언어적, 영상적으로 표상할 수 있다.

활동방법

1. 동화를 들려주고 동화의 내용을 회상한다.
   - 로지는 어디로 산책을 갔지?
   - 로지는 여우를 만나서 어떻게 했니?
2. 로지가 지나간 곳을 회상하며 위상학적 공간에 대해 탐색한다.
   - 공간 개념에 대해 언어적으로 표현하게 한다.
   - 로지는 어떤 곳을 지나갔나요?
   - 로지는 연못의 어디를 지나갔니?
   - 지시에 따라 적절한 위치에 그림을 놓아 보게 한다.
   - 로지를 볏짚 위에 놓아 보자.
   - 로지를 연못 옆에 놓아 보자.
3. 로지가 지나간 곳을 그림으로 나타내 보게 한다.
   - 로지가 도망간 곳을 순서대로 그려 보자.

4. 활동에 대해 평가한다.
   - 자신이 그린 그림을 보며 친구들과 의사소통하게 한다.
   - 활동을 하고 나서 어떤 걸 알게 됐니?

활동자료

『로지의 산책』 융판 동화, 막대인형

2 로지 집 찾아가기 게임

활동목표

1. 위상학적 기하 개념을 안다.
2. 위상학적 기하와 관련된 수학적 용어를 안다.
3. 게임을 통해 순서 지키기를 안다.

활동방법

1. 『로지의 산책』 동화를 회상하며 게임을 소개한다.
   - 로지가 어느 곳을 지나갔나요?
   - 오늘은 로지 집을 찾아가는 게임을 해 볼 거예요.
2. 게임판을 관찰한다.
   - 로지 집은 어디 있나요?
   - 울타리의 오른쪽에는 무엇이 있나요?
   - 비밀상자 안에 뭐가 있는지 누가 뽑아 볼까요?
3. 게임 규칙을 소개한다.
   - 로지 집 찾아가기 규칙을 알아보자.
   - 유아가 나와서 시범을 보이게 한다.

[게임 규칙]
1) 순서를 정한다.
2) 상자에서 그림카드(헛간, 연못, 볏짚 등)를 뽑는다.
3) 방향 주사위를 던져 그림카드에 있는 장소로 이동한다.
4) 로지 집을 먼저 찾아가는 사람이 이긴다.

4. 로지 집 찾아가기 게임을 한다.

5. 게임 활동을 평가한다.
   - 로지 집 찾아가기 게임을 했는데 어땠나요?
   - 어떻게 해야 로지 집에 빨리 도착하나요?

활동자료

로지인형, 방향표시 주사위, 게임판, 비밀상자, 그림 카드

3 아기 세모의 생일

활동목표

1. 여러 가지 모양과 모양의 이름을 안다.
2. 도형 구성을 통해 도형의 회전, 대칭, 합동, 이동을 경험한다.

활동방법

1. 동화『아기 세모의 세 번째 생일』을 듣고 회상한다.
   - 아기 세모의 세 번째 생일에 누가 왔니?
   - 세모 친구가 오니 어떤 모양이 되었니?
   - 연은 세모가 몇 개가 모여서 되었니?

2 동화 속에 나오는 모양들을 색종이를 이용하여 만들어 본다.
   - 연을 만들려면 어떤 모양이 필요하니?
   - 연을 세모로만 만들 수 있니?
   - 네모가 없으면 어떤 모양으로 연을 만들 수 있을까?
   - 세모 두 개를 이용해서 네모를 만들어 보자.
   - 마름모가 되려면 세모가 몇 개가 필요하니?

3. 여러 가지 모양 색종이로 동화에 나온 모양을 구성한다.

연 만들기

피라미드 만들기

4. 유아의 작품을 보며 수학적 토의를 한다.
   - 예진이는 색종이로 무엇을 만들었니?
   - 어떤 모양들로 만들었니?
   - 피라미드는 삼각형 몇 개를 사용했니?
   - 친구들이 가장 많이 만든 모양은 어떤 거니?
5. 활동을 평가한다.
   - 오늘 활동을 하고 나서 어떤 걸 알게 됐니?

활동자료

그림책『아기 세모의 세 번째 생일』, 여러 가지 크기의 모양 색종이(세모, 네모), 도화지, 풀, 가위

4 나비 데칼코마니

활동목표

1. 반(1/2)의 개념을 안다.
2. 모양의 대칭에 대해 안다.
3. 그림을 통해 반의 개념을 표상한다.

활동방법

1. 동화『배고픈 애벌레』를 회상한다.
   - 애벌레가 무엇이 되었니?
   - 애벌레는 어떻게 나비가 되었니?
2. 데칼코마니 활동 방법을 소개한다.
   - 나비 모양 데칼코마니를 보여 주며 관찰한다.
   - 나비 날개 양쪽 무늬가 어떠니? 어떻게 똑같은 무늬가 생길까?
   - 나비를 양쪽이 같은 모양이 나오도록 반(1/2)으로 접어 보자.
   - 나비 날개 한쪽에만 물감을 짜서 종이를 접어 볼 거에요.
   - 어떤 모양으로 만들 거니?

3. 데칼코마니 작품을 소개하며 수학적 의사소통을 한다.

- 어떻게 해서 똑같은 모양이 나왔지?
- 어떤 순서로 만들었니? 반을 접지 않고 물감을 짜면 어떤 모양이 될까?

4. 활동을 평가한다.

- 나비 모양이 어떻게 만들어졌는지 설명해 보게 한다.

활동자료

물감, 나비 모양 종이, 가위

5 작은 집 지도 만들기

활동목표

1. 위치와 방향 등 위상학적 공간개념에 대해 안다.
2. 작은 집 동네를 지도로 표현할 수 있다.

활동방법

1. 『작은 집 이야기』 동화를 들려준다.
2. 동화를 듣고 작은 집 주변의 새로운 변화들에 대해 이야기 나눈다.
   - 작은 집 주변에 있던 것들은 무엇이니?
   - 작은 집 주변에 새로 생긴 것들은 무엇이 있을까?
   - 작은 집 주변이 도시로 변하자 그리워한 것은 무엇이니?
3. 작은 집 주변 도로와 건물들을 협동화로 그려 본다.
   - 작은 집 주변에 새로 생긴 도로와 건물들을 그려 보자.
   - 모둠별로 모여 위치와 그려야 할 것들을 토의하며 작은 집 지도를 그리게 한다.
4. 완성된 지도를 보며 도로와 건물 등의 위치에 대해 이야기 나눈다.
   - 유아들이 만든 지도를 친구들에게 설명해 보게 한다.
   - 위상학적 공간 개념과 관련된 기차역은 어느 쪽에 있니?
   - 작은 집 주변에는 무엇이 있니?

5. 활동 후 느낌을 토의한다.

- 작은 집 지도를 만드니 어땠니?
- 어떤 걸 알게 됐나요?

활동자료

그림책『작은 집 이야기』, 전지, 색연필, 사인펜, 크레파스, 매직

6 침대가 작아졌어요

활동목표

1. 비표준화된 도구를 사용하여 측정한다.
2. 표준화된 도구의 필요성을 인식한다.
3. 그래프를 통해 측정 결과를 표상한다.

활동 방법

1. 동화를 들려주고 내용을 회상한다.
   - 빌리의 침대는 왜 작아졌을까?
   - 친구들 물건 중에 작아져서 사용하지 못한 것이 있니?
   - 침대가 빌리의 키에 맞으려면 어떻게 해야 하는지 토의한다.
2. 키에 맞는 침대를 만들기 위해 측정 방법을 토의한다.
   - 침대를 만들려면 무엇을 재야 하는지 알아본다.
   - 어떤 것으로 잴지 토의한다. (끈, 블록, 클립, 줄자 등)

3. 모둠별로 여러 가지 물체(블록, 클립, 자)로 친구의 키를 측정한다.

▶ 교실 안의 여러 가지 도구로 키를 측정하는 방법을 탐색하게 한다.

- 친구들의 키 높이를 비교하려면 무엇으로 재면 좋을까?
  (종이 벽돌 블록, 유니트 블록 등)
- 어떻게 해야 정확하게 잴 수 있을까?
  (서서 재기, 누워서 재기 등)

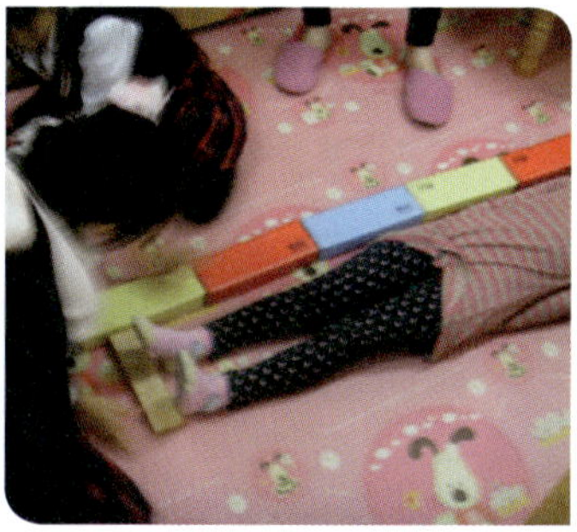

▶ 유아들이 다양한 방법으로 측정을 시도하게 한다.

- 벽에 서서 표시해 보기, 친구와 키를 비교하기 등 유아들이 여러 가지 아이디어를 탐색하게 한다.

4. 조사 결과를 그래프로 나타낸다.

- 여러 가지 도구로 키를 잰 결과를 그래프에 수량으로 표시한다.
- 여러 가지 사물로 쟀을 때 그래프의 결과가 달라지는 것에 대해 토의한다.
- 비표준화된 도구는 일관성이 없음을 인식하게 한다.

> - 친구의 키를 종이 벽돌 블록으로 쟀을 때는 블록이 몇 개가 사용됐니 ?
> - 색연필로 쟀을 때는 종이블록보다 몇 개가 더 사용됐니?
> - 왜 사용한 도구마다 결과가 달라질까?
> - 줄자로 잰 결과는 어떠니?

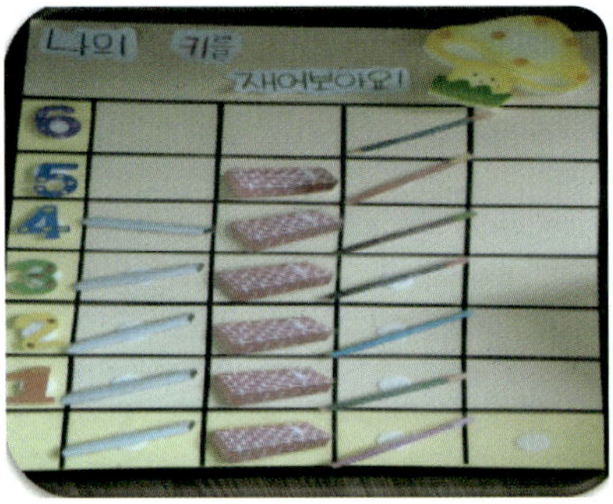

5. 그래프를 보며 표준화된 도구의 편리함을 알게 한다.

- 모둠별로 침대 길이의 차이를 비교한다.
- 사물로 쟀을 때와 줄자로 쟀을 때 다른 점을 비교한다.
- 키를 재는 표준화된 도구의 의미를 알게 한다.

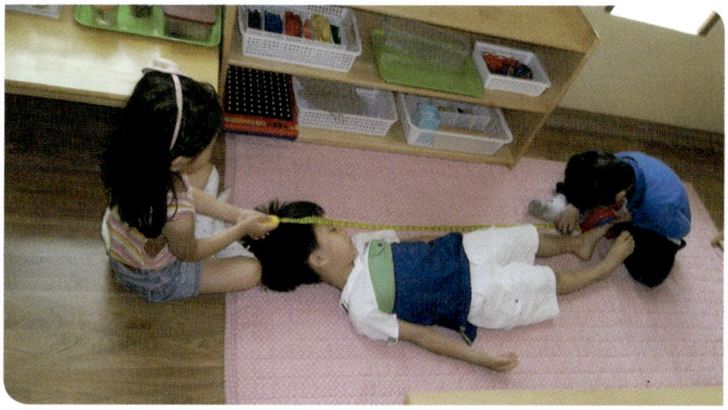

6. 활동을 평가한다.

- 오늘 어떤 걸 알게 됐니?

활동자료

그림책『침대가 작아졌어요』, 그래프 판, 숫자 카드, 필기도구 등

7 꼬리를 찾아 주세요

활동목표

1. 동화의 사건을 순서대로 말할 수 있다.
2. 측정활동을 통해 여러 가지 수학개념을 안다.

활동방법

1. 동화『꼬리를 돌려주세요』를 듣고 내용을 회상한다.
   - 처음에 여우 꼬리가 왜 잘리게 되었지요?
   - 여우는 어떻게 꼬리를 다시 달게 되었지요?
2. 동화에 나온 사건의 순서대로 그림 자료를 붙여 본다.
3. 동화 속에 나오는 할머니의 우유통을 채우는 활동을 통해 측정 활동을 수행한다.
   - 우유의 양을 측정하는 다양한 방법에 대해 아이디어를 모은다.

교사: 여기 우유통에 우유가 얼마큼 들어가는지 재어 보려면 어떻게 할까?
유아: 저울로 재어 봐요.
교사: 만약에 저울이 없다면 어떻게 알아볼 수 있을까요?
유아: 손으로 들어봐요./ 컵으로 몇 컵이 들어가는지 알아봐요.
교사: 그럼 어떤 컵으로 재어 볼까요?
유아: 종이컵이요./ 플라스틱 컵이요./ 간식 컵이요.

4. 여러 가지 다양한 컵으로 우유의 양을 측정하고 그 결과를 그래프로 기록한다.
5. 우유의 양을 기록한 그래프를 보며 분석한다.
   - 우유는 종이컵으로 몇 컵이 들어갔니?
   - 어떤 컵이 가장 많이 사용됐니?
   - 왜 컵의 수가 다를까?
6. 활동을 평가한다.
   - 오늘 어떤 활동을 했니?

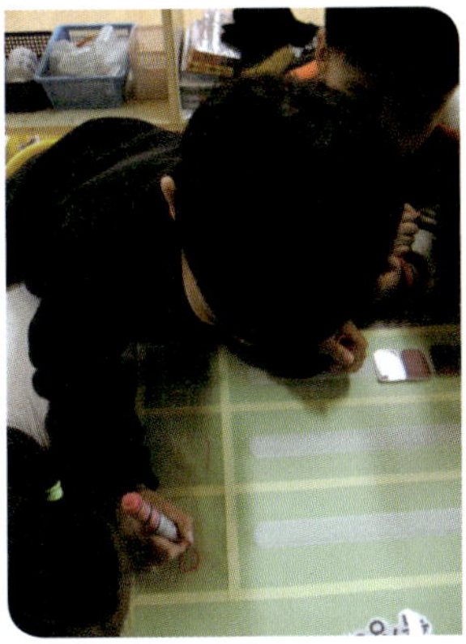

활동자료

그림책 「꼬리를 돌려주세요」의 융판 동화 자료, 여우 꼬리 자료

8 꼬리 찾기 게임

활동목표

1. 게임을 통해 좌표기하를 알게 한다.
2. 공간의 위치를 그림으로 표현한다.
3. 게임을 통해 순서지키기를 안다.

활동방법

1. 「꼬리를 돌려주세요」 동화내용을 회상한다.
   - 여우는 왜 꼬리가 잘렸니?
   - 여우가 잘린 꼬리를 되찾으려고 무엇을 했나요?
2. 꼬리 찾기 게임 활동을 소개한다.
   - 이게 무엇이죠? 여우 꼬리에요.
   - 꼬리 찾기 게임을 위해 교실 지도를 만들 거에요.
3. 유아들이 교실 지도에 꼬리를 숨긴 장소를 표시하여 지도를 만든다.
4. 꼬리 찾기 게임 규칙을 소개한다.
   - 지도에 표시가 되어 있는 곳은 꼬리가 숨겨진 곳이에요.
   - 어떻게 해야 꼬리를 잘 찾을 수 있을까?
   - 게임 규칙을 소개한다.

[게임 규칙]
1) 정해진 시간 안에 지도를 보고 꼬리를 찾는다.
2) 꼬리를 찾은 곳을 지도에 표시한다.
3) 꼬리를 모두 찾은 팀이 이긴다.

5. 지도를 보며 꼬리 찾기 게임을 한다.

6. 활동에 대해 평가하는 시간을 가진다.
   - 오늘 꼬리 찾기 게임을 해 보니 어땠나요?
   - 다음에 게임할 때 바꿔서 해 보고 싶은 것이 있나요?

활동자료

그림책「꼬리를 돌려주세요」의 융판 동화, 여우꼬리 자료, 교실 배치도

9 아기 오리 열두 마리

활동목표

1. 1~12까지 큰 수에 대해 안다.
2. 큰 수의 부분과 전체 관계를 안다.
3. 큰 수를 언어와 영상으로 표상한다.

활동방법

1. 동화를 소개한다.
   - 동화책의 표지와 제목을 보고 내용을 추측해 본다.
   - 어떤 그림이 있나요?
   - 오리들이 무엇을 하고 있는 것 같니?
2. 동화 「아기 오리 열두 마리는 너무 많아」를 들려주고 동화를 회상한다.
   - 아기 오리는 모두 몇 마리인가요?
   - 엄마 오리는 아기 오리가 너무 많아 아기 오리들을 어떻게 확인했니?
   - 줄 서는 방법을 바꿨더니 아기 오리들이 어떻게 되었니?
3. 아기 오리가 되어 동화 내용을 재현한다.
   - (오리 머리띠를 나누어 주고) 두 마리씩 짝을 지으면 몇 줄이 될까?
   - 세 마리씩(혹은 네 마리씩) 짝을 지어 줄을 만들어 보자.
   - 아기 오리가 다섯 마리씩 짝을 지으면 어떻게 될까?
   - 우리 반은 모두 몇 명인지 세는 방법은 어떤 것이 있을까?

4. 다른 구체물로 바꾸어 큰 수 세기활동을 확장시킨다.

- 여러 가지 물체(블록이나 단추) 열두 개를 다양한 방법으로 나누어 본다.

5. 『아기 오리 열두 마리는 너무 많아!』 동화를 듣고 그림을 그려 보게 한다.

6. 큰 수 세기 활동에 대해 평가한다.

- 아기 오리 열두 마리를 세는 다양한 방법에 대해 토의한다.
- 엄마 오리가 아기 오리 수를 빨리 확인할 수 있는 방법은 무엇이 있을까?
- 오늘 어떤 것을 알게 됐니?

활동자료

그림책『아기 오리 열두 마리는 너무 많아!』, 오리 그림자료, 오리 머리띠

10 빨간 부채 파란 부채

활동 목표

1. 동화 속 규칙성에 대해 안다.
2. 동화를 줄거리를 순서대로 말할 수 있다.
3. 규칙성을 그림으로 표상할 수 있다.

활동방법

1. 동화책의 표지와 제목을 보고 내용을 추측해 본다.
   - 어떤 그림이 있나요?
   - 무엇을 하고 있는 것 같나요?
2. 동화 『빨간 부채 파란 부채』를 들려준다.
   - 오늘은 빨간 부채와 파란 부채에 대해 이야기를 해 줄 거에요.
3. 동화의 내용을 회상한다.
   - 산으로 나무를 하러 갔던 할아버지는 무엇을 발견했니?
   - 빨간 부채를 부치면 할아버지 코가 어떻게 되었니?

4. 가장 기억에 남는 장면을 그림으로 그려 보게 한다.
   - 유아들이 그린 그림 속 패턴 개념을 언어로 표현해 보게 한다.

5. 다양한 부채를 분류해본다.
- 큰 부채와 작은 부채를 나누어 보겠니?
- 부채의 재질에 따라 분류해 보겠니?
- 부채를 다른 방법으로 나눌 수 있니?

6. 동화를 듣고 난 느낌을 이야기 나눈다.
- 동화를 듣고 느낌이 어땠니?
- 부채로 무엇을 했지요?

활동자료

그림책『빨간 부채 파란 부채』, 부채

11 부채 패턴 만들기

활동목표

1. 동화 속 규칙성에 대해 안다.
2. 패턴을 그림으로 표상할 수 있다.
3. 패턴을 복잡한 규칙으로 변형할 수 있다.

활동방법

1. 「빨간 부채 파란 부채」 동화를 회상한다.
   - 빨간 부채를 부치면 코가 어떻게 되었나요?
   - 파란 부채를 부치면 코가 어떻게 되었나요?
2. 부채로 패턴의 규칙성을 알게 한다.
   - 부채 패턴을 보여 주며 똑같은 순서로 놓아 보게 한다.
   - 다음에는 무엇이 올까?

3. 부채 패턴을 그림으로 표상하게 한다.
   - 부채 패턴의 순서대로 그림을 그려 보자.
   - 숫자를 이용해서 패턴을 만들어 보자.

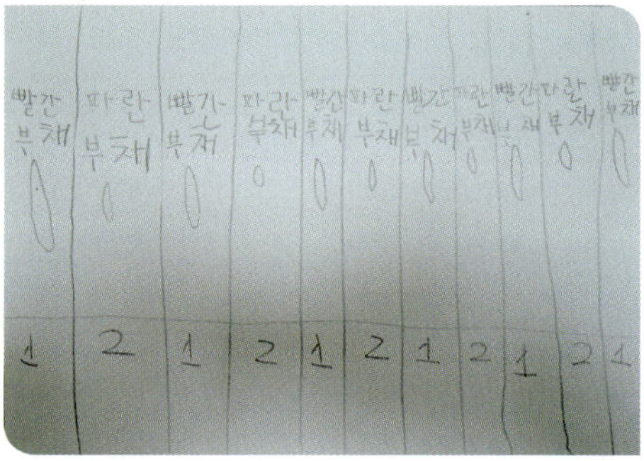

4. 패턴을 여러 가지 사물로 전이 활동을 한다.

- 바둑알을 부채 순서대로 놓아 볼까?
- 이번에는 어떤 사물로 놓아 볼까?

5. 패턴을 복잡한 규칙으로 변형해 본다.

- 부채를 빨간 부채-파란 부채-빨간 부채 순서로 놓아 보자.

6. 활동을 평가한다.

- 오늘 어떤 활동을 해 보았죠?

활동자료

빨간 부채 파란 부채 패턴 판, 부채 그림카드, 여러 가지 실물자료

제11장

미술과 수학 통합활동

1 봄꽃 콜라주 액자 만들기

활동목표

1. 여러 가지 준거로 자연물을 분류한다.
2. 자연물로 아름다움을 표현한다.

활동방법

1. 산책활동을 하는 동안 꽃과 나뭇잎을 모아오게 한다.
2. 자연물을 탐색해 보고 자연물의 특성에 대해 이야기 나눈다.
   - 산책을 가서 어떤 것들을 모아왔니?
3. 준거를 제시하고 유아가 자연물을 분류해 보며 수학적 탐색을 한다.
   - 자연물을 같은 모양끼리 나누어 보자.
   - 어떤 색의 나뭇잎이 가장 많았니?
4. 유아가 준거를 찾아 자연물을 분류하게 하고 분류한 준거에 대해 말해 보게 한다.
   - 어떤 방법으로 나뭇잎을 나누었니?

5. 나뭇잎을 이용하여 액자를 만들어 본다.

- 꽃과 나뭇잎으로 한지 위에 어떻게 꾸미면 좋을까?

6. 유아의 작품을 소개하고 감상한다.

활동자료

자연물, 코팅지, 한지, 풀, 마끈

2 강냉이로 도형 만들기

활동목표

1. 모양 구성을 통해 도형의 변화를 경험한다.
2. 모양구성을 통해 평면도형과 입체도형의 특성을 이해한다.

활동방법

1. 교실 속 모양에 대해 이야기 나눈다.
   - 교실에 있는 세모와 네모 모양 물건들을 찾아보자.
   - 교실 속 물건의 모양의 특성에 대해 설명해 보게 한다.
2. 구성활동을 소개한다.
   - 여기 있는 수수깡과 이쑤시개를 이용해서 모양을 만들어 볼 거에요.
   - 뻥튀기로 세모 모양을 만들려면 이쑤시개는 몇 개가 필요할까?
3. 여러 가지 재료를 연결하여 입체도형을 만들어 보게 한다.
   - 뻥튀기와 이쑤시개로 다른 모양도 만들어 볼 수 있을까?
   - 수수깡 다섯 개를 사용하면 어떤 모양이 될까?

4. 유아들이 만든 모양을 보여 주며 수학적 탐색을 한다.
 - 어떤 모양을 만들었니?
 - 사각형에는 몇 개의 수수깡이 있니?
 - 오각형에는 몇 개의 이쑤시개가 있니?

활동자료

수수깡, 이쑤시개, 뻥튀기 과자, 색연필, 사인펜

3 세모와 네모

활동목표

1. 다양한 모양의 색종이로 도형을 표상한다.
2. 모양의 분할, 이동, 변환에 대해 안다.

활동방법

1. 여러 가지 크기와 모양의 색종이를 탐색한다.
   - 바구니 속에 어떤 모양이 있니?
   - 삼각형과 사각형은 무엇이 다르니?
   - 삼각형을 옆으로 돌리면 어떻게 될까? 뒤집으면 어떻게 될까?
   - 삼각형을 이용해서 다른 모양을 만들 수 있니?
   - 사각형을 자르면 어떤 모양이 나올까? 사각형을 잘라 보자.
   - 오각형은 삼각형 몇 개로 만들 수 있니?
2. 여러 가지 도형을 이용하여 집을 만들어 보게 한다.
   - 어떤 모양의 집을 만들고 싶니?
3. 유아들이 만든 작품을 소개하고 수학적 토의를 한다.
   - 은지는 지붕을 어떤 모양으로 만들었니?
   - 집을 만드는 데 가장 많이 사용한 모양은 무엇이니? 몇 개인지 세어 볼까?
   - 가장 적게 사용한 모양은 무엇이니?

4. 활동을 평가한다.

- 모양을 이용하여 활동을 해 보니 어땠니?

활동자료

세모와 네모 모양 색종이, 색도화지, 풀, 가위

4 색연필 꽂이 만들기

활동목표

1. 도형의 변화와 부분과 전체에 대해 안다.
2. 평면도형과 입체도형의 관계를 안다.

활동방법

1. 그림책 『앤서니 브라운의 마술연필』을 들려준다.
2. 동화를 듣고 색연필 꽂이를 만든다.
   - 육각형 색연필 통을 보여 주며 모양을 관찰한다.
   - 어떤 모양들이 있니? 몇 개의 삼각기둥이 모여 연필꽂이가 됐니?
3. 순서도를 보며 색연필 꽂이 만드는 방법을 알아본다.
   - 모두 몇 개의 삼각기둥이 있어야 연필꽂이가 완성될까?
   - 삼각기둥은 어떻게 만들까?
   - 교사가 시범을 보인다.

4. 완성된 색연필 꽂이를 보며 입체도형의 특성에 대해 수학적 탐색을 한다.
- 색연필 꽂이는 삼각기둥 몇 개로 만들었니?
- 삼각기둥은 어떤 모양으로 만들었니?
- 삼각기둥 세 개가 모이면 어떤 모양이 될까?
- 삼각기둥 다섯 개를 붙이면 어떤 모양이 될지 만들어 보자.

5. 활동을 평가하고 이야기 나눈다.
- 삼각기둥이 여러 개가 모이니 어떤 모양으로 변했니?
- 다음에는 어떤 걸 만들어 볼까?

활동자료

그림책『앤서니 브라운의 마술연필』, 색종이, 풀, 비즈스티커

5 야채판화 띠벽지 만들기

활동목표

1. 사물의 규칙성을 발견하게 한다.
2. 스스로 규칙을 만들고 준거를 말해 보게 한다.

활동방법

1. 여러 가지 야채의 모양을 관찰한다.
   - 어떤 야채들이 있나요? 모양이 서로 어떻게 다르니?
   - 연근을 반으로 자르면 어떤 모양이 나올까?
2. 야채를 잘라 물감을 찍어 본다.
   - 연근을 물감으로 찍어 보니 모양이 어떠니?

3. 패턴을 제시하고 야채판화를 찍어 보게 한다.
   - 야채 모양이 어떤 순서로 되어 있니?
   - 유아들이 스스로 규칙을 만들어 야채를 찍어 보게 한다.
4. 패턴을 이용하여 야채판화를 찍어 띠벽지를 만들어 본다.

6. 유아가 자신이 만든 패턴을 소개하고 패턴의 준거를 말로 표현해 보게 한다.
   - 이 패턴은 어떤 순서로 만들었니?
7. 활동을 평가한다.
   - 야채를 잘라 보니 모양이 어떻게 달랐니?
   - 야채를 이용하여 패턴을 만들어 보니 어땠니?

활동자료

여러 가지 야채(연근, 파프리카, 양파), 물감(빨, 노, 파), 접시, 물티슈

6 알록달록 구슬 팔찌

활동목표

1. 패턴을 이용하여 팔찌를 만든다.
2. 주변의 다양한 패턴을 찾아본다.

활동방법

1. 주변의 사물에서 패턴을 찾아본다.
   - 이 옷에는 어떤 무늬가 있니?
   - 어떤 순서로 무늬가 반복이 되니?
2. 패턴을 이용하여 팔찌를 만드는 방법에 대해 토의한다.
   - 패턴을 그려서 구슬로 팔찌를 만들어 볼 거에요.
   - 어떤 순서로 팔찌를 만들 거니?
3. 팔찌를 디자인한 그림을 보고 팔찌를 만든다.
   - 자기가 그린 그림을 보고 순서대로 구슬을 끼워 패턴 팔찌를 만들어 보자.

4. 활동을 평가한다.

- 누가 패턴 팔찌를 소개해 줄래?
- 지원이는 어떤 패턴을 이용해서 팔찌를 만들었니?
- 패턴을 이용해서 팔찌를 만들어 보니 어땠니?

활동자료

나무구슬, 꽃구슬, 우레탄낚싯줄, 가위, 도화지, 색연필

7 긴 고리 짧은 고리

활동목표

1. 시간의 흐름을 안다.
2. 색종이 고리를 만들어 길이를 비교한다.

활동방법

1. 시간의 흐름에 대해 토의한다.

- 바깥놀이를 하고 왔는데 얼마동안 놀았니?
- 그림자료를 보여 주며 어떤 것이 시간이 더 많이 걸릴지 알아본다.

2. 색종이 고리 만들기 활동을 소개한다.

- 색종이를 이렇게 잘라서 동그랗게 고리를 만들어 보자.
- 시곗바늘이 2자에 갈 때까지 5분 동안 색종이 고리를 만들 거에요.

3. 각자 완성한 색종이 고리를 그래프 판에 걸고 수학적 탐색을 한다.

- 누구의 것이 가장 기니?
- 누구의 것이 가장 짧니?
- 가장 짧은 것은 고리가 몇 개니?
- 가장 긴 것은 고리가 몇 개니?
- 가장 짧은 것부터 순서대로 놓아 보자.
- 전체를 이어 가장 긴 고리를 만들어 본다.

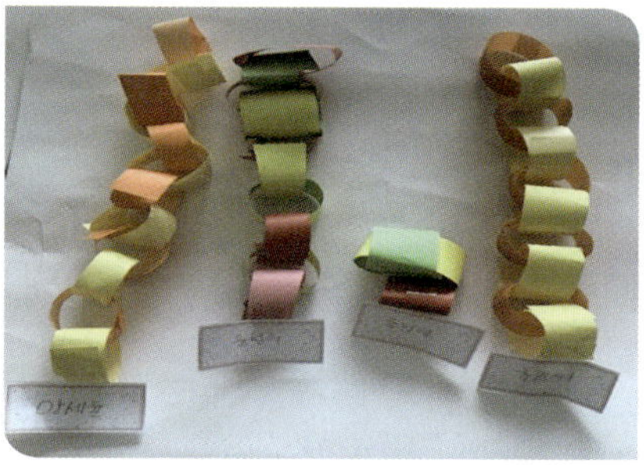

4. 활동을 평가한다.

- 자른 색종이를 말아서 고리를 만드니 어떤 모양이 되었니?
- 색종이 고리를 만들고 길이를 비교해 보니 어땠니?
- 고리 만드는 데 시간이 짧았니? 다음에는 얼마 동안 해 보면 좋을까?

활동자료

색종이, 가위, 풀, 테이프

8 나비 포토존 만들기

활동목표

1. 반(1/2)의 개념을 안다.
2. 대칭의 개념을 안다.

활동방법

1. 「배고픈 애벌레」 동화를 감상한다.
2. 동화를 회상하며 애벌레가 나비가 되기까지의 과정을 이야기한다.
3. 나비모양 콜라주 활동을 소개한다.
   - 오늘은 큰 나비를 만들어 볼 거에요.
   - 나비를 똑같이 반으로 나누려면 어떻게 할까?
4. 나비 모형판을 그려주고 나비 콜라주를 만들어 본다.
   - 여기 어떤 재료들이 있니?
   - 습자지를 구겨서 여기 있는 나비모양을 채워 볼 거에요.
5. 완성된 나비를 함께 보며 수학적 토의를 한다.
   - 나비의 색이 어떻게 나뉘었니?
   - 나비 날개가 양쪽이 똑같이 대칭이 되었니?
   - 양쪽이 똑같게 대칭이 되게 하려면 어떻게 해야 하지?
   - 나비 모양을 보여 주며 1/2 카드를 소개한다.

6. 활동을 평가한다.

- 활동을 하며 어떤 걸 알게 됐니?
- 유아들이 나비 앞에서 사진을 찍게 한다.

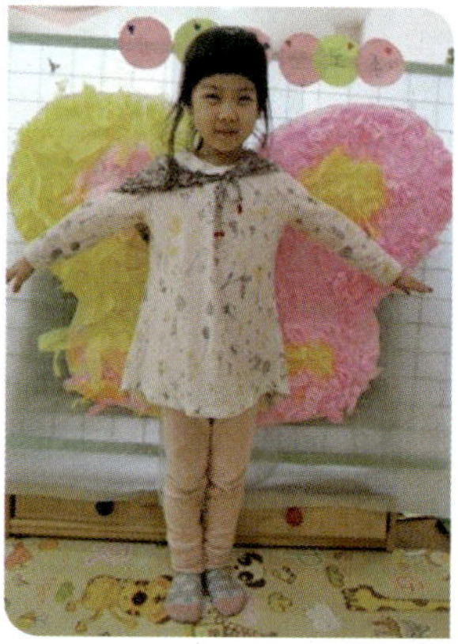

활동자료

반(1/2) 카드, 전지, 여러 가지 색 습자지, 풀

참고문헌

교육과학기술부(2013). 3-5세 누리과정: 해설서. 교육과학기술부 · 보건복지부.

교육부(2019). 3-5세 개정 누리과정: 해설서. 교육부.

교육부(2019). 3-5세 개정 누리과정: 해설서. 교육부 · 보건복지부.

권유선 · 최혜진(2010). 그림책을 활용한 수학적 의사소통하기 및 표상활동이 유아의 수학능력과 창의성에 미치는 영향. 열린유아교육연구, 15(1), 63-81.

김경진(2006). 그림책을 활용한 수 표상활동이 유아의 수학적 문제해결력에 미치는 영향. 영남대학교 교육대학원 석사학위논문.

김경회 · 나귀옥(2007). 사회적 구성주의에 기초한 수학활동에서 나타난 유아의 수학적 과정활용변화. 유아교육연구, 27(4), 5-33.

김미숙(2011). 실험적 확률활동이 유아의 확률적 사고에 미치는 영향. 덕성여자대학교 대학원 박사학위논문.

김선영 · 최혜진(2011). 수학적 추론 활동이 유아의 문제해결 능력과 수학적 태도에 미치는 영향. 열린유아교육연구, 16(5), 221-247.

김소향(2004). 수학게임을 통한 유아의 수학적 지식, 수학적 과정기술, 수학적 태도 평가도구 개발 연구. 덕성여자대학교 대학원 박사학위논문.

김숙자 · 변경애 · 변선주 · 박현진(2007). 유아의 미술과 수학 통합적 접근이 유아의 수 표상에 미치는 영향. 유아교육학논집, 11(2), 263-285.

김용운(2003). 수학여행. 파주: 한국학술정보.

김은영 · 정가윤(2015). 수학적 과정 중심 교수학습법을 통한 만 5세 유아의 수학적 사고 변화 탐구. 영재교육연구, 25(4), 581-605.

김은정(2018). 귀납적 추론과 연역적 추론중심의 교수방법이 유아의 수학능력, 수학적 성향과 창의성에 미치는 영향. 유아교육학논집, 22(6), 169-195.

김은정 · 이정욱(2007). 유아 수학에서의 문제해결에 대한 이론적 고찰. 아동학회지, 28(4), 319-331.

김은정 · 이정욱(2008). 유아 수학과 음악의 통합교육을 위한 이론적 고찰. 유아교육연구, 25(6), 201-220.

김정은(2012). 유아수학교육에 대한 어린이집 교사의 인식 및 요구조사. 어린이문학연구, 13(3), 495-521.

남미경(2011). 역동적 평가의 스캐폴딩 집단과 능력수준에 따른 유아 기하능력발달의 차이. 유아교육연구,31(1), 133-155.

문병환(2013). 수학적 표상을 활용한 유아 수학교육 프로그램 개발 및 효과. 전남대학교 대학원 박사학위논문.

박경연(2001). 통계적 교수학습과정을 통한 그래프 이해력 증진에 관한 탐구. 대구 교육대학교 교육대학원 석사학위논문

양송이(2019). 자유놀이시간에 나타난 만 4, 5세 유아의 수학적 지식과 수학적 과정기술. 광주대학교 대학원 석사학위논문.

오인희(2013). 요리활동이 유아의 측정능력과 대수적 사고능력에 미치는 영향. 공주대학교 대학원 석사학위청구논문.

유지연(2002). 유아 수학 · 음악통합 활동이 유아의 패턴이해 능력에 미치는 영향. 덕성여자대

학교 교육대학원 석사학위논문.
이경우 · 홍혜경 · 신은수 · 진명희(1997). 유아수학교육의이론과 실제. 서울: 창지사.
이경화(1994). 확률교육의 효과와 효과적인 확률교육. 수학교육연구, 4(2), 205-221.
이금구 · 이정욱(2010). 유치원 수학활동에 나타난 교사의 교수전략 고찰. 유아교육연구, 30(5), 291-309.
이상명(2010). 수학저널쓰기를 통한 문제해결활동이 유아의 수학개념에 미치는 효과. 중앙대학교 대학원 석사학위논문.
이은영(2010). 역할놀이를 활용한 수학활동이 유아의 수학적 개념 형성에 미치는 영향. 유아교육학논집, 14(2), 193-215.
이은영(2011). 수학적 의사소통과 표상을 강조한 수학활동이 유아의 수학적 개념 형성에 미치는 영향, 유아교육연구, 31(3), 101-121.
이은정 · 이상희 · 이정욱(2012). 수학적 패턴과제에서 나타나는 유아의 패턴문제해결전략과 패턴발달수준. 유아교육연구, 32(5), 79-99.
이정욱(2004). Vygotsky근접발달지대에 기초한 유아 기하도형 지도를 위한 이론적 고찰. 열린유아교육연구, 9(3), 371-291.
이정욱(2008). 교집합의 확률에 관한 유아의 이해. 유아교육학논집, 12(6). 281-296.
이정욱 · 김인아(2007). 유아의 확률적 사고에 관한 연구. 유아교육연구, 27(3),337-354.
이정화(2013). 그림책을 활용한 수 표상활동이 유아의 수학적 성취 및 태도에 미치는 영향. 성신여자대학교 교육대학원 석사학위논문.
임미성(2017). 자료 이해 수학활동이 유아의 자료분석 능력 및 확률적 사고에 미치는 영향. 덕성여자대학교 교육대학원 석사학위논문.
장유진(2018). 유아교육용 로봇을 활용한 수학활동이 유아의 수학능력과 수학적 문제해결력에 미치는 영향. 중앙대학교 대학원 석사학위논문.
진명희(2006). Computer mediation in collaborative writing activities for young children. *International Journal of Early Childhood Education*, *12*(2), 91-108.
진명희(2015). 놀이지도. 경기: 공동체.
진명희(2017). 유아교과교재연구 및 지도법. 경기: 공동체.
진명희 · 서현순(2004). 3, 4, 5세 유아의 놀이선호도와 놀이참여 유형에서의 성유형성 비교 및 성역할 고정관념과의 관련성. 유아교육연구, 24(3), 141-162.
차현화(2006). 유아의 대수적 사고 능력 검사도구 개발. 전남대 박사학위 논문.
최진숙(2015). 수학동화를 활용한 표본 공간 확률활동이 만 4세 유아의 확률적 사고와 수학적 성향 및 수학적 능력에 미치는 영향. 원광대학교 대학원 석사 학위논문.
최현정(2010). 만 2, 3세 유아의 패턴 인식에 관한 연구: 시각적 패턴을 중심으로. 유아교육학논집, 14(1), 141-158.
최혜진(2006). 패턴과제를 이용한 유아수학학습능력의 역동적 평가 방안 탐색. 열린유아교육연구, 11(4), 359-380.
최혜진 · 조은래 · 김선영(2013). 수세기 능력이 유아의 수학능력과 수학학습잠재력에 미치는 영향. 아동학회지, 34(1), 123-140.
최혜진 · 황해익(2006). 유아수학학습능력의 역동적 평가 결과의 활용방안 모색: 개별유아의 사례들을 중심으로. 유아교육학논집, 10(2), 5-31.
한민정(2013). 음악개념과 수학개념의 연계가 유아의 수학개념에 미치는 영향. 건국대학교교육대학원 석사학위논문.
한유미(2002). 미술을 통한 수학교육이 유아의 수학적 지식과 태도에 미치는 영향. 유아교육연구, 22(2), 271-287.
홍혜경(1999). 유아의 수 표상능력 발달에 대한 분석과 교육적 활용. 유아교육연구, 19(2), 95-118.
홍혜경(2008). 유아의 확률적 이해의 출현에 관한 연구. 유아교육학논집, 12(1), 339-357.
홍혜경(2009). 수학동화를 활용한 이야기 나누기에서의 수학 담화 분석. 열린유아교육 연구, 14(5), 175-203.
홍혜경(2010). 영유아를 위한 수학교육. 서울: 공동체.
홍혜경(2013). 유아의 더하기와 빼기 문제에 대한 표상능력과 연산능력. 유아교육연구, 33(4), 5-24.
황의명 · 조형숙 · 서동미(2010). 유아수학교육. 서울: 정민사.
황정숙(1996). 유아수학교육의 효과적 지도: 구체물 조작에 의한 활동중심과 학습지에 의한 교사중심 교수방법의 비교연구. 중앙대학교 대학원 박사학위논문.
황해익, 김선형, 조은래(2011). 유아 수학학습의 역동적 평가도구의 타당화. 열린유아교육연구, 16(5), 425-447.
황해익 · 최혜진(2007). 유아그림수학능력검사. 경기: 양서원.

Andrews, A., & Trafton, P. R.(2002). Little Kids-powerful problem solvers: math stories from a kindergarten classroom. ottsmouth, NH: Heinemann.
Andrews, A. G.(2004). Adapting manipulatives to foster the thinking of young children, *Teaching Children Mathematics*, *11*(1), 15-17.
Anghileri, J.(2000). *Teaching number sense*. London: Cromwell Press.
Australian Curriculum, Assessment and Reporting Authority [ACARA].(2012). *The Australian Curriculum: Mathematics*. Available online from http://www. australiancurriculum.edu.au/Mathematics/Rationale.
Baley, N. 한국형 베일리 영유아 발달 검사 3(K-Bailey-III). 방희정 · 남민 · 이순행 편. 인사이트.
Balfanz, R., Ginsburg, H.P., & Greenes, C.(2003). *Big math for little kids*. New York: Dale Seymour Publications.
Baratta-Lorton, M.(1995). *Mathematics their way*. Scott Foresman-Addison Wesley.
Baroody, A.(2004a). The developmental bases for early childhood number and operations standards. In D. H. Clements, J. Sarama, & A. DiBiase(Eds.), *Engaging young children in mathematics*(pp. 83-112). New York: Routledge.
Baroody, A.(2004b). The role of psychological research in the development of early childhood mathematics standards. in D. H. Clements, J. Sarama, & A. DiBiase(Eds.), *Engaging young children in mathematics*(pp. 149-172). New York: Routledge.

Baroody, A., Lai, M. & Mix, K.(2006). The development of young children's early number and operation sense and its implications for early childhood education. In B. Spodek & O. N. Saracho(Eds.), *Handbook of research on the education of young children*(pp. 187-221). Lawrence Erlbaum Associates Publishers.

Baroody, A. J.(1987). *Children's mathematical thinking: A developmental framework for preschool, primary and special education teachers*. New York: Teachers College Press.

Baroody, A. J.(2000). Does mathematics instruction for three-to five-year-olds really make sense?. *Young Children*, *55*, 61-67.

Baroody, A. J.(2006). Why children have difficulties mastering the basic number combinations and how to help them. *Teaching Children Mathematics*, *13*(1), 22-31.

Baroody, A.J., & Benson, A.(2001). Early number instruction. *Teaching Children Mathematics*, *8*, 154-158.

Batanero, C., Godino, J. D. & Roa, R.(2004). Training teachers to teach probability. *Journal of Statistics Education*, *12*(1). www.amstat.org/publicatio-ns/jse/v12n1/batanero.htm

Batanero C., Henry M., & Parzysz B.(2005) The Nature of chance and probability. In G. A. Jones(Eds.), *Exploring Probability in School. Mathematics Education Library*, *vol. 40*. Boston, MA: Springer.

Beckdemir, M.(2010). The pre-service teachers' mathematics anxiety related to depth of negative experiences in mathematics classroom while they were students. *Educational Studies in Mathematics*, *75*, 311-328.

Beilin, H.(1984). Cognitive theory and mathematical cognition: Geometry and space. In B. Gholson & T. L. Rosenthanl(Eds.), *Applications of cognitive-developmental theory*(pp. 49-93). New York: Academic Press.

Beilin, H., Klein, A., & Whitehurst, B.(1982). *Strategies and structures in understanding geometry*. New York: City University of New York. ERIC Document Reproduction Service No. ED 225808.

Berk, L. E., & Winsler, A.(1995). *Scaffolding children's learning: Vygotsky and early childhood education*. Washington, DC: NAEYC.

Bickley-Green, C. A.(1995). Math and art curriculum integration: a post modern foundation. *Studies in Art Education*, *37*, 6-18.

Boisvert, M., Standing, L., & Moller, L.(1999). Successful part-whole perception in young children using multiple-choice tests. *The Journal of Genetic Psychology*, *160*, 167-180.

Borovcnik, M. & Peard, R.(1996).Probability. In A. Bishop, K. Clements, C. Keitel, J. Kilpatrick, & C. Laborde(Eds.). *International Handbook of Mathematics Education*. *Part I*(pp. 239-287). Kluwer Academic Publications.

Bruce, C. & Hawes, Z.(2015). The role of 2D and 3D mental rotation in mathematics for young children: What is it? Why does it matter? And what can we do about it?. *ZDM Mathematics Education*, *47*, 331-343.

Burns,(1996). *Writing in Math Class*. *Sausalito*. CA: Math Solutions Publications.

Bursal, M. & Paznokas, L.(2006). Mathematics anxiety and preservice elementary teachers' confidence to teach mathematics and science. *School Science and Mathematics, 106*(4), 173-180.

Burton, J. M, Horowitz, R. & Abeles, H.(2000). Learning in and through the arts: The question of transfer. *Studies in Art Education, 41*(3), 228-257.

Carpenter, T.P., Corbitt, M.K., Kepner, H.S., Lindquist, M.M., & Reys, R.E.(1980). In E.Fennema(Eds.), *Mathematics education research: Implications for the 80s*(pp. 22-38). Alexandria, VA: Association for Supervision and Curriculum Development.

Carpenter, T.P., Franke, M.L., Jacobs, V., & Fennema, E.(1998). A longitudinal study of invention and understanding in children's multidigit addition and subtraction. *Journal for Research in Mathematics Education, 29*, 3-20.

Charlesworth, R. & Lind, K.(2003). *Math and science for young children*(4th ed.) Clifton Park, NY: Delma Learning .

Clements, D., Sarama, J., Yelland, N.J., & Glass, B.(2008). Learning and teaching geometry with computers in the elementary and middle school. In M.K. Heid & G.W. Blum(Eds.), *Research on technology and the teaching and learning of mathematics, Vol.1, Research syntheses*(pp. 109-115). Charlotte, NC: Information Age.

Clements, D. H.(1999). Your child's geometric world. *Scholastic parent and child, 7*(2), 48-54.

Clements, D. H.(2004). Geometric and spatial thinking in early childhood education. In D. H. Clements, J. Sarama, & A. DiBiase(Eds.), *Engaging young children in mathematics : standards for early childhood mathematics education*(pp. 267-297). New York: Routledge.

Clements, D.H., & Battista, M.T.(1989). Learning of geometric concepts in a Logo environment. *Journal for Research in Mathematics Education, 20*, 450-467.

Clements, D.H., & Battista, M.T.(1990). The effects of Logo on children's conceptualizations of angle and polygons. *Journal for Research in Mathematics Education, 21*, 356-371.

Clements, D.H., & Battista, M.T.(1992). Geometry and spatial reasoning. In D.A.Grouws(Ed.), *Handbook of research on mathematics teaching and learning*(pp. 420-464). New York: Macmillan.

Clements, D. H., & Sarama, J.(2000). Young children's ideas about geometric shapes. *Teaching Children Mathematics, 6*(8), 482-488.

Clements, D. H., & Stephan, M.(2004). Measurement in pre-K to grade 2 mathematics. In D. H. Clements, J. Sarama, & A. DiBiase(Eds.), *Engaging young children in mathematics: standards for early childhood mathematics education*(pp. 299-317). Mahwah, NJ: Erlbaum Associates Inc.

Clements, D.H., Battista, M.T., & Sarama, J.(2001). Logo and geometry. *Journal for Research in Mathematics Education Monograph Series, 10*. ERIC Document Reproduction Service No. ED 463972.

Clements, D.H., Sarama, J., & Wilson, D.C.(2001). Composition of geometric figures. In M. van den Heuvel-Panhuizen(Ed.), *Proceedings of the 21st Conference of the International Group for the Psychology of Mathematics Education*. Utrecht, Netherlands: Freudenthal Institute.

Clements, D. H., Sarama, J., Spitler, M., Lange, A. & Wolfe, C. B.(2011). Mathematics learned by young children in an intervention based on learning trajectories: A large-scale cluster randomized trial. *Journal for Research in Mathematics Education*, *42*(2). 127-166.

Clements, D. H., Swaminathan, S., Hannibal, M. A, & Sarama, J.(1999). *Young children's concepts of shape*, *30*(2), 192-212.

Clements, D. H., Wilson, D. C., & Sarama, J.(2004). Young children's composition of geometric figures: A learning trajectory. *Mathematical Thinking and Learning*, *6*, 163-184.

Copley, J. V.(2000). *The Young Child and Mathematics*. Washington DC: NAEYC.

Cotes, G. D, & Franco, J.(2000). Movement, mathematics and learning, In J. Copley(Ed.). *Mathematics in the early years*. Reston, VA: NCTM.

Crucio, F. R., & Folkson, S.(1996). Exploring data: Kindergarten children do it their way. *Teaching Children Mathemathics*, *2*, 382-385.

Cruikshank, D.E., Fitzgerald, D. L., & Sheffield, L. J.(1980). *Young children learning mathematics*. Allyn and Bacon.

Del Grande, J. J.(1990). Spatial sense. *Arithmatics teacher*, *73*(6), 14-20.

DeLoache, J. S., Sugarman, S., & Brown, A. L.(1985). The development of error correction strategies in young children's manipulative play. *Cognitive Development*, *56*, 928-939.

Dewey, J.(1963). Experience and education. New York: Collier.

Dias, M. G. & Harris, P. L.(1988). The effect of make-believe play on deductive reasoning, *British Journal of Developmental Psychology*, *6*, 207-221.

Duncan, G. J., Dowsett, C. J., Claessens, A., Magnuson, K., Huston, A.C., Klebanov, P. & Japel, C.(2007). *School readiness and later achievement*. *Developmental Psychology*, *43*, 1428-1446.

English, L. D.(2004). Promoting the development of young children's mathematical and analogical reasoning. In L. D. English(Ed.), *Mathematical and analogical reasoning of young learners*(pp. 201-213). Mahwah, NJ: Erlbaum.

Epstein, A. S.(2007). *The intentional teacher*. Washington, D.C.: NAEYC.

Fabricius, W. V., Sophian, C., & Wellman, H. M.(1987). Young children's sensitivity to logical necessity in their inferential search behaviour. *Child Development*, *58*, 409-423.

Farmer, G., Verdine, B., Lucca, K., Davies, T., Dempsey, R., Newcombe, N., Hirsh-Pasek, K. & Golinkoff, R.(2013). *Putting the pieces together: Spatial skills at age 3 predict to spatial and math performance at age 5*. SRCD poster presentation, Seattle:WA.

Fischbein, E.(1975). *The intuitive sources of probabilistic thinking in children*. Dordrecht, The Netherlands: Riedel.

Frydman, O., & Bryant, P.(1988). Sharing and the understanding of number equivalence by young children. *Cognitive Development*, *3*, 323-339.

Frykholm, J. A.(2001), Building on intuitive notions of children. *Teaching children mathematics*, *8*(2), 112-118.

Fuson, K. & Murray, C.(1978). *Drawing of Geometric Shapes by Children Aged Two to Five: A Piagetian Extension*. ED 159062.

Fuson, K.C.(2003). Developing mathematical power in whole number operations. In J. Kilpatrick, W. Martin, & D.Shifter(Eds.), *A research companion to Principles and Standards for School Mathe-*

matics(pp. 68-94). Reston, VA: National Council of Teachers of Mathematics.

Fuson, K.C.(2004). Pre-K to grade 2 goals and standards: Achieving 21st century mastery for all. In D. Clements, J. Sarama, & A. DiBiase(Eds.), *Engaging young children in mathematics: Standards for early childhood mathematics education*(pp. 105-148). Mahwah, NJ: Erlbaum

Fuson, K. C., Lyons, B. G., Pergament, G. G., Hall, J. W., & Kwon, Y.(1988). Effects of collection terms on class-inclusion and on number tasks. *Cognitive Psychology, 20*(1), 96-120.

Fuys, D.(1985). Van Hiele levels of thinking in geometry. *Education and Urban Society, 17*(4), 447-462.

Geist, E.(2003). Teaching and learning about math-infant and toddlers-exploring mathematics. *Young Children, 58*(1), 4.

Gelman, R., & Gallistel, C. R.(2009). *The child's understanding of number*. Cambridge. MA: Harvard University Press.

Gelman, S. A.(1988). The development of induction within natural kind and artifact categories. *Cognitive Psychology, 20*, 65-95.

Gelman, S. A., & Markman, E. M. (1986). *Categories and induction in young children*. *Cognition, 23*, 183-209.

Ginsburg, H. P.(2006). Mathematical Play and Playful Mathematics: A Guide for Early Education. In D. G. Singer, R. M. Golinkoff, & K. Hirsh-Pasek(Eds.), *Play= learning: How play motivates and enhances children's cognitive and social-emotional growth*(pp. 145-165). Oxford University Press.

Ginsburg, H. P., Inoue, N., & Seo, K. H.(1999). Young children doing mathematics: Observations of everyday activities. In J. V. Copley(Ed.), *Mathematics in the early years*(pp. 87-99). Reston, VA: National Council of Teachers of Mathematics.

Ginsburg, H.P., Klein, A., & Starkey, P.(1998). The development of children's mathematical knowledge: Connecting research with practice. In I. E. Sigel & K.A. Renninger(Eds.), *Handbook of child psychology: Vol. 4. Children psychology in practice*(5th ed., pp. 401-476). New York: Wiley.

Griffin, S.(2004). Number words: A research-based mathematics program for young children. In D. H. Clements & Sarama, J.(Eds.), *Engaging young children in mathematics : standards for early childhood mathematics education*(pp. 352-342). Mahwah, NJ: Lawrence Erlbaum Associates Inc.

Guha, S.(2002). Integrating Mathematics for Young Children through Play. *Young Children, 57*(3), 90-93.

Gutirrez, A., Jaime, A., & Fortuny, J. M.(1991). An alternative paradigm to evaluate the acquisition of the van Hiele levels. *Journal for Research in Mathematics Education, 22*(3), 237-251.

Han, Y., & Ginsburg, H.P.(2001). Chinese and English mathematics language: The relation between linguistic clarity and mathematics performance. *Mathematical Thinking and Learning, 3*, 201-220.

Heath, S. B.(1983). *Ways with words: Language, life, and work in communities and classrooms*. Cambridge, UK: Cambridge University Press.

Hiebert, J.(1981). Cognitive development and learning linear measurement. *Journal for Research in Mathematics Education, 12(3)*, 197-211.

Johnson, J. (2017). *Math and Thinking Activities for Parents and Young Children 3 to 5 years*. A booklet for parents and young children. State College: Nittany Kiwanis.

Jonassen, D.(2000). *Computers in the classroom: Mindtools for critical thinking(2nd ed.)*. Englewood Cliffs, NJ: Merrill.

Jones, G., Langrall, C., Thornton, C., & Mogill, T.(1999). Students' probabilistic thinking in instruction. *Journal for Research in Mathematics Education, 30(5),* 487-519.

Kamii, C. & DeVries, R.(1980). *Group game in Early Education*. Washington DC: NAEYC.

Kamii, C.(1982). *Numbers in preschool and Kindergarten : Educational implication of Piaget's theory*. Washington, DC : NAEYC.

Kamii, C., & DeVries, R.(1993). *Physical Knowledge in Preschool Education: Implications of Piaget's Theory*. New York: Teachers College Press.

Kaufman, A. S. & Kaufman. N. L. 카우프만 아동용 지능검사 2.(K-ABC-II). 문수백 편. 인사이트.

Kennedy, L.M. & Tripps, S.(2000). *Guiding children's mathematics.(9th ed.)*. Belmont CA: Wadsworth/Thomson Learning.

Klein, A., Starkey, P., & Wakeley, A(1999). *Enhancing Pre-kindergarten Children's Readiness for School Mathematics*. ERIC Document Reproduction Service No. ED 432556.

Knowles, J.(2009). Building an igloo: A rich source of mathematics for children. Yo*ung children, 14*(1), 28-32.

Kohl, M. F. & Gainer, C.(1996). Math Art: Exploring math through acts for 3 to 6 year olds. Beltsvlle, MD: Gryphon House, Inc.

Levenson, E,. Tirosh, D., & Tsamir, P.(2011). Preschool geometry:Theory, research, and practice perspective. Springer.

Lidz, C, & Elliot, J.(Ed.)(2000). Introduction to dynamic assement. In C.Lidz, & J. Elliott. *Dynamic assessment: Prevailing models and application*. *Advances in cognition and education practice*, *Vol 6*. (pp. 3-16). New York: Elsevier Science Inc.

MacDonald, A.(2013). Young children's ideas about measurement: What does kindergarten student consider 'measuring'to be. *Young Children*, *18*(1), 3-7.

Mayer, R. E.(1992). *Thinking, problem solving, cognition*. New York:W. H. Freeman and Company.

McAfee, O, Leong, J. S.(2002). *Assessing and guiding young children's development and learning*. Allyn an Bacon.

McGarrigle, J., Grieve, R., & Hughes, M.(1978). Interpreting inclusion: A contribution to the study of the child's cognitive and linguistics development. *Journal of Experiment Child Psychology*, *26*, 528-550.

Miller, K. F.(1989). Measurement as a tool for thought: The role of measuring procedures in children's understanding of quantitative invariance. *Developmental Psychology*, *25*, 589-600.

Miller, K . F.(1996). Origins of quantitative competence. In R. Gelman & T. K. Au(Eds.), *Per-*

ceptual and cognitive development(pp. 213-241). San Diego, CA: Academic Press.

Mix, K., & Huttenlocher, J. & Levine, S.(2002). Multiple cues for quantification in infancy: Is number one of them?. *Psychological bulletin*, *128*, 278-294.

NAEYC & NCTM(2010, updated). *Early childhood mathematics:Promoting good beginnings*. NAEYC. http://www.naeyc.org/positionstatements/mathematics.

National Council of Teachers of Mathematics.(2000). *Principles and standards for school mathematics*. Reston, VA: NCTM.

Papic, M. & Mulligan, J. T.(2007). The growth of early mathematical patterning: An intervention study. In J. Watson, & K. Beswick(Eds.), *Mathematics: Essential Research, Essential Practice. Vol. 2,(Proceedings of the 30th annual conference of the Mathematics Education Research Group of Australasia*(pp. 591-600). Adelaide: MERGA.

Papic, M.(2007). Promoting repeating patterns with children-more than just alternating colors. *Young Children*, *12*(3), 8-13.

Papic, M. M., Mulligan, J. T., & Mitchelmore, M. C.(2011). Assessing the development of preschoolers' mathematical patterning. *Journal for Research in Mathematics Education*, *42*(3), 237-268.

Piaget, J., & Inhelder, B.(1967). *The child's conception of space*(F. J. Langdon & J. L. Lunzer, Trans.). New York, NY: W. W. Norton.

Piaget, J., & Inhelder, B.(1975). *The origin of the idea of chance in children*. London: Routledge & Kegan Paul.

Piaget. J.(1965). *The child's conception of number*. NY: Noton.

Polya, G.(2005). 어떻게 문제를 풀 것인가.(우정호 역). 서울: 교우사. (원본발간일 1957년)

Read, K. & Patterson, J.(1980). *The nursery school and kindergarten-human relationship and learning*. NY:Holt, Rinehart, and Winston.

Reys, R. E., Lindquist, M. M., Lambdin, D. V., & Smith, N. L.(2014). *Helping children learn mathematics*. Hoboken, New Jersey: John Wiley & Sons.

Sarama, J., & Clements, D. H.(2009). *Early childhood mathematics education research: Learning trajectories for young children*. New York: Routledge.

Schilling, S.(2002). Mathematics, music, and movement: Exploring concepts and connentions. *Early Childhood Education Journal*, *29*(3), 179-18.

Seefeldt, C. Galper, A.(2004). *Active experiences for active children*. Pearson Merrill Prentice Hall.

Seo, K. H., & Ginsburg, H. P.(2004). What is developmentally appropriate in early childhood mathematics education? Lessons from new research. In D. H. Clements, J. Sarama, & DiBiase, A. M.(Eds.), *Engaging young children in mathematics: standards for early childhood mathematics education*(pp. 91-104). Mahwah, New Jersey: Erlbaum.

Shaw, J., & Blake, S.(1998). *Mathematics for young children*. Columbus, Ohio: Merrill.

Skemp, R. R.(2006). Relational understanding and instrumental understanding. *Mathematics Teaching in the Middle School*, *12*(2), 88-95.

Smith, S.(1997). *Early childhood mathematics*. Needham Heights, Massachusetts: Allyn & Bacon.

Sophian, C.(2004). A Prospective developmental perspective. In D. H. Clements & J. Sarama, & A. DiBiase (Eds.), *Engaging young children in mathematics: standards for early childhood mathematics education*(pp. 253-266). Mahwah, New Jersey: Lawrence Erlbaum.

Stanic, G. M., & Kilpatrick, J.(1989). Historical Perspectives on Problem Solving in the Mathematics Curriculum. In R. I. Charles, & E. A. Silver(Eds.), *The Teaching and Assessing of Mathematical Problem Solving*(pp.1-22). Reston, Virginia: NCTM/Lawerance Erlbaum Associates.

Steffe, W.(2003). PSSM From a Constructivist Perspective. In D. H. Clements, J. Sarama, & A.-M. DiBiase(Eds.), *Engaging young children in mathematics: standards for early childhood mathematics education*(pp. 221-251). Mahwah, New Jersey: Erlbaum.

Stephan, M., & Clements, D. H.(2003). Linear and area measurement in prekindergarten to grade 2. In D. H. Clements & G. Bright(Eds.), *Learning and teaching measurement: NCTM 2003 Yearbook*(pp. 3-16). Reston, Virginia: NCTM.

Tisha, L. B.(2000). Teachers' use of children's literature. mathematics manipulatives, and scaffolding to improve preschool mathematics achievement: Does it work?. Doctoral Dissertation, North Texas University.

Treacy, K. & Willis, S.(2003). A model of early number development. In L. Bragg, C. Campbell, G. Herbert & J. Mousley(Eds.), *Mathematics education research: Innovation, networking, opportunity*(Proceedings of the 26th annual conference of the Mathematics Education Research Group of Australasia, *vol. 2*(pp. 674-679). Melbourne: MERGA.

Tzuriel, D.(2000). *Dynamic assessment of young children*. New York: Kluwer Academic/PleumPublishers.

van Hiele, P. M. & van Hiele, D.(1958). A method of initiation into geometry. In H. Freudenthal(Ed.), *Report on methods of initiation into geometry*(pp. 67-80). Groningen: Walters.

van Hiele, P. M.(1999). Developing geometric thinking through activities that begin with play. *Teaching Children Mathematics*, *5*(6), 310-316.

Vygotsky, L. S.(1978). *Mind in society*. Cambridge: Harvard University Press.

Vygotsky, L. S.(1986). *Thought and language*. Cambridge, Massachusetts: MIT Press.

Wai, J., Lubinski, D., & Benbow, C. P.(2009). Spatial ability for STEM domains: Aligning over 50 years of cumulative psychological knowledge solidifies its importance. *Journal of Educational Psychology*, *101*(4), 817-835.

Warren, E., & Cooper, T.(2008). Generalising the pattern rule for visual growth patterns: Actions that support 8 year olds' thinking. *Educational Studies in Mathematics*, *67*, 171-185.

Wechsler, D.(1996). K-WPPSI-IV: Korean Wechsler Preshool and Primary Scale of Intelligence-4th. 한국 웩슬러 유아 지능검사(4판). 박혜원·이경옥·안동현 편. 도서출판 특수교육.

Yager, S., Johnson, D. W., & Johnson, R. T.(1985). Oral discussion, group-to-individual transfer, and achievement in cooperative learning groups. *Journal of Educational Psychology*, *77*(1), 60-66. https://doi.org/10.1037/0022-0663.77.1.60

저자약력

진명희 광주대학교 유아교육과 교수

약력 이화여자대학교 유아교육과 학사

이화여자대학교 대학원 석사

Penn State University Ph. D

※본 저서는 광주대학교 연구진흥지원비에 의해 수행됨

통합적 접근에 기초한

유아수학교육

초판 1쇄 인쇄 2019년 12월 27일
초판 1쇄 발행 2019년 12월 31일

지 은 이 | 진명희
펴 낸 이 | 김기섭
편 집 인 | 이초롱
펴 낸 곳 | 창지사 www.changJisa.com
08589 서울시 금천구 가산디지털 1로 83 파트너스타워 1차 9층
전화 (02)719-2211~3
팩스 (02)701-9386
등 록 | 1977년 4월 28일 · 제1-421호

ISBN 978-89-426-1283-3 (93370)

값 21,000원